마틴 로이드 존스의
십자가

The Cross
Originally published in English under the title: *The Cross*

Published by David C Cook, successor to Kingsway Publications Limited
4050 Lee Vance Drive, Colorado Springs, Colorado 80918 U.S.A.

두란노 시그니처
리커버 시리즈 2
마틴 로이드 존스의 십자가

지은이 | 마틴 로이드 존스
옮긴이 | 서창원
초판 1쇄 발행 | 1987. 12. 22
개정 1판 1쇄 발행 | 2022. 7. 27
개정 1판 6쇄 발행 | 2025. 3. 6
등록번호 | 제1988-000080호
등록된 곳 | 서울특별시 용산구 서빙고로65길 38
발행처 | 사단법인 두란노서원
영업부 | 02)2078-3333 FAX | 080-749-3705
출판부 | 02)2078-3330

책값은 뒤표지에 있습니다.
ISBN 978-89-531-4283-1 03230

독자의 의견을 기다립니다.
tpress@duranno.com www.duranno.com

마틴 로이드 존스의

십자가

마틴 로이드 존스 지음
서창원 옮김

두란노

contents

PART 1

영원한 자랑, 그리스도의 십자가

PART 2

십자가의 능력

PART 3

십자가, 죽음이 아닌 생명의 시작

추천의 글

20세기 복음주의 교회가 배출한 가장 위대한 설교가 중 한 사람이 마틴 로이드 존스 목사님이란 것에 대해서는 의심할 여지가 없습니다. 우리들 중에 그분의 설교를 들을 수 있었던 영광을 누린 사람은 그가 복음의 찬란한 빛에 사로잡혀 사람들의 영혼을 일깨운 모습을 오랫동안 기억하고 있을 것입니다. 하나님은 그를 통하여 강력한 능력으로 역사하셨습니다. 그렇지만 목사님은 우리 마음에서 좀처럼 사라지지 못하는 그런 인격의 소유자도, 인간이 가진 재능이나 지적인 능력이나 인간적인 매력에 사로잡힐 만한 용모를 갖추고 있지도 않았습니다. 그럼에도 불구하고 사람들을 크게 감동시킨 것은 바로 진리의 힘, 하나님의 위대함과 인간의 연약함, 그리고 목사님의 설교를 들은 청중들 심령 속에 뚜렷하게 새겨진 성경의 권위와 적절한 적용 때문이었습니다.

이런 그의 설교집을 출판하는 일은 기독교계에 있어 큰 감사의 이유가 될 수 있을 것입니다. 특히 이 설교집은 런던 웨스트민스터 채플에서 1963년 가을, 사도 바울의 고백인 갈라디아서 6장 14절 말씀에 대해 강해한 것의 모음입니다. 이 책은 한 본문을 갖고 강해한 강해설교의 훌륭한 모델이 되기도 합니다. 뿐만 아니라 이 강해설교의 내용은 그리스도께서 십자가에 못 박혀 죽으신 것을 가장 감동 깊게 설교한 말씀입니다.

로이드 존스 목사님의 설교는 열정적인 언변과 뛰어난 표현력, 빈틈없는 논리로 전개되고 있으므로 성숙한 성도들이 깊이 음미할 수 있는 내용이 많습니다. 그러나 그 말씀들은 어린아이들까지도 이해할 수 있을 정도의 단순함과 심오함이 함께 조화된 말씀들입니다.

복음의 진수를 담은 깊이 있고 평이한 설교들이 드문 오늘날의 교회 상황에서 볼 때, 이 같은 특성을 지닌 메시지들의 필요성은 매우 크다고 하겠습니다. 우리들의 시급한 당면 과제는 기독교 복음의 진수를 되살려 말씀을 선포하고 그 말씀으로 하나님께 영광을 드리는 일입니다. 로이드 존스 목사님은 이렇게 말한 적이 있습니다. "그리스도의 사역에 대한 표면적 견해들은 성도들의 표면적 삶을 조장할 뿐입니다."

이 책을 읽는 동안 십자가가 비추는 새로운 진리를 체험하고, 성경적 설교의 귀중함을 더욱 갈망하며 그리스도를 사랑하는 마음이 뜨겁게 일어나기를 바랍니다.

에릭 알렉산더(Eric J. Alexander)

- 스코틀랜드 성조지트론교회 목사

책을 펴내며

케네디 대통령의 암살 뉴스를 기억하시는지요? 이런 충격적인 사건은 그 소식이 전해졌을 때 그 사건과 관련된 일들을 선명히 기억나게 하곤 합니다. 저는 그때 겨우 여덟 살밖에 안되었지만 케네디 대통령이 암살당했다는 짤막하고 비극적인 긴급보도를 텔레비전에서 본 것을 기억합니다.

이 소식을 듣고, 큰 충격을 받아 슬퍼했던 사람 중 한 분이 로이드 존스 목사님이었습니다. 너무나도 젊은 나이, 그 앞길에 많은 것을 기대하게 했었던 케네디 대통령의 죽음은 큰 충격을 주기에 충분했습니다. 마찬가지로, 로이드 존스 목사님에게는 너무나 귀중한 하나의 죽음이 존재했습니다. 그 죽음의 소식은 서로 물고 뜯는 경쟁 속에 사는 인간들에게 더욱 절실하게 필요했습니다. 그것은 바로, 오래전 갈보리의 십자가에서 죽임을 당하신 예수 그리스도의 죽음입니다.

케네디 대통령의 죽음이 비극이었다면, 십자가에서 죽임을 당하신 그리스도의 죽음은 영광스러운 사건이었습니다. 바울의 설교가 이를 분명히 지적하고 있습니다. 바울이 갈라디아 교인들에게 편지한 "그러나 내게는 우리 주 예수 그리스도의 십자가 외에 결코 자랑할 것이 없으니"라는 갈라디아서의 말씀은 본 설교의 핵심 주제입니다.

세상 소망은 오직 예수 그리스도 안에서만 발견될 수 있습니다. 한 인간의 죽음은 절망을 불러일으켰지만 예수 그리스도의 죽음은 생명을 소생시켰습니다. 십자가에 관한 설교들은 대개 부활절에 강조되곤 합니다만, 웨스트민스터채플에서의 이 설교는 1963년 가을 내내 선포된 말씀이었습니다. 이 설교가 거의 끝나갈 무렵에 케네디 대통령의 암살 사건이 댈러스로부터 전해졌습니다.

이 사건 이후에 증거된 로이드 존스 목사님의 설교는 무엇이 목사님을 능력 있는 설교자로 만들었는지를 보여 주고 있습니다. 목사님은 오늘날 어떤 분들이 하는 것처럼 케네디 대통령의 삶에 관한 시사적인 특별 강연을 하기 위해 자신의 설교를 중단하지 않으셨습니다. 목사님은 갈라디아서 강해와 케네디 대통령의 죽음을 병합시켜 설교했습니다.

목사님은 십자가가 우리 삶 속에서 일어나는 모든 문제와 관련이 깊음을 설교하셨습니다. 많은 사람이 케네디 대통령에게 오늘날 우리에게도 매우 심각한 문제인 핵무기의 대량학살에 대한 위협으로부터 평화를 유지할 수 있을 방법이 있을 것이라 기대했습니다. 그러나 로이드 존스 목사님이 지적하신 것처럼 참된 평화를 가져다 줄 수 있는 분은 오직 예수 그리스도뿐입니다. 세상의 운명을 결정지을 수 있는 사람은 어떤 비상한 정치 지도자가 아니라 최고의 주권자이신 하나님, 즉 예수 그리스도입니다. 케네디 대통령은 미국의 인종 차별 문제를 해결해 보려고 많은 노력을 기울였던 정치가이기도 했습니다. 그러나 목사님은 인종 차별 문제의 유일한 해결책이 십자가의 보혈로 말미암아 구속받은 성도들 가운데, 즉 예수 그리스도의 교회 안에서만 찾을 수 있다고 강조하셨습니다.

목사님은 성도들이 정치적인 문제나 사회적 행동을 취하는 일이 잘못이라고 규명하신 것이 아닙니다. 그는 청년 시절에 영국 하원 관람석에 앉아서 윈스턴 처칠(Winston Churchill)과 데이비드 로이드 조지(David Lloyd George) 사이에 벌어진 열띤 토론을 경청하기도 했었습니다. 뿐만 아니라 목사님은 생애 전반에 걸쳐 정치적 문제에 많은 관심을 기울이셨습니다. 더 나아가서 경제적 문제, 예술 및 여러 분야에서 종사하는 성도들에게 많은 관심을 표명했고 많은 사람이 관심을 갖도록 독려하곤 했습니다. 그리고 제반 문제들이 사람들 속에서 해답이 얻어지는 것이 아니라 오직 예수 그리스도 안에서, 즉

성경을 통해서 발견된다는 사실을 알았습니다. 이것은 케네디 대통령이 취임식 때 인용한 이탈리아 르네상스 철학가의 말과는 아주 대조되는 말씀입니다. 즉, 사람이 그의 모든 문제를 일으키는 것처럼 일어난 제반 문제들도 사람이 해결할 수 있다는 문에 부흥의 때에 사용되던 다음과 같은 어구, "사람은 모든 사물의 척도이다. 그는 그가 원하는 것이라면 모든 것을 다 할 수 있다"라는 말과는 상반되는 주장입니다. 목사님은 이 같은 견해에 대하여 20세기의 어리석은 역사가 더욱 인간을 파탄의 도가니로 몰아넣는다는 사실을 지적하셨습니다.

실로 이 설교 말씀들이 지적하고 있는 것같이 예수 그리스도의 십자가는 그 어느 때보다도 오늘날 우리의 삶 속에 더 많이 연관되어 있습니다. 십자가는 자본주의자나 공산주의자나 할 것 없이, 모든 민족과 살아 있는 인간에게 증언하고 있습니다. 더 나아가서, 목사님이 지적하신 것처럼 십자가에 관한 말씀은 우리가 단순히 듣는 것으로 만족해서는 안 될 것입니다. 왜냐하면 십자가의 메시지는 삶을 변혁시키며 듣는 이로 하여금 강한 도전을 받게 하기 때문입니다. 십자가는 오늘날 우리를 위한 유일한 하나님의 소망의 메시지입니다.

크리스토퍼 카서우드(Christopher Catherwood)

- 마틴 로이드 존스의 외손자이자 편집자

PART 1

영원한 자랑, 그리스도의 십자가

THE CROSS

1

놀라운 십자가

십자가 외에는 결코 자랑할 것이 없으니

산을 옮길 만한 믿음을 주소서.
당신의 성전을 다시 세우기를
사모하는 어린아이와 같은 믿음을 주소서.
당신의 사랑이 내 속에서 넘쳐나
구속받은 나의 영혼을 휩쓸게 하소서.

세월을 아껴 구세주를 알지 못하는 자들을 위하여
사용되어지기를 원하나이다.
오직 나의 호흡인 당신의 사랑이
이 사역 감당케 하나이다.

은혜로우신 주여 !
복되신 당신의 손으로 나를 받아 주소서.
생명의 말씀 전하게 하시고
당신의 영광으로 살게 하소서.
드려진 모든 순간이 죄인들의 친구를 삼게 하소서.

측량할 수 없는 주님의 은혜로
내 심령에 채우시면
주께서 가지신 열정으로
이웃을 사랑하오리이다.

양들을 위해 죽으신 목자이신
주님 품으로 인도하리이다.

- 찰스 웨슬리(C. Wesley)

위의 찰스 웨슬리의 고백과 같은 인생을 살기를 갈망하십니까? 여기 적힌 모든 가사처럼 친구 되신 주님을 찬양하는 일에 여러분의 모든 시간을 투자하는 것이 간절한 바람인지요?

그렇다면 그 질문의 해답을 찾기 위해 사도 바울의 서신인 갈라디아서를 소개해 드립니다. 갈라디아서 6장 14절에는 이렇게 기록되어 있습니다. "그러나 내게는 우리 주 예수 그리스도의 십자가 외에 결코 자랑할 것이 없으니 그리스도로 말미암아 세상이 나를 대하여 십자가에 못 박히고 내가 또한 세상에 대하여 그러하니라." 이 말씀에서 '그러나'라는 단어가 앞에서 서술한 말씀과 이어지고 있습니다. 12절과 13절에는 이렇게 기록되어 있습니다. "무릇 육체의 모양을 내려 하는 자들이 억지로 너희에게 할례를 받게 함은 그들이 그리스도의 십자가로 말미암아 박해를 면하려 함뿐이라 할례를 받은 그들이라도 스스로 율법은 지키지 아니하고 너희에게 할례를 받게 하려는 것은 그들이 너희의 육체로 자랑하려 함이라."

이 진술은 왜 사도 바울이 갈보리 언덕의 십자가에서 하나님의 아들, 우리 주 예수 그리스도의 죽으심에 관하여 말씀했는지를 깨닫도록 도와주고 있습니다.

거짓 교사들의 잘못된 가르침

지금 바울은 갈라디아 교인들에게 보내는 서신을 마무리하고 있는 중입니다. 그들은 바울이 직접 전도하고 가르쳐서 그리스도인이 된 자들입니다. 그런데 어떤 다른 선생들이 그들 가운데 돌아다니며 그들을 혼란한 상태에 빠뜨리고 있습니다. 그들은 "여러분이 복음을 믿는 데는 이의가 없습니다. 그러나 여러분이 전적으로 성숙한 신앙인이 되기를 원하고 진실로 하나님의 축복을 받기 원한다면 할례도 받아야 하며 옛 유대법도 지켜야 합니다"라고 가르쳤습니다.

사도 바울은 이 문제를 다루기 위해서 이 서신을 쓰게 되었습니다. 지금 그는 서신의 마지막 부분에서 그가 무엇을 말했는지 다시 정리하고 있습니다. 동시에 갈라디아 교인들과 또 이들을 통해 모든 성도에게 그리스도인의 신앙에 대한 참 진리와 원리들이 무엇인지를 상기시키고 있습니다.

바울이 성도들에게 상기시켜 주는 첫 번째 내용은 이 세상에서의 삶이란 아주 진지하고도 매우 중대한 문제라는 것입니다. 참 삶의 길이란 이 세상이 여러분에게 가르쳐 주는 삶이 아닙니다. 참다운 인생은 순간적인 쾌락에 따라 가볍게 즐기면서 넘어갈 수 있는 것이 아닙니다. 인생은 결코 그렇지 않습니다. 이것은 굉장히 심각한 문제입니다. 왜냐하면 "스스로 속이지 말라 하나님은 업신여김을 받지 아니하시나니 사람이 무엇으로 심든지 그대로 거두리라 자기의 육체를 위하여 심는 자는 육체로부터 썩어질 것을 거두고 성령을 위하여 심는 자는 성령으로부터 영생을 거두리라"(갈 6:7-8)고 말씀하시기 때문입니다.

삶이란 근본적으로 심고 거두는 문제입니다. 즉, 사람이 무엇으로 심든지 그대로 거두게 될 것입니다. 이 세상에는 우리가 절대적으로 지켜야 하는 확실한 도덕법들이 있습니다. 우리는 책임을 지닌 존재들로서 언젠가는 모두 죽게 될 것이며, 심판하시는 하나님 앞에 서게 될 것입니다. 그때에는 육체 가운데 거하면서 행한 행위에 따라 판결을 받게 될 것입니다. 우리의 영원한 운명은 이 육체의 삶과 이 세상에서의 삶 속에서 무엇을 했느냐에 따라서 결정될 것입니다. 그러므로 삶은 엄청난 문제가 아닐 수 없습니다. 우리가 생각할 수 있는 가장 심각한 문제입니다. 왜냐하면 우리가 육체로 심었는지 아니면 성령으로 심었는지에 따라서 이 땅의 추수와 영원의 추수가 결정되기 때문입니다.

다음에 고려해야 할 중요사항은 어떻게 성령을 위하여 심느냐 하는 문제입니다. 즉, 어떻게 이 세상에서 기쁨과 행복과 평화를 누리는 복을 거두며 살고 또 이것들이 영원히 이 세상에 지속되도록 하겠습니까? 불행하게도 사도 바울이 지적해 주고 또 그의 전체 서신이 가르쳐 주고 있는 것처럼 이 문제는 몹시 복잡합니다. 왜냐하면 거짓 교사들 때문입니다.

초대교회에서 생긴 이와 같은 문제는 오늘날 교회 안에도 존재하고 있습니다. 많은 일이 기독교의 이름으로 행해지지만, 기독교와 정반대 되는 터무니 없는 말들이 흘러나오고 있습니다. 그들은 한결같이 그리스도인이라고 하며 교회에 속한 자들이라고 말합니다만 용납할 수 없는 일들을 행하고 있습니다. 그러므로 우리가 해야 하는 첫 번째 일은 어떤 것이 성경적인 말씀인지를 분별하는 것입니다. 거짓과 참을 어떻게 구별하시겠습니까? 사도 바울이 다른 서신에서 대답하는 것처럼 이 서신도 그 질문에 답하고 있습니다. 물론, 성경 전체가 그 답을 주고 있습니다.

오직 그리스도의 십자가만

그러면 참된 메시지가 과연 어떤 것입니까? 기독교 복음이란 무엇입니까? 복음에 관한 것이란 어떤 것을 말합니까? 복음이 선포하는 것이 무엇입니까? 복음이 우리에게 증언하고 있는 것이 무엇입니까? 인간이 하나님 앞에서 어떻게 바로 될 수 있습니까? 우리가 어떻게 성령을 위하여 심을 수 있습니까? 우리가 어떻게 해야 영생을 거둡니까? 우리 주위에서 무슨 일이 일어나도 동요되지 않고, 죽음의 면전에서 웃을 수 있으며, 하나님의 심판대 앞에 설 때 아무 두려움 없이 담대히 설 수 있게 하는 것이 무엇이겠습니까? 말로 형용할 수 없는 찬란한 영광 속에서 우리가 영원히 기쁨과 축복을 누릴 수 있게 되려면 이 세상에서 해야만 하는 것이 무엇이겠습니까? 우리가 무엇을 해야 할까요? 어떻게 하면 이런 것들을 얻을 수 있겠습니까?

다행스럽게도 사도 바울은 여기에 대한 답을 줍니다. 그는 엄청나고도 위대한 진술을 합니다. '그러나 내게는 자랑할 것이 없습니다. 오직 우리 주 예수 그리스도의 십자가뿐입니다. 그리스도로 말미암아 세상이 나를 대하여 십자가에 못 박히고 내가 또한 세상을 대하여 못 박힌 것입니다.' 이것이 바로 사도 바울의 자랑거리였습니다. 이것이 그가 전파한 전부였습니다. 저 역시 하나님 은혜로 말미암아 여러분에게 설교하는 특권을 누리고 있습니다. 지금까지도 오직 이 한 가지 메시지만 있을 뿐입니다. 그 한 가지가 무엇입니까?

다음과 같은 측면에서 살펴보겠습니다. 십자가를 전하고 십자가에서 죽임을 당하신 예수 그리스도의 죽음을 전파하는 것은 기독교 복음의 핵심이며, 기독교 메시지의 진수입니다. 저는 사도 바울이 여기서 말하고자 하는 것과 그가 자랑하려고 하는 한 가지에 여러분 모두가 동의해야만 한다고 생각합니다. 다른 모든 것들 위에 가장 핵심이 되는 것은 바로 십자가입니다. 우리 주 예수 그리스도의 십자가의 죽으심입니다.

이것은 제가 여러분에게 전파하려는 것처럼 사도 바울이 늘 전파했던 말씀입니다. 또한 이것은 다른 모든 사도가 설교한 말씀이기도 합니다. 여러분이나 제가 교회의 참된 메시지가 무엇인지를 알기 원한다면 우리 모두는 초기 기독교로 되돌아가야만 합니다.

교회가 어떻게 시작되었습니까? 그들이 전한 메시지는 무엇이었습니까? 당시에 사도들이라고 불린 사람들이 있었습니다. 그들이 바로 교회를 세운 장본인들입니다. 그들은 자신의 생각을 전파하는 것이 아니었고 주 예수 그리스도로부터 받은 말씀을 전했습니다. 그러므로 우리가 기독교의 메시지가 무엇인지 알려고 할 때 우리는 사도들에게로 돌아가야 하며 또 사도들의 메시지가 무엇이었는지 관찰해야만 합니다. 바로 이것을 지금 제가 전하고자 합니다. 저는 그 메시지가 우리 주 예수 그리스도의 십자가였음을 여러분에게 알려 드립니다.

제가 지금 강조하려는 점은, 사도들이 무엇을 증거했으며 그들의 증거가 대중을 모을 만한 것이 아님에도 불구하고 "왜 그런 메시지를 전했는가"라는 것입니다. 십자가에 관한 설교는 결코 대중적이지 않습니다. 이것은 오늘날도 마찬가지입니다. 인류 역사상 복음이 대중적이 된 적은 없습니다. 십자가를 전파한다는 것은 유대인들에게는 큰 장애물이었습니다. 또한 헬라인들에게는 어리석은 행동이었습니다. 바울은 "무릇 육체의 모양을 내려 하는 자들이 억지로 너희에게 할례를 받게 함은 그들이 그리스도의 십자가로 말미암아 박해를 면하려 함뿐이라"(12절)고 말씀합니다.

그리스도의 십자가에 관한 설교는 언제나 핍박이 따랐습니다. 갈라디아서의 서두에서도 사도 바울은 십자가의 장애물들이 무엇인지를 말하고 있습니다. 십자가는 언제나 사람들을 불쾌하게 만들었습니다. 1세기에도 사람들은 십자가의 메시지를 좋아하지 않았습니다. 십자가는 환영받는 것도 아니고 대중에게 인기 있는 것도 아니었지만 모든 사도가 전파한 설교의 핵심이었습니다. 그들은 계속해서 십자가를 증거했고 그로 인해 순교까지 당했습니다.

그 결과 십자가에 대한 그들의 메시지는 교회의 중심 교훈이 되고 핵심이 되는 내용으로 정착했습니다. 저는 우리 모두가 아직도 이 메시지가 기독교 메시지의 전부라는 것을 가슴 깊이 느끼는 것보다 더 중요한 일은 없다고 믿습니다. 이 점을 강조하기 위해, 먼저 부정적인 측면에서 설명하겠습니다.

예수의 가르침이 아닌 예수의 십자가

복음의 핵심은 무엇입니까? 교회가 증거하는 것이 무엇입니까? 많은 사람이 이것에 대해 잘못 이해하고 있습니다. 그들은 기독교 복음의 진수가 주님의 가르침이라고 말합니다. 그러나 주님은 기독교 복음의 진수가 주님이 교훈하신 말씀이라고 가르치지 않으셨습니다. 그런데도 많은 사람이 그것이 기독교의 전부인 양 착각하고 있습니다. 그들은 말하기를 오늘날 우리에게 필요한 것은 주님의 가르침이라고 합니다. 그리고 예수님을 모든 세대를 통해서 태어난 인물 중 가장 훌륭한 종교적 천재이며, 철학자들보다도 훨씬 뛰어난 분으로 평가합니다. "산상수훈을 살펴보라. 이것이야말로 오늘날 우리에게 절실한 것이 아닌가요? 예수님의 이 윤리적 가르침이야말로 보약 중 보약이다. 이것을 우리는 사람들에게 가르치고 전해야만 한다"라고 주장합니다. 그러나 사도 바울의 가르침에 의하면 예수님의 산상수훈이 사람들에게 먼저 있어야 할 것이 아님을 알 수 있습니다. 좀 더 깊이 생각해 봅시다. 여러분이 오직 예수님의 가르침만을 설교한다면 인간사 제반의 문제들을 해결할 수 없으며 오히려 더욱 문제를 악화시키게 될 것입니다. 그런 설교는 여러분에게 공허한 것이며 오히려 해를 끼칩니다. 왜냐하면 그대로 살 수 있는 사람은 아무도 없기 때문입니다.

그렇기 때문에 사도들은 예수님의 산상수훈 등을 설교하지 않은 것입니다. 바울은 "내게는 우리 주 예수 그리스도의 윤리적 가르침 외에 결코 자랑할 것이 없으니"라고 했거나 또는 "내게는 산상수훈 외에는 결코 자랑할 것이 없으니"라고 말하지 않았습니다. 이것들은 예수 그리스도의 가르침도 모범도 아닙니다. 그런데 이러한 것들이 자주 강단에서 외쳐지고 있습니다. "기독교의 메시지가 무엇입니까?"라고 사람들은 질문합니다. 그러면 그리스도를 닮는 것이라고 말하면서 복음서들을 읽어 보라고 권합니다. 그리고 예수님의 생애를 살펴보라고 합니다. 주님이 사신 것처럼 우리도 그리스도를 본받아 살자고 강조합니다.

기독교의 핵심 메시지

여러분에게 다시 한 번 강조합니다만, 그러한 것들은 기독교의 핵심 메시지가 결코 아닙니다. 그 교훈들이 기독교 속에 포함되어 있기는 하지만 처음부터 전해야 할 것은 아닙니다. 사도들이 처음부터 설교한 것은 그런 것들이 아닙니다. 우리 주님의 가르침도 처음부터 이것을 증거한 것이 아닙니다. 사도들이 증거한 것은 바로 십자가에서의 주님의 죽으심이며, 그 사건의 의미였습니다. 이는 하나의 선언이었습니다. 저는 이제부터 이에 대해 구체적으로 설명할 것입니다. 저는 사도들과 그들의 사도적 권위로 말미암아 씌어진 신약성경을 통해서 이 같은 귀중한 진리를 발견했습니다.

여러분은 신약성경을 읽고 난 후에 무엇을 발견하셨습니까? 우리 주님의 가르침 한가운데에 바로 서 있는 십자가일 것입니다. 사람들이 흔히 잘 기억하지 못하는 아주 두드러진 예가 성경에 있습니다. 가이사랴 지방에서 일어났던 사건입니다. 여러분은 거기서 예수님이 제자들에게 하신 질문을 기억할 것입니다. 주님께서 "사람들이 나를 누구라 하느냐?"라고 물으실 때, 제자들은 여러 가지 대답을 드렸습니다. 그 다음 주님은 또 물으셨습니다. "너희는 나를 누구라 생각하느냐?" 이때, 베드로가 앞으로 나서면서 말하기를 "주는 그리스도시요 살아 계신 하나님의 아들이시니이다"라고 말했습니다. 예수님은 대답한 베드로에게 "바요나 시몬아 네가 복이 있도다 이를 네게 알게 한 이는 혈육이 아니요 하늘에 계신 내 아버지시니라"라고 말씀하셨습니다. 계속해서 "너는 베드로라 내가 이 반석 위에 내 교회를 세우리라"(마 16:13-18)고 하셨습니다.

그 다음을 계속 읽어 보십시오. "이때로부터 예수 그리스도께서 자기가 예루살렘에 올라가 장로들과 대제사장들과 서기관들에게 많은 고난을 받고 죽임을 당하고 제삼일에 살아나야 할 것을 제자들에게 비로소 가르치시니 베드로가 예수를 붙들고 간하여 가로되 주여 그리 마옵소서 이 일이 결코 주께 미치지 아니하리이다 예수께서 돌이키시며 베드로에게 이르시되 사탄아 내 뒤로 물러가라 너는 나를 넘어지게 하는 자로다 네가 하나님의 일을 생각지 아니하고 도리어 사람의 일을 생각하는도다"(마 16:21-23).

"주는 그리스도시요 살아 계신 하나님의 아들이시니이다"라는 베드로의 멋진 신앙고백 후에 즉시 주님께서 자신의 죽음을 말씀하시자 제자들은 전혀 그 말씀을 이해하지 못했을 것입니다. 베드로 혼자만 이해하지 못한 것이 아닙니다. 모두가 이해하지 못했습니다. 주님은 베드로를 꾸짖으시고 다시 설명하십니다. "너희는 이해하지 못하는도다. 너희는 내가 하나님의 아들이란 사실 자체가 너희를 구원한다고 생각하지만 그렇지가 않다. 그러나 그 일을 내가 지금 하려고 하는 것이다."

물론 여러분은 또 다른 기록들을 알고 있을 것입니다. 다른 복음서에도 이 같은 주님의 놀라운 설명이 나옵니다. 주님은 "이 모든 문제들을 생각해 보라. 나는 왕이다. 나의 왕국이 있다. 그러나 내 왕국은 세상의 왕국과는 다르다. 이 세상에서는 높은 사람들이 다 섬김을 받는다. 하지만 나는 섬기려고 왔다"고 말씀하셨습니다. "인자가 온 것은 섬김을 받으려 함이 아니라 도리어 섬기려 하고 자기 목숨을 많은 사람의 대속물로 주려 함이니라"(마 20:28). 이것이 주님의 말씀입니다.

또한 최후의 만찬 장면을 살펴봅시다. 주님께서 이 일을 준비하셨고 자신이 무엇을 할 것인지 정확하게 제자들에게 말씀하셨습니다. 그곳에서 제자들이 주님과 함께 만찬을 나눌 때 주님은 떡을 취하여 쪼개시면서 그들에게 말씀하시기를 "이것은 너희를 위하여 주는 내 몸이라 너희가 이를 행하여 나를 기념하라"고 하셨습니다. 또 "이 잔은 내 피로 세우는 새 언약이니 곧 너희를 위하여 붓는 것이라"(눅 22:19-20)고 말씀하셨습니다. 즉, 이것은 "나 자신을 주는 것이며 내 몸은 상하게 되고 내 피는 너희를 위하여 흘리는 것이다"라는 말씀입니다. 이 말씀은 우리 주님의 가르침 속에 분명하고도 확실하게 십자가가 있음을 보여 주고 있습니다.

여기에 덧붙여서 우리가 자세히 살펴야 하는 다른 기록들이 또 있습니다. 변화산 위에서 일어났던 놀라운 광경을 기억하십니까? 주님께서 베드로와 야고보와 요한을 데리고 산에 올라가셨습니다. 그때 그들 앞에서 변형되시자 제자들이 놀라운 모습의 주님을 바라보게 되었습니다. 그 사이에 모세와 주님이 나누신 대화가 무엇이었습니까? 또 엘리야가 주님과 나눈 대화는 무엇입니까? 그들은 주님과 함께 예루살렘 성벽 바깥쪽에서 이루어지게 될 출애굽(예수님의 죽으심을 제2의 출애굽으로 본 것임-역주)에 대해서 토론했습니다. 그들은 주님과 더불어서 그분의 죽음에 관하여 대화를 나누었습니다. 다시 말해 율법을 대표하는 모세와 선지자를 대표하는 엘리야가 예수님의 십자가에서의 죽으심에 대하여 함께 이야기한 것입니다. 십자가는 죽음이 아닌 생명의 자리입니다.

이것뿐만이 아닙니다. 후에 예루살렘에서 무슨 일이 벌어질 것인지에 대해 주님이 정확히 아셨음에도 불구하고 요지부동한 마음으로 예루살렘을 향하여 올라가시는 모습을 볼 수 있습니다. 만약 통계에 관심이 있는 사람이라면 여기에서 매우 재미있는 것을 발견할 수 있습니다. 여러분이 직접 사복음서를 읽고 연구해 보십시오. 주님의 죽음에 관한 기록이 얼마나 많은 부분을 차지하고 있는지를 주목해 보십시오. 비록 그 기록들이 간략한 것들일지라도 주님의 죽음에 대해 얼마나 많은 부분을 할애하고 있는지를 주목하여 살펴보십시오. 얼마나 자세히 설명하고 있는지 모릅니다. 어떤 분이 지적한 것처럼 이 기록들은 생생하고 자세한 표현들입니다. 주님의 손과 발에 못을 박는 망치소리가 귀에 들리는 것 같지 않습니까?

왜 이것이 그렇게 두드러지게 나타납니까? 이것이 바로 가장 핵심이기 때문입니다. 복음서에는 이 기록들이 가득합니다. 여러분은 사도행전을 읽으면서 무엇을 발견합니까? 사도행전 13장 14-41

절 말씀을 읽어 보십시오. 이 문제에 대해서 너무나 분명히 말씀하고 있지 않습니까? 안디옥 사람들에게 설교하는 바울은 이 사실들을 되풀이해서 증거했고 특히 주님의 죽음과 부활에 대해서 많이 강조했습니다. 그 후 바울은 자신의 설교를 다음과 같이 말함으로 그들에게 적용하고 있습니다. 즉 "이 사람을 힘입어 죄 사함을 너희에게 전하는 것"(38절)이라고 했습니다. 이것은 놀라운 증거가 아닐 수 없습니다.

더 나아가 17장에서는 바울이 데살로니가를 방문한 기록이 나옵니다. 거기에서 무슨 일이 벌어졌는지 보십시오. "바울이 자기의 관례대로 그들에게로 들어가서 세 안식일에 성경을 가지고 강론하며 뜻을 풀어 그리스도가 해를 받고 죽은 자 가운데서 다시 살아나야 할 것을 증언하고 이르되 내가 너희에게 전하는 이 예수가 곧 그리스도라"(행 17:2-3)고 바울은 증거했습니다. 다른 모든 사도와 마찬가지로 바울도 어디를 가든지 이 말씀을 전한 것입니다.

또 다른 여러 서신들을 살펴보십시오. 성경 여러 곳에서 말씀하는 이 말씀에 대한 구절들을 인용함으로써 여러분에게 기독교의 중심 메시지가 무엇인지를 충분히 입증할 수 있습니다.

제가 말씀드리지 않고서는 견딜 수 없는 한 구절이 로마서 3장에 있습니다. "그러므로 율법의 행위로 그의 앞에 의롭다 하심을 얻을 육체가 없나니 율법으로는 죄를 깨달음이니라 이제는 율법 외에 하나님의 한 의가 나타났으니 율법과 선지자들에게 증거를 받은 것이라 곧 예수 그리스도를 믿음으로 말미암아 모든 믿는 자에게 미치는 하나님의 의니 차별이 없느니라 모든 사람이 죄를 범하였으매 하나님의 영광에 이르지 못하더니 그리스도 예수 안에 있는 속량으로 말미암아 하나님의 은혜로 값없이 의롭다 하심을 얻은 자 되었느니라 이 예수를 하나님이 그의 피로써 믿음으로 말미암는 화목 제물로 세우셨으니…"(롬 3:20-25)라는 말씀입니다.

보혈! 십자가의 피! 이것이 모든 서신서의 주제입니다. 로마서 5장 6절에서 9절까지의 말씀을 다시 한 번 읽어 봅시다. "우리가 아직 연약할 때에 기약대로 그리스도께서 경건하지 않은 자를 위하여 죽으셨도다 의인을 위하여 죽는 자가 쉽지 않고 선인을 위하여 용감히 죽는 자가 혹 있거니와 우리가 아직 죄인 되었을 때에 그리스도께서 우리를 위하여 죽으심으로 하나님께서 우리에 대한 자기의 사랑을 확증하셨느니라 그러면 이제 우리가 그 피로 말미암아 의롭다 하심을 받았으니 더욱 그로 말미암아 진노하심에서 구원을 받을 것이니." 이것이 전부가 아닙니다.

저는 계속해서 여러분에게 말씀을 인용할 수 있습니다. 바울 사도는 고린도 교인들에게 그의 서신 첫 장에서 이렇게 말하고 있습니다. 고린도전서 1장 22절에서 23절입니다. "유대인은 표적을 구하고 헬라인은 지혜를 찾으나 우리는 십자가에 못 박힌 그리스도를 전하니 유대인에게는 거리끼는 것이요 이방인에게는 미련한 것이로되." 2장에 가면 계속해서 "내가 너희 중에서 예수 그리스도와 그가 십자가에 못 박히신 것 외에는 아무것도 알지 아니하기로 작정하였음이라"(2절)고 말하고 있습니다. 이것이 변함없는 설교요 증거입니다.

만일 이 사실을 여러분이 믿을 수 없다면 바울이 고린도전서 15장 서두에서 뭐라고 고백했는지 읽어 보십시오. 그는 "형제들아 내가 너희에게 전한 복음을 너희로 알게 하노니 이는 너희가 받은 것이요 또 그 가운데 선 것이라 너희가 만일 내가 전한 그 말을 굳게 지키고 헛되이 믿지 아니하였으면 그로 말미암아 구원을 받으리라 내가 받은 것을 먼저 너희에게 전하였노니"(1-3절)라고 했습니다. 바울이 받은 것이 무엇입니까? 그는 "이는 성경대로 그리스도께서 우리 죄를 위하여 죽으시고 장사 지낸 바 되셨다가 성경대로 사흘 만에 다시 살아나사…"라고 했습니다. 바로 이것이 바울이 설교 중에 유난히 강조한 말씀임을 여러분들이 주지하였으리라 믿습니다. 이것은 설교의 핵심이요, 어떻게 그리스도께서 우리의 죄악을 위해 죽으셨는지를 선명히 보여 주는 말씀입니다.

바울은 어디에서나 이 사실을 증거했습니다. 고린도후서 5장 20절에서 그는 이렇게 말합니다. "그러므로 우리가 그리스도를 대신하여 사신이 되어…" 이 말씀을 다음과 같이 풀어 옮길 수 있을 것입니다. '나는 내 권리로 전하는 것이 아니다. 나의 권리나 희생으로 너희를 방문하는 것이 결코 아니다. 나는 보냄을 받은 사람이다. 이것이 내가 가진 지위이다.' "그러므로 우리가 그리스도를 대신하여 사신이 되어 하나님이 우리를 통하여 너희를 권면하시는 것 같이 그리스도를 대신하여 간청하노니 너희는 하나님과 화목하라."

과연 무엇이 바울의 메시지입니까? 그것은 바로 "하나님께서 그리스도 안에 계시사 세상을 자기와 화목하게 하시며 저희의 죄를 저희에게 돌리지 아니하시고 … 하나님이 죄를 알지도 못하신 자로 우리를 대신하여 죄를 삼으신 것은 우리로 하여금 저의 안에서 하나님의 의가 되게" 하셨다는 것입니다. 사랑하는 형제 여러분! 이러한 말씀들을 계속 인용해 드리고 싶지만 여기서 멈추도록 하겠습니다. 저는 이런 은혜로운 말씀들을 읽는 것이 가장 즐겁습니다. 제가 지금 증거하려는 것은 기독교 복음의 중심 메시지, 가장 본질적인 것입니다. 끝으로 아시아에 있는 일곱 교회에게 편지한 요한계시록 1장 4-5절 말씀을 인용하겠습니다. "이제도 계시고 전에도 계시고 장차 오실 이와 그 보좌 앞에 일곱 영과 또 충성된 증인으로 죽은 자들 가운데에서 먼저 나시고 땅의 임금들의 머리가 되신 예수 그리스도로 말미암아 은혜와 평강이 너희에게 있기를 원하노라 우리를 사랑하사 그의 피로 우리 죄에서 우리를 해방하시고…."

바로 이것이 기독교 복음의 핵심이며, 성경 전체에 흐르고 있는 대주제입니다. 여러분 중에 어느 누가 감히 일어나서 무슨 권리로 그리스도의 보혈에 멸시와 증오를 쏟아 부을 수 있겠습니까? 무슨 권리로 "십자가는 아무것도 아니다. 우리가 원하는 것은 그리스도의 가르침이고, 우리에게 필요한 것은 그리스도를 본받는 것이다"라고 말할 수 있겠습니까? 신약성경 전체가 그리스도의 보혈과 십자가의 죽으심을 증언하고 있습니다. 이 사실은 기독교 복음의 핵이요, 중심 주제이며, 구원의 복된 소식 전부입니다.

그래도 여러분들이 증거를 더 원하신다면 떡과 잔을 나누는 성찬식을 떠올려 보십시오. 떡과 포도주가 의미하는 것이 무엇입니까? 오로지 한 가지 대답이 있습니다. "내가 너희에게 전한 것은 주께 받은 것이니…"(고전 11:23)라고 바울은 대답합니다. 이것은 하나님의 아들이 명령하신 것입니다. 최후의 만찬 석상에서 교훈해 주신 그분, 십자가에 못 박혀 죽기 전날 밤에 자신을 따르던 무리들과 함께 성찬을 나누신 그분의 명령입니다. 주님은 "이것을 행하라. 언제나 내 백성들은 이것을 행하여라. 와서 떡을 떼고 잔을 마셔라. 이것을 행하여 나를 기념하라"고 말씀하셨습니다. 주님이 오시는 그날까지 우리는 이 사실을 선언하며 전파하고 또 가르치고 설교해야 합니다. 예수님의 가르침이나 행동을 우선적으로 전하는 것이 아니라, 그분의 죽으심을 전하는 것입니다. 이것은 우리가 결코 잊어버리지 않도록 제정된 성례식의 골자이기도 합니다.

바울이 십자가만 자랑한 이유

우리의 증거가 여기 있습니다. 사도 바울이 왜 십자가만 설교했는지에 대한 최고의 이유입니다. 바울이 왜 십자가만을 자랑한다고 합니까? 그가 십자가만을 자랑한 이유는 이 십자가로 말미암아 우리가 구원을 받았기 때문입니다. 그래서 바울은 "그러나 내게는 우리 주 예수 그리스도의 십자가 외에 결코 자랑할 것이 없으니 그리스도로 말미암아 세상이 나를 대하여 십자가에 못 박히고 내가 또한 세상에 대하여 그러하니라"고 서술한 것입니다. 놀라운 일입니다!

바울이 십자가를 설교하는 이유는 우리를 정말로 자유하게 하며 구원을 이루는 것이 바로 이 십자가이기 때문입니다. 십자가는 절대적인 생명력을 지니고 있습니다. 십자가에서 주님의 죽으심은 단순한 하나의 사건이 아닙니다. 그것은 모든 시대를 통틀어서 나타난 최고의 비극적인 사건도 아닙니다. 그렇다고 여러분과 제가 모방해야 할 것도 아닙니다.

우리는 종종 이런 말을 듣습니다. "아! 정말로 십자가는 뜻하지 않은 사건이었습니다. 그것은 일어나서도 안 되고 일어날 수도 없는 사건이었습니다. 어리석고 몰인정한 정치적 기질이 다분한 유대인들, 질투심으로 가득 찬 무리들, 자신들이 행하는 것보다도 더 많은 것을 주님은 파악하고 계셨고 더 잘 가르치셨음을 볼 수 있었던 바리새인들이 이 비극적인 사건을 낳게 한 장본인들이었습니다. 얼마나 비참한 사건입니까! 왜 이런 사건이 벌어졌는지요? 바로 이 같은 무리들 때문이었습니다. 이 사건은 이전에 없었던 가장 수치스러운 사건이 아닐 수 없습니다. 그러므로 사랑하는 여러분, 우리는 십자가에 대해서 가급적 조금만 말합시다. 다만 주님을 높이고 그분의 가르침과 행위들을 찬양합시다."

이와 같은 주장들은 신약성경 전체가 가르쳐 주고 있는 사실과 전혀 반대됩니다. 십자가! 십자가상에서 우리 주님이 죽으심은 유감스러운 일이 아닙니다. 또 이것은 교묘하게 변명하며 발뺌할 수 있는 것이 아닙니다. 그렇다고 시야에 들어오지 못하게 한다거나 아무도 모르는 곳에 숨길만한 것도 결코 아닙니다. "그러나 내게는 우리 주 예수 그리스도의 십자가 외에 결코 자랑할 것이 없으니."

이 말씀을 가슴 깊이 새겨 메시지의 중심이 되게 하십시오. 바울이 갈라디아서 3장에서 이미 말씀한 것처럼 다른 어떤 것보다도 먼저 이것을 전파하십시오. 바울은 어리석은 갈라디아 교인들의 행위를 보고 매우 놀랐습니다. "어리석도다 갈라디아 사람들아 예수 그리스도께서 십자가에 못 박히신 것이 너희 눈앞에 밝히 보이거늘 누가 너희를 꾀더냐"(갈 3:1). '밝히 보이거늘'이란 말씀은 큰 감동을 줍니다. 바울은 그들에게 그리스도께서 십자가에 못 박혀 죽으심이 그의 설교의 중심이자, 핵심이라고 주장합니다. 왜냐하면 이 사건으로 말미암아 우리가 구원을 받게 되었기 때문입니다.

그러므로 십자가를 슬퍼하지 마십시오. 그렇다고 십자가를 애써 잊으려고 한다거나 우상화하지도 마십시오. 또 미사여구를 사용해 아름답게 포장하려고도 하지 마십시오. 그저, 나는 오직 십자가만을 자랑한다고 말할 수 있어야 합니다. 왜 그럴까요? 이것으로 말미암아 "세상이 나를 대하여 십자가에 못 박히고 내가 또한 세상에 대하여 그러하기"(갈 6:14) 때문입니다. 이는 곧 구원을 의미합니다. 십자가로 말미암아 정말로 우리가 구원받게 되었기 때문입니다.

다시 말하지만 사도 바울이 우리에게 이 사실을 전하는 이유는 십자가에서 확실히 발생된 사건 때문이요, 우리 주님께서 십자가에서 죽으실 때 우리가 구원을 받게 된 바로 그 사실 때문입니다. 만일 주님께서 십자가에서 죽지 않으셨다면 어느 누구도 구원을 받을 수 없었습니다. 우리가 전파해야 될 복음도 없을 것입니다. 십자가는 구원의 사건이며, 우리의 구원이 성취되는 결정적인 구속 행위입니다. 이것이 곧 사도 바울이 십자가만을 자랑한다고 말한 이유입니다. 이것은 아이작 왓츠가 〈주 달려 죽은 십자가〉(새찬송가 149장)를 노래한 이유이기도 합니다. 십자가는 우리를 구원해 줍니다. 십자가 없이는 우리에게 구원이 없습니다.

이 사실을 확증시키는 증거는 얼마든지 있습니다. 누가복음을 읽어 봅시다. 부활하신 이후에 주님께서 무엇을 말씀하셨습니까? "이에 그들의 마음을 열어 성경을 깨닫게 하시고 또 이르시되 이같이 그리스도가 고난을 받고 제삼일에 죽은 자 가운데서 살아날 것과 또 그의 이름으로 죄 사함을 받게 하는 회개가 예루살렘에서 시작하여 모든 족속에게 전파될 것이 기록되었으니 너희는 이 모든 일의 증인이라"(눅 24:45-48).

또 바울 사도가 안디옥 사람들에게 그의 설교를 다음과 같이 끝맺는 것도 주목하십시오. "그러므로 형제들아 너희가 알 것은 이 사람을 힘입어 죄 사함을 너희에게 전하는 이것이며 또 모세의 율법으로 너희가 의롭다 하심을 얻지 못하던 모든 일에도 이 사람을 힘입어 믿는 자마다 의롭다 하심을 얻는 이것이다"(행 13:38-39). 이것이 우리가 구원을 받는 원리입니다. 사도 바울은 갈라디아서 첫 부분에서 이렇게 증언하고 있습니다. "우리 하나님 아버지와 주 예수 그리스도로부터 은혜와 평강이 있기를 원하노라 그리스도께서 하나님 곧 우리 아버지의 뜻을 따라 이 악한 세대에서 우리를 건지시려고 우리 죄를 위하여 자기 몸을 주셨으니"(갈 1:3 -4).

이 말씀은 본 서신 끝부분과도 일치합니다. 바울은 언제나 이 사실을 증거하고 있습니다. 그러므로 십자가는 사도들이 전한 메시지의 중심이었습니다.

십자가는 우리에게 스스로 구원하라고 요구하지 않습니다. 구원받기 위해 무엇을 행하라고도 말하지 않습니다. 이미 다 이루었다고 선포합니다. 십자가의 구원이 곧 복음입니다. 그래서 바울은 십자가만을 자랑한다고 고백했고 오직 십자가만 설교한다고 증언했습니다.

주 달려 죽은 십자가

그럼 이제 다음 원리로 넘어가 봅시다. 십자가는 어떻게 우리를 구원할까요. 구원을 받는다는 의미는 우리의 죄악들이 용서를 받게 된다는 뜻이며, 하나님과 화목하게 되었음을 의미합니다. 여러분이 성도라면 하나님의 자녀가 된 것이며, 그분의 축복을 받기 시작한 것입니다. 죽음에 대한 공포도, 심판에 대한 두려움도 사라졌습니다. 또 여러분은 영광스러운 기업을 상속받게 될 것입니다.

그런데 도대체 십자가가 우리를 어떻게 구원한다는 것입니까? 이것은 질문 중의 질문입니다. 이 질문에 대한 바울의 대답을 읽어봅시다. "내게는 우리 주 예수 그리스도의 십자가 외에는 결코 자랑할 것이 없으니."

신실한 마음으로 십자가를 바라본 적이 있습니까? 아이작 왓츠처럼 주님의 놀라운 십자가를 묵상해 본 적이 있습니까? 지금 십자가를 그려 보십시오. 예루살렘 밖 '갈보리'라고 불리는 언덕 위에 놓인 세 개의 십자가들을 바라보십시오. 그중 중앙에 있는 십자가를 보십시오. 거기에 달려서 죽어가고 있는 그 사람을 바라보십시오. 그가 너무 빨리 운명하신 것에 대해 사람들은 놀랐습니다. 그분이 누구입니까? 십자가에 달리신 그분이 누구였는지를 분명히 알지 않고는 십자가에서 벌어진 사건에 대한 중요성을 결코 이해하지 못할 것입니다.

가운데 십자가에 달려 있는 이 사람은 누구입니까? 사도 바울이 여기에서 대답하고 있습니다. "그분은 우리 주 예수 그리스도입니다." 예수님은 분명히 한 인간이셨습니다. 양 옆에 달려 있는 다른 두 강도들과 같이 한 인간이셨음을 알 수 있습니다. 그분은 정말 어떤 분이십니까? 그는 나사렛 지방에서 자라 서른 살이 될 때까지 목수로 일했습니다. 그런 후에 복음을 선포하게 되었습니다. 그는 비상한 선지자였습니다. 사람들은 예수님이 많은 기적을 일으켰다고 말했습니다. 실로 주목받을 만한 인물이었습니다. 그는 보기 드문 뛰어난 종교적 천재였습니다. 어쩌면 정치적 선동자로 볼 수도 있을 것입니다.

이 사람이 누구입니까? 하나님의 아들, 즉 주님이십니다. 베드로는 예수를 누구라고 고백했습니까? "주는 그리스도시요 살아 계신 하나님의 아들이시니이다." 이때 예수님은 "바요나 시몬아 네가 복이 있도다 이를 네게 알게 한 이는 혈육이 아니요 하늘에 계신 내 아버지시니라"(마 16:17)고 말씀하셨습니다. 이것은 '너희가 오로지 육신의 눈으로 바라본다면 내 안에 있는 것은 아무것도 보지 못하고 다만 한 인간으로 간주할 것이다. 그런데 베드로 너는 그 이상을 보고 있다. 너는 내가 하나님의 기름부음을 받은 자임을 알고 있구나. 이것은 내 아버지께서 계시하여 주신 바로 그 진리이다'라는 의미입니다. 예수님은 영광의 주, 영원한 하나님의 아들이십니다. 그는 복되신 삼위일체 중 두 번째 위(位)에 속한 분입니다. 그는 하나님의 아들이십니다.

이같은 진술을 듣고 여러분은 의아해할지 모릅니다. 만일 그분이 정말 하나님의 아들이라면 '십자가에서 무엇을 하고 있었느냐'란 의문이 제기될 것입니다. 이 사람이 과연 영원하신 하나님의 아들로서 영원한 곳으로부터 제한된 곳으로 오신 분이며, 인간의 몸을 취하시고 인간이 된 분이라고 한다면 왜 그분이 죽어야만 했습니까? 어떻게 하나님이 죽을 수 있다는 말입니까? 십자가 위에서 모든 인간을 위해 하셨던 일은 무엇입니까?

왜 그분이 십자가에 달리게 되셨습니까? 주님의 죽으심은 한 평화주의자의 죽음이 아닙니다. 잘못 언도된 한 착한 사람의 억울한 죽음도 아니며, 자신을 변명하기에는 너무나도 힘이 없었던 한 인간의 죽음도 아닙니다. 예수님은 중상모략을 당한 것이 사실이지만 십자가에서 자기가 무엇을 하셨는지 주님은 말씀하십니다.

제가 이미 인용을 했습니다만 다시 한 번 말씀 드리면 그는 "인자가 온 것은 섬김을 받으려 함이 아니라 도리어 섬기려 하고 자기 목숨을 많은 사람의 대속물로 주려 함이니라"(마 20:28)고 말씀하셨습니다. 즉 주님은 죽기 위해서 오셨습니다. 저는 다음과 같은 말씀을 상기시켜 드리고 싶습니다. '그는 단호한 자세로 그의 얼굴을 예루살렘으로 향하셨습니다. 그의 제자들은 그가 설명하는 모든 것을 이해하지 못했습니다. 그들은 주님이 예루살렘에 올라가지 못하시도록 간청했습니다.

이 사실들이 성경에 아주 잘 표현되어 있습니다. "곧 그때에 어떤 바리새인들이 나아와서 이르되 나가서 여기를 떠나소서 헤롯이 당신을 죽이고자 하나이다 이르시되 너희는 가서 저 여우에게 이르되 오늘과 내일은 내가 귀신을 쫓아내며 병을 고치다가 제삼일에는 완전하여지리라 하라 그러나 오늘과 내일과 모레는 내가 갈 길을 가야 하리니 선지자가 예루살렘 밖에서는 죽는 법이 없느니라"(눅 13:31-33). 주님은 침착하게 자신이 어디로 갈 것인지를 설명하셨습니다. 그분은 이 세상에 무엇을 위해 오셨는지를 알고 계셨습니다.

그리고 겟세마네 동산에서 적들에게 포위당했을 때 그분의 안전을 염려한 제자들은 "우리가 가서 검을 사올까요? 우리는 어떤 희생을 치르더라도 이 일이 주님에게 생기지 않도록 막아야 합니다"라고 말했습니다. 심지어 제자들 중의 한 명이 검을 휘둘러 대제사장 종의 귀를 짤라 버렸습니다.

그때 주님은 "네 칼을 도로 칼집에 꽂으라"고 말씀하셨습니다. "너는 내가 내 아버지께 구하여 지금 열두 군단 더 되는 천사를 보내시게 할 수 없는 줄로 아느냐"(마 26:53)라고 주님은 말씀하십니다. 즉 "너희는 나를 누구라고 생각하느냐? 내가 지금 하고 있는 일이 무엇이라고 생각하느냐? 내가 십자가에서의 죽음을 겪지 않고 이 세상으로부터 벗어나기를 원했다면 내가 내 아버지께 구하여 즉각 열두 군단이나 더 되는 천사들을 보내셔서 내가 온 그곳으로부터 천사들을 통하여 그 영광스러운 곳으로 다시 되돌아갈 수 있음을 알지 못하느냐? 그렇지만 만일 내가 그렇게 하면 어떻게 내가 의를 이룰 수 있겠느냐? 내 아버지께서 나를 보내셔서 이루기 원하신 일을 어떻게 이룰 수 있겠느냐? 그렇게 하면 일을 완수할 수 없다. 나는 분명히 죽기 위해서 이 땅에 왔노라"고 주님은 말씀하십니다.

이 사실에 대한 아주 놀라운 기록이 히브리서 2장 9절에 있습니다. "오직 우리가 천사들보다 잠시 동안 못하게 하심을 입은 자." - 무엇 때문입니까? "곧 죽음의 고난 받으심으로 말미암아." - 우리는 지금 주님의 모습을 보고 있습니다. "영광과 존귀로 관을 쓰신 예수를 보니 이를 행하심은 하나님의 은혜로 말미암아 모든 사람을 위하여 죽음을 맛보려 하심이라"고 말씀하고 있습니다.

사랑하는 여러분! 하나님의 아들이 십자가에서 죽으셨습니다. 그분은 하늘에서부터 이 세상에서 죽기 위해 오셨습니다. 이것이 주님이 이 세상에 오신 목적입니다. 죽음의 고난을 받기 위해 그분은 잠시 동안 천사들보다 못하게 하심을 입었습니다. 그분이 인간의 모습을 취하심도 죽기 위함이었습니다. 이것은 단순한 하나의 사건이나 교묘하게 발뺌하여 변명될 수 있는 사건이 아닙니다. 십자가의 사건은 절대 필요한 것이며 많은 사람의 대속물이 되기 위해서 생명을 내던지신 사건입니다.

피 흘림이 없이는 죄 사함이 없다

왜 주님께서 그렇게 하셨습니까? 성경 전체는 여기에 대한 대답을 주고 있습니다. 이 한 구절 속에도 그 이유가 들어 있습니다. 그분의 오심은 죄 아래에서 허덕이는 모든 인류를 위한 것이며 거룩하신 하나님의 심판 아래 놓인 죄인들을 위함입니다. 주님은 최후의 심판과 멸망당하기로 운명되어진 이 세상으로부터 우리를 구원해 주시기 위해서 오셨습니다. "세상이 나를 대하여 십자가에 못 박히고 내가 또한 세상에 대하여 그러하니라."

우리 모두는 세상에 속한 사람들입니다. 예수가 우리를 구원해 주시지 않는 한 우리는 세상의 운명을 짊어지고 그대로 죽게 될 것입니다. 그래서 주님이 오신 것입니다. 우리가 이미 살펴본 것처럼 바울은 로마서 3장에서 유대인이나 헬라인이나 다를 바 없이 다 죄를 범하였다고 말했습니다. "모든 사람이 죄를 범하였으매 하나님의 영광에 이르지 못하더니." 우리가 생각하는 착한 사람, 악한 사람, 성인이나 그렇지 못한 사람을 막론하고 하나님 앞에서는 모두 죄인입니다. 우리가 착하게 사느냐 못사느냐 하는 문제들은, 외형적인 관점에서 매우 중요한 것임이 틀림없습니다.

그러나 하나님 앞에서는 세상에서 최고로 존경을 받는 사람일지라도 버림을 받은 자요 비참한 처지에 빠져 있는 죄인으로 저주받아 소망 없는 인간으로 취급됩니다. 그리스도인이 아니라면 하나님 눈에는 다를 바가 전혀 없습니다. 사회적인 지위의 높음도 하나님 앞에서는 하등의 가치가 없습니다. 도덕이나 윤리는 하나님에게는 무의미합니다. 그것들은 아무리 좋아도 더러운 넝마조각에 불과합니다. "모든 사람이 죄를 범하였으매 하나님의 영광에 이르지"못합니다. 바로 이를 위해 주님이 이 세상에 오셨습니다.

아마도 여러분은 이렇게 말할 것입니다. “아! 좋아요 그렇다면 하나님께서 왜 사람들의 죄를 용서하실 수가 없단 말입니까? ‘잘못했습니다’ 하고 뉘우치는 사람을 사랑의 하나님께서 왜 용서하지 않습니까?” 이 질문도 역시 성경에서 대답을 찾을 수 있으며 이것 때문에 예수님이 죽으셨습니다. 우리의 처지와는 달리 하나님은 빛이십니다. 그분 속에는 전혀 어두움이 없습니다. 하나님은 공의의 하나님이시며, 거룩하신 하나님이십니다. 그리고 하나님은 의로우신 분입니다. 물론 하나님의 이런 속성들이 우리에게는 의미가 없습니다. 우리가 어떻게 하나님의 거룩함에 대하여 이해할 수 있겠습니까? 우리는 더럽고 불결하며 추악하고 죄악이 가득 차 있는 피조물들입니다. 우리는 전혀 하나님의 의로움에 대해 이해할 수 없는 인간들입니다. 이것이 현대인들이 십자가의 보혈을 믿지 못하는 이유이기도 합니다. 현대인들은 의(義)가 무엇인지, 정의가 어떤 것인지, 또한 율법이 무엇을 말하고 있는지를 전혀 이해하지 못하며, 징계도 믿지 않습니다. 그렇기 때문에 이 세상은 점점 지옥이 되고 있습니다.

이에 반하여 하나님은 의로우신 분이며, 법을 제정하신 분이요, 거룩하신 분입니다. 그분은 순결한 분입니다. 그렇다고 해서 죄를 목격한 적도 없다고 할 수 없는 분입니다. 하나님은 죄악을 똑똑히 보고 계십니다. 그분이 보지 못하는 것은 하나도 없습니다. 하나님은 그분의 속성 때문에 죄를 벌하셔야만 합니다. 그렇기에 누차 우리에게 죄를 벌하실 것을 말씀하셨습니다. 그러므로 문제는 여기에 있습니다. 인간은 죄를 지은 죄인이요, 하나님은 죄와는 무관하신 거룩하신 분입니다. 그런데 어떻게 이 두 가지가 함께할 수 있겠느냐 하는 것입니다. 여기에 대한 대답 역시 예수 그리스도의 십자가입니다.

어떤 사람들은 '그것이 어떻게 대답이 될 수 있느냐'고 의문을 제기할 것입니다. 제가 대답해 드리겠습니다. 저는 이 문제에 대해 아주 간략하고도 명백한 답변을 하려고 합니다. 그 질문의 답변은 다음과 같습니다. 죄의 삯은 사망입니다. 이것은 하나님께서 친히 선언하신 말씀입니다. 피 흘림이 없이는 죄 사함이 없습니다. 여러분이 구약성경을 읽으실 때 자주 눈에 띄는 것이 무엇입니까? 그것은 죄에 관한 제사들입니다.

사람들은 수송아지를 대제사장에게로 가져오고 대제사장은 수송아지의 머리 위에 손을 얹습니다. 그 다음에 수송아지를 잡아 죽여 피를 하나님의 거룩하신 제단에 바치게 됩니다. 그들이 하고 있는 행위는 분명 하나님께서 그들에게 그렇게 하라고 가르치신 것입니다. 그렇다면 '왜 하나님께서 그들에게 그렇게 하라고 가르치셨을까?'라는 질문이 생깁니다. 이 질문에 대한 답변은 앞서 말씀드린 것같이 죄의 삯은 사망이요, 피 흘림이 없이는 죄 사함이 없기 때문입니다. 그들이 행한 것들은 다음과 같습니다.

그들의 손을 수송아지의 머리에 얹으므로 그들의 죄악들이 그 짐승에게로 전가됩니다. 그래서 죄들은 그 수송아지가 덮어 쓰게 되었습니다. 그다음 그 짐승을 죽여 제단에 제물로 바칩니다. 그것은 하나님께서 그렇게 하도록 가르치셨기 때문입니다. 즉 사람들은 자신의 죄악들을 짐승에게 전가시켜 잡아 죽인 다음 그 피를 봉헌했던 것입니다. 사람들은 이 일을 매일 성전에서 행했습니다. 그들은 흠이 없고 깨끗한 어린 양을 취하여 죽이고 피를 흘려 제사했습니다. 이스라엘 사람들이 출애굽 할 때 무슨 일을 했는지 기억하십니까? 그 놀라운 밤에 죽음의 사자가 찾아왔을 때 애굽의 처음 난 모든 것이 죽임을 당했습니다. 그러나 이스라엘의 장자들은 살아남았습니다. 왜 그렇습니까? 그들은 자신의 집 문설주 기둥에 어린 양의 피를 발랐기 때문에 목숨을 구할 수 있었습니다. 그래서 죽음을 피할 수 있었습니다. 그들의 죄악들은 형벌을 받지 않았으며, 그들의 생명은 구원함을 받게 된 것입니다.

예수 그리스도! 하나님의 아들이 세상에 오셨습니다. 왜 오셨는지에 대해 세례 요한은 증거하고 있습니다. 세례 요한은 오직 한 가지만을 반복해서 설교했습니다. 그는 "나는 그리스도가 아니다. 나는 그의 신들매 풀기도 합당치 못한 자니라. 보라, 보라, 세상 죄를 지고 가는 하나님의 어린양이로다"라고 증거했습니다. 다른 모든 사람들은 하나의 그림자요, 모형들이요, 방향 제시의 예시(豫示)에 불과합니다. 하나님의 어린양이 이 땅에 오셨습니다. 하나님은 자신의 희생 제물을 예비해 두셨습니다. 그 제물은 하나님의 어린양인 바로 하나님의 독생자였습니다. 이 일이 갈보리 언덕 십자가에서 일어났습니다. 하나님은 우리 모두를 위해 자신의 아들을 채찍질하고 벌하셨으며 죽음을 당하게 하셨습니다. 죄의 삯은 사망입니다.

그러므로 십자가에서 일어난 일은 다른 것이 아닙니다. 하나님이 우리 대신 가장 사랑하는 아들에게 모든 죄를 덮어 씌워 치루게 하셨습니다. "하나님이 죄를 알지도 못하신 이를 우리를 대신하여 죄로 삼으신 것은 우리로 하여금 그 안에서 하나님의 의가 되게 하려 하심이라"(고후 5:21). "여호와께서는 우리 모두의 죄악을 그에게 담당시키셨도다"(사 53:6). 이 일을 하나님 아버지께서 하신 것입니다. 그러면 아들은 무엇을 했습니까? 그분은 어린양으로서 저항하지도, 신음도, 불평도 하지 않으셨습니다. 모든 인간의 죄짐을 짊어지신 것입니다. 이 일이 이루어지도록 허락하고 자신을 기꺼이 내던지셨습니다.

오직 믿음으로만…

반복해서 사도 바울이 말씀한 바를 말씀드리겠습니다. "그리스도께서 하나님 곧 우리 아버지의 뜻을 따라 이 악한 세대에서 우리를 건지시려고 우리 죄를 대속하기 위하여 자기 몸을 주셨으니"(갈 1:4). 이것만이 아닙니다. 이보다 더 놀라운 증거가 갈라디아서 2장에 있습니다. "내가 율법으로 말미암아 율법에 대하여 죽었나니 이는 하나님에 대하여 살려함이니라 내가 그리스도와 함께 십자가에 못 박혔나니 그런즉 이제는 내가 사는 것이 아니요 오직 내 안에 그리스도께서 사시는 것이라 이제 내가 육체 가운데 사는 것은 나를 사랑하사 나를 위하여 자기 자신을 버리신 하나님의 아들을 믿는 믿음 안에서 사는 것이라"(2:19-20).

이것이 복음입니다. "하나님이 세상을 이처럼 사랑하사 독생자를 - 죽음에 이르도록 - 주셨으니 이는 그를 믿는 자마다 멸망하지 않고 영생을 얻게 하려 하심이라"(요 3:16). "친히 나무에 달려 그 몸으로 우리 죄를 담당하셨으니 이는 우리로 죄에 대하여 죽고 의에 대하여 살게 하려 하심이라 그가 채찍에 맞음으로 너희는 나음을 얻었나니"(벧전 2:24). 바로 이것 때문에 주님이 죽으셨습니다. 바로 이것을 자랑한다고 바울은 고백하고 있습니다.

우리를 구원하는 것은 그리스도의 십자가입니다. 그리스도는 우리가 받아야 할 벌을 대신 당하시고 우리의 죄악을 짊어지심으로 하나님의 율법을 만족시키셨습니다. 그 결과 우리가 율법으로 말미암아 율법을 향하여 죽은 셈이 되었습니다. 율법이 주님에게 지워짐으로 우리는 자유하게 되었습니다.

"그러므로 이제 그리스도 예수 안에 있는 자에게는 결코 정죄함이 없나니…."

하나님께서 세상을 이처럼 사랑하사 그 아들을 주셨고, 하나님의 아들이 나를 사랑하사 자신의 몸을 내어 주셨습니다. 이것이 십자가 설교의 중심입니다. 우리가 할 수 있는 것이 무엇이겠습니까? 우리는 아무것도 할 수 없습니다. 이 메시지를 믿는 것뿐입니다. 그 외엔 아무것도 없습니다. 여러분이 보다 더 나은 삶을 살아갈 것이라고 말하지 마십시오. 만일 그렇게 말한다면 여러분은 아직도 진리를 발견하지 못한 자들입니다. 더 멋있는 남성, 더 아름다운 여성이 된다고 말하지 마십시오. '내가 이것은 하고 저것은 안 해'라는 식의 말도 하지 마십시오. 그것은 여러분이 아직도 진리를 발견하지 못했다는 증거가 됩니다. 우리가 해야 할, 오직 한 가지는 "그러므로 형제들아 너희가 알 것은 이 사람을 힘입어 죄 사함을 너희에게 전하는 이것이며 또 모세의 율법으로 너희가 의롭다 하심을 얻지 못하던 모든 일에도 이 사람을 힘입어 믿는 자마다 의롭다 하심을 얻는 이것이라"(행 13:38-39)는 말씀을 믿는 것입니다.

> 오직 믿음(그 외엔 아무것도 없음)으로 그리스도께서 모든 것의 모든 것이 됨을 보리라.

사랑하는 형제 여러분! 여러분이 어떤 존재였는지는 상관이 없습니다. 나는 여러분을 개인적으로는 잘 알지 못합니다. 그러나 한 설교자로서 자신의 회중들에 대해 모든 것을 다 알아야 할 필요성은 없습니다. 중요한 사실은 우리가 지독한 죄인이라는 점입니다. 여러분의 신분이 어떠한지에 대하여 전혀 관심이 없습니다. 여러분이 범한 죄악 중 특별한 죄목을 지적하는 일에도 관심이 없습니다. 모든 사람은 죄를 범하여 하나님의 영광에 이르지 못하기 때문입니다.

오늘날 수많은 사람이 이 문제에 대하여 관심이 많습니다만 설교자는 그런 것에는 흥미가 없습니다. 나는 여러분이 지은 죄의 목록들을 나열하기를 원하지 않습니다. 우리 모두 하나님께 감사합시다. 내가 여러분에게 꼭 말해야 하는 것은 여러분이 아무리 지독한 죄인이요, 추악하기 이를 데 없는 남자나 여자일지라도, 비록 지금 이 순간까지도 죄악의 수렁에 빠져 살고 있더라도 한 사람을 힘입어 믿는 자마다 구원을 받게 된다는 것입니다.

이분이 바로 주 예수 그리스도 - 하나님의 아들이요, 십자가에서 우리가 받아야 할 형벌을 대신 받아 죽으신 분 - 임을 믿는다면, 바로 그 순간 여러분이 저지른 모든 것으로부터 전적으로 완전히 의롭다 하심을 얻게 됩니다. 이 사실을 믿으십시오.

그리고 이 사실에 대해 하나님께 감사하십시오. 전적으로 그분을 힘입고서, 곧 십자가에서 이루심을 의지하여 우리 주 하나님의 이름으로 모든 죄가 완전히 지워졌습니다. 이것은 마치 이전에 결코 죄를 범한 적이 없는 사람처럼 그의 의로움으로 옷 입혀진 것을 의미합니다. 그러므로 하나님은 예수 그리스도 안에서 여러분을 완전한 자로 간주하십니다. 이것이 바로 십자가의 메시지요, 기독교 복음이 증거하는 말씀입니다.

십자가에서 죽으심으로 말미암아 우리를 구원해 주신 주님이십니다. 그분 이외에는 우리를 구원할 자가 아무도 없습니다. 그를 믿는 모든 사람은 누구든지 구원받게 되는 것입니다. 빌립보 감옥 간수에 대한 이야기를 기억하십니까? 곤경에 빠졌던 이 간수가 자살하려고 할 때 바울이 막았습니다. 그때에 그가 바울과 실라에게 와서 말하기를 "선생들아 내가 어떻게 하여야 구원을 얻으리이까?"라고 했습니다. 그에 대한 대답은 아주 간단했습니다. "주 예수를 믿으라 그리하면 너와 네 집이 구원을 얻으리라." 그리하여 간수는 믿게 되었고 구원을 받았으며 그 순간으로부터 큰 기쁨이 그에게 넘친 것입니다(행 16:30-31).

사랑하는 형제 여러분! 이것이 바로 사도 바울이 우리 주 예수 그리스도의 십자가만을 자랑하는 이유입니다. 그는 세상 모든 사람에게 전해 줄 메시지를 갖고 있었습니다. 바울은 이 세상에서 가장 극악무도하고 불결한 인간이라 하더라도, 또 전혀 소망이 없는 사람이라 하더라도, 또한 존경을 한 몸에 받는 존귀한 사람이나 착하기 그지없는 사람, 멋있고 아주 친절한 사람들일지라도 이 모두에게 전해 줄 소식을 갖고 있었습니다. 그는 이 소식을 모든 사람에게 기탄없이 증거했습니다. 상하고 찢겨 죽임을 당하는 이 모든 사람을 위하여 전해 줄 똑같은 복음이 바울에게 있었던 것입니다. 누구든지 이 소식을 믿는 자는 즉각 온전하게 되었습니다. 얼마나 놀라운 일입니까!

바울이 비시디아 안디옥에서 했던 똑같은 질문을 하겠습니다. 유대인들이 회당에서 나갈 때 다음 안식일에도 이 말씀을 더 듣게 해 달라고 이방인들은 간청하며, 더 듣기를 갈망했습니다. 여러분도 하나님 말씀을 들을 때, 더 듣기를 열망하십니까?

저는 이 놀라운 주제를 계속해서 증거할 것입니다. 여러분도 이 진리에 대하여 어렴풋이나마 알아차렸다면 이 말씀을 더 듣기를 원할 것입니다. 그러나 그렇지 못하다면 사도 바울이 경고하는 말을 들어보십시오. "그런즉 너희는 선지자들을 통하여 말씀하신 것이 너희에게 미칠까 삼가라 일렀으되 보라 멸시하는 사람들아 너희는 놀라고 멸망하라 내가 너희 때를 당하여 한 일을 행할 것이니 사람이 너희에게 일러 줄지라도 도무지 믿지 못할 일이라 하였느니라 하니라"(행 13:40-41).

어떻습니까? 오직 우리 주 예수 그리스도의 십자가만을 자랑하시겠습니까? 여러분을 위하여 자신을 내어 주시고 한없이 사랑해 주신 하나님의 아들을 자랑하는 데 여러분의 모든 시간을 기쁜 마음으로 기꺼이 사용하시겠습니까? 스스로 반성해 봅시다. 여러분의 성별, 나이에 상관없이 자신에게 대답해 보십시오. 끝으로 200년 전에 찰스 웨슬리가 대답해 준 것을 읽으므로 이 말씀을 맺겠습니다.

구주의 보혈로 구원을 얻게 되네
그의 죽으심 내가 남긴 상처라네
날 위해 피 흘린 나의 구주 하나님
놀라운 그 사랑, 그 은혜 찬미하세!

2

나의 신앙의 시금석

십자가는 걸림돌인가, 영광인가

"그러나 내게는 우리 주 예수 그리스도의 십자가 외에 결코 자랑할 것이 없으니 그리스도로 말미암아 세상이 나를 대하여 십자가에 못 박히고 내가 또한 세상을 대하여 그러하니라"(갈 6:14).

그럼 다시 이 놀라운 명제로 되돌아와서 이 말씀을 놓고 사도 바울이 진술하고자 하는 것이 무엇인지를 가슴 깊이 되새겨 봅시다. 우선 본문은 '내게는'이란 말에 강조점을 두고 있습니다. "그러나 '내게는' 우리 주 예수 그리스도의 십자가 외에 결코 자랑할 것이 없으니." 사도 바울은 여기서 자신이 떠난 후에 순진한 성도들의 마음속에 구원의 길에 대한 혼란을 야기하는 갈라디아 교회의 거짓 선생들과 자신을 대조하고 있습니다.

사도 바울은 거짓 교사들에 대해서 말하기를 "할례를 받은 그들이라도 스스로 율법은 지키지 아니하고 너희에게 할례를 받게 하려 하는 것은 그들이 너희의 육체로 자랑하려 함이라"(13절)고 지적합니다. 그들이 자랑하는 것이 바로 이런 것들입니다. 그러나 내게는 오직 우리 주 예수 그리스도의 십자가 외에는 결코 자랑할 것이 아무것도 없음을 바울은 고백하고 있습니다. 오직 자랑할 것이 있다면 이것 한 가지뿐입니다. 이 고백은 매우 놀라운 진술입니다. 만일 우리가 이와 같은 선언을 한다면 사도 바울이 우리에게 증언하고 있는 것이 무엇을 의미하는지 먼저 알아야 한다고 생각합니다. 더 알고자 갈망하는 마음은 우리의 관심으로 나타납니다. 사도 바울이 그의 서신을 마무리 지으면서 아주 조심해야 하는 엄격한 경고를 우리에게 던지고 있습니다. "자기의 육체를 위하여 심는 자는 육체로부터 썩어질 것을 거두고 성령을 위하여 심는 자는 성령으로부터 영생을 거두리라"(갈 6:8).

그러므로 매우 중요한 한 가지 질문은 '우리가 어떻게 성령을 위하여 심는 삶을 사느냐'라는 문제입니다. 본문에 언급하고 있는 거짓 교사들이 문제를 야기했듯이 오늘날 우리 교회 안에서도 많은 성도에게 문제를 일으키는 거짓 교사들이 있습니다. 그렇기 때문에 저는 이 주제에 주된 관심을 갖고 있습니다. 사람들은 "너희가 믿는 것이 무엇이냐"고 묻습니다. 기독교에서 가르치는 믿음이란 무엇입니까? 오늘날 우리는 매우 상반되는 답변들을 듣고 있습니다. 그것은 바로 갈라디아서에 나타나 있는 문제들입니다.

사도 바울은 오직 한 가지만을 가르치지만, 거짓 교사들은 다른 것들을 가르칩니다. 바울은 오직 예수 그리스도와 그의 십자가에 못 박혀 죽으심을 믿어야만 하며 오직 믿음으로만 의롭게 됨을 말하고 있습니다. 그러나 거짓 교사들은 할례로 말미암아 의롭게 된다고 가르칩니다. 그렇기 때문에 율법으로 되돌아가야만 한다고 말합니다. 이로 인해 사람들은 혼란스러웠습니다. 제가 이미 지적했듯이 그들은 다른 자들이 아닌 혼란스러운 가르침의 소용돌이 속에서 살아가고 있는 오늘을 사는 우리의 모습입니다.

십자가를 보는 기준

우리의 판단 기준이 무엇인지를 분명히 확신하고 있어야만 합니다. 여기에는 두 가지 극단적인 척도가 있습니다. 하나는 성경이요, 다른 하나는 여러분이 따르기 좋아하는 것들입니다. 그 외에 다른 선택은 없습니다. 모든 사람은 자신들이 판단하는 견해에 대해서 성경을 근거로 삼거나, 아니면 자신이 좋아하는 것에 근거를 두고 있습니다. 저는 성경에 기초하고 있는 것이 아니라면 그 어떤 것에도 흥미가 없습니다. 물론 여기서 유래되는 많은 좋은 것이 있음을 알고 있습니다만 제게는 아무런 의미가 없습니다. 왜냐하면 그 모든 것은 성경에 기초하고 있는 것이 아니기 때문입니다.

그렇다면 바울이 말하는 진리가 무엇입니까? 무엇이 진짜 메시지입니까? 그것은 우리 주 예수 그리스도의 십자가입니다. 예수 그리스도와 그의 십자가에서의 죽음입니다. 십자가에 대한 설교는 우리가 고찰해 본 바와 같이 모든 기독교 가르침의 심장이요, 중심입니다. 그래서 우리 주님의 가르침이 기독교 메시지의 핵심이 아니라 십자가, 곧 그의 죽으심이 그 핵심입니다. 왜 그렇습니까? 왜냐하면 그의 죽으심으로 말미암아 우리가 구원받게 되었기 때문입니다.

이 사실이 일반적으로 가장 중심되는 점입니다. 이 엄청난 진술을 여기에서 그냥 멈춰 둘 수가 없습니다. 단순히 사도 바울이 십자가를 전하고 주님의 죽으심을 믿는다고만 말한 것이 아닙니다.

바울은 '그러나 내게는 우리 주 예수 그리스도의 십자가 외에 결코 자랑할 것이 없다'라고 말씀했습니다. 그러므로 이 고백 속에는 무언가가 더 함축되어 있습니다. 저는 여러분들의 관심을 더 깊이 숨은 진리로 이끌려고 합니다.

이 말씀에서 '자랑한다'는 말이 우리들에게 예수 그리스도의 십자가가 우리 모두에 대한 판단 기준임을 대변해 주고 있습니다. 이것은 기독교에 대한 신앙고백의 판단 기준입니다. 실로 이것은 우리의 모든 가르침과 선언에 대한 성도들의 판단 기준입니다. 우리의 이해도를 측정하는 시금석은 우리 주 예수 그리스도의 십자가를 향한 우리의 태도가 어떠한지를 보는 것입니다.

이보다 나은 기준은 하나도 없습니다. 다시 말해서 십자가는 즉각적으로 우리에게 판결을 내려 주며 심판의 필요성도 결정지어 줍니다. 십자가 앞에서는 중립을 지킬 수가 없습니다. 십자가는 언제나 모든 인간을 구분하고 있고 지금도 마찬가지입니다. 여기에서 사도 바울이 말하는 바는 십자가와 관련하여 언제나 두 가지 견해가 있다는 것입니다. 즉, 우리 주 예수 그리스도의 십자가가 우리에게 대적하는 것이 된다든지, 아니면 우리가 자랑삼아 말하는 그 어떤 것보다도 뛰어난 것이든지 둘 중의 하나입니다.

사랑하는 여러분! 십자가가 여러분에게 어떤 의미를 주고 있느냐는 질문보다 더 중요한 질문은 결코 없을 것입니다. 여러분이 십자가를 생각하거나 쳐다볼 때에 여러분이 서 있는 위치가 어디라고 생각하십니까? 대적하는 자리에 있습니까? 아니면 자랑하는 자리에 있습니까? 둘 중의 한 가지임에는 틀림없습니다. 우리의 현 위치에 관해서 우리 모두가 분명히 알고 있는지요? 이렇게 주장하는 이들이 있습니다. "분명한 것은 내가 십자가를 대적하는 것은 아니지만 그렇다고 십자가를 자랑한다고는 말할 수가 없어요."

사랑하는 성도 여러분! 여러분이 처해 있는 입장이 이것이라면 참 난처합니다. 대적 아니면 자랑, 오직 두 가지 입장뿐입니다. 우리가 우리의 불멸하는 영혼에 대한 귀중함을 늘 재고하듯이 이 문제에 대해서도 검토해 보아야 합니다. 십자가를 자세히 들여다보십시오! 여기서, 그리고 그의 다른 서신들에서 사도 바울이 우리에게 말하는 이 두 가지 입장에 대해 분명히 알도록 해 주는 것이 무엇인지를 살펴봅시다.

우리가 이미 살펴본 것처럼 바울은 "나를 구원하는 십자가로 말미암아 세상이 나를 대하여 십자가에 못 박히고 내가 또한 세상을 대하여 그리하니라"고 설교합니다. 이것 때문에 우리가 어떤 위치에 서 있는지를 아는 것은 매우 중요합니다.

"내가 너희 중에서 예수 그리스도와 그가 십자가에 못 박히신 것 외에는 아무것도 알지 아니하기로 작정하였음이라"(고전 2:2)고 고린도 교인들에게 바울은 증거하고 있습니다. 사도 바울은 강의를 한 것이 아니라 언제나 선언했습니다. 모든 교회의 사명은 선언하는 일이지 강의하는 일이 아닙니다. 정치적인 문제나 사회적인 문제를 이야기하는 자리가 아닙니다. “내가 너희 중에서 … 아무것도 알지 아니하기로 작정하였음이니라.”

얼마나 풍부한 지식을 소유한 바울입니까? 이 하나님의 사람이 지닌 모든 박식함, 그의 심도 깊은 이해력, 철학에 관한 모든 지식과 헬라 문학에 관한 정통한 그의 지식들을 생각해 보십시오. 그런 그가 그리스도를 위하여 어리석은 한 사람이 되기로 작정한 것입니다.

이같은 결단은 바울에게 비난의 화살이 되었습니다. 사람들은 시비하기를 바울이 언제나 십자가와 그리스도의 보혈에 대해서만 말한다고 했습니다. 그것은 너무나도 단순한 설교였고 어린아이가 하는 것과 같은 것이기도 했습니다. 그래서 사람들은 자기 성도들에게 별 관심도 없기 때문에 높은 철학적 경지까지 이끌지 못한다고 비난했습니다.

그와 같이 비난하는 사람들에게 사도 바울은 단호히 대답하고 있습니다. “내가 너희 중에서 예수 그리스도와 그의 십자가에 못 박히신 것 외에는 아무것도 알지 아니하기로 작정하였음이라.” 바울은 고린도 교인들에게 한 가지 알고 있는 지혜가 있다고 했습니다. “그러나 우리가 온전한 자들 중에서는 지혜를 말하노니 이는 이 세상의 지혜가 아니요 또 이 세상에서 없어질 통치자들의 지혜도 아니요”(고전 2:6). 그 지혜는 감추어진 지혜요, 신비한 하나님의 지혜입니다.

이 중대한 이유 때문에 사도 바울은 십자가를 자랑하는 쪽에 서게 된 것입니다. 이 견해는 이 세상에서 우리가 살아가는 삶을 결정할 뿐 아니라 우리의 영원한 운명을 결정해 주는 것입니다. “성령을 위하여 심는 자는 성령으로부터 영생을 거두리라”(갈 6:8). 눈 깜짝할 사이에 끝장나는 핵무기 시대에 살고 있는 우리에게 무엇보다도 시급히 요청되는 문제가 여기에 있습니다.

우리 앞에 영생이 놓여져 있습니다. 옛날 우리 선배들이 설교했던 것처럼 영생을 위하여 심겠습니까? 그렇지 않다면, 어디에 여러분의 삶을 투자하려고 합니까? 여러분은 바울이 고백한 ‘작정했다’는 말이 무엇을 말하고 있는지 아십니까? 십자가를 향한 그의 태도입니다. 이것이 바로 우리의 시금석(Acid test)인 것입니다. 이것은 숨겨 놓고 은닉한 모든 것을 정확히 진단하는 검사이며, 그러기에 지금 빨리 결단을 내리라고 요구합니다. 왜냐하면 우리가 십자가를 대적하는 자리에 있든지 아니면 자랑하는 입장에 처해 있든지 둘 중의 하나를 선택해야 하기 때문입니다. 중립적 태도란 십자가 앞에서는 있을 수 없습니다. 그러면 이 둘 중에 어느 쪽이 여러분의 입장입니까?

우리에게 이 말씀을 제시하고 있는 바울 사도를 떠올려 보십시오. 몇 가지 원칙을 제시하겠습니다. 첫 번째는 믿지 않는 자는 십자가를 대적합니다. 사도 바울이 갈라디아서 5장 11절에서 뭐라고 말씀하는지를 읽어 봅시다. 그는 “형제들아 내가 지금까지 할례를 전한다면 어찌하여 지금까지 박해를 받으리요 그리하였으면 십자가의 걸림돌이 제거되었으리니”라고 말하고 있습니다. 다른 말로 십자가에 관한 설교는 육적인 사람들에게, 즉 믿지 않는 사람에게는 걸림돌이라는 뜻입니다.

이는 초기 기독교의 확고부동한 주장이었습니다. 여기에 관한 증거는 얼마든지 있습니다. 바울이 여기서도 말하고 있지만 고린도전서 1장 23절에서도 다음과 같이 말하고 있습니다. 그리스도의 십자가에 못 박힘을 전파한다는 것은 "유대인에게는 거리끼는 것이요 이방인에게는 미련한 것"임을 너무나도 잘 알고 있었습니다. 믿지 않는 자는 십자가를 좋아하지 않으며, 십자가에 대한 설교를 듣는 것도 원하지 않았습니다. 십자가는 그들에게 대적하는 것일 뿐입니다. 그래서 바울은 동족들로부터 심한 핍박을 받았고 조소를 당했으며 문벌 좋은 헬라인에게는 버림까지 당했습니다. 왜냐하면 그가 십자가에 관해 증거했기 때문입니다.

십자가에 관한 설교는 초대 기독교 사회에 미련하게 보여졌습니다. 뿐만 아니라 많은 시간을 지나오면서도 십자가는 변함없이 대적하는 것이었습니다. 그리고 십자가에 대한 논쟁과 심의도 있었습니다. 이것은 역사를 통하여 끊임없이 분리하는 분기점이 되었습니다. 지금 이 시간에도 똑같이 진행되고 있습니다. 오늘날 수많은 사람에게도 십자가가 거리끼는 것임은 너무나도 분명한 사실입니다. 심지어 교회 안에서도 십자가를 조롱하는 무리가 있습니다. 그들은 피의 신학이라고 조소하며, 그 피에 대하여 언급하는 것을 지독히 싫어합니다.

언젠가 어떤 사람들이 토론하고 있는 것을 들은 적이 있습니다. 그때 저는 바로 옆방에서 책을 읽고 있었는데 갑자기 토론 중이던 기독교인이 뛰어들어 와서 내게 자신을 도와달라고 요청하였습니다. 그를 따라가서 무엇이 문제인지 물었습니다. 매우 똑똑하고 유능하며 전문직에 종사하는 비기독교인이 말하기를, "우리가 논쟁을 하고 있습니다만 사실 거론될 만한 것이 못됩니다"라고 했습니다. 그래서 저는 "그게 무슨 말입니까?" 하고 물었습니다. 그가 대답하기를 "여기 이 친구는 참 좋은 사람입니다. 물론 저 역시 이 친구가 믿는 것처럼 윤리나 도덕을 믿습니다. 또한 선한 인생을 사는 것도 믿습니다. 이 세상이 계속 발전해 가고 있음도 믿습니다. 하지만 이 친구는 피를 이야기하고 있습니다. 도저히 믿을 수 없습니다"라고 말했습니다.

즉 그들의 논쟁 요점은 '피'에 대한 것이었습니다. 즉 사람들이 흔히 말하는 피의 신학이 문제였던 것입니다. 그들은 십자가를 향해 온갖 조소를 퍼붓고 조롱합니다. 그들은 구약성경을 싫어하고, (그들 말로 하면) 소위 시내산에 좌정해 계시는 하나님을 싫어하며, 모든 번제나 화목제 등의 제사들을 증오합니다. 그런 것들은 원시 종교가 일삼는 것들이라고 합니다. 그렇기 때문에 우리가 토론하는 일에 피의 신학을 말해서는 안 된다고 주장합니다. 십자가에 관해 말하는 것조차도 못하게 합니다. 그것은 십자가를 싫어하기 때문입니다. 십자가는 공손한 사람이나, 궤변을 좋아하는 자에게나, 어설픈 지식을 자랑하는 모든 현대인들에게 아직도 거리끼는 것입니다.

그러나 어쩌면 십자가를 가장 눈에 거슬리는 것으로 생각하는 사람이 겉으로는 그것을 가장 많이 자랑하는 사람일지도 모릅니다. 제가 이런 말씀을 드리는 이유는 십자가가 매우 아름다운 것이라고 말하는 사람을 염두에 두고 있기 때문입니다. 이들은 십자가에 대해서 많은 설교를 합니다. 그러나 그들이 전하는 것은 귀에 달콤한, 효과적이고, 감동을 주는 아주 아름다운 것입니다. 이런 자들이 십자가를 가장 많이 대적하는 자들입니다. 사실 그들은 십자가를 아무런 의미도 없는 것으로 따돌리려고 부단히 노력하고 있습니다. 그들은 십자가의 숭고한 실체를 심히 대적하는 사람들입니다. 그들은 또한 십자가를 하나의 미학적인 서술에 한정시키고 가장 아름다운 것으로 철학화합니다. 그래서 그들은 십자가를 감상적으로 취급하려 하고 연민의 정을 자아내게끔 합니다. 이같은 사람들에게 십자가는 걸림돌입니다.

이런 주장들과 맞서고 있는 참 진리는 수 세기를 걸쳐 유유히 흘러오고 있습니다. 무슨 이유 때문에 이 진리가 끄떡도 없이 지탱해 오고 있는지 생각해 보셨습니까? 먼저, 이것을 생각해 봅시다. 십자가를 십자가 되게 바르게 전하는지 아니면 그릇되게 증거하는지에 대한 시금석은, 그것이 육적인 사람에게 걸림돌이냐 아니냐에 달려 있습니다.

제가 전하는 이 십자가가 육적인 사람에게 대적이 되는 것이 아니라면 저는 십자가를 잘못 전하고 있는 것입니다. 이 설교를 듣는 사람이 '참 아름답고 놀라운 십자가! 아, 저런 큰 비극이 있다니…, 얼마나 수치스러운 십자가인가!' 하고 말하게 된다면 제가 전하는 십자가는 바르게 묘사되었다고는 볼 수 없습니다. 십자가에 관한 설교는 비그리스도인에게는 걸림돌입니다. 그러므로 이 반응은 십자가를 설교하는 사람을 시험해 보는 좋은 저울이 될 것입니다.

이것을 듣는 청중들 입장에서 생각해 봅시다. 만일 이 십자가가 한 번도 여러분에게 걸림돌이 아니었거나 또 그 같은 것을 느끼지조차 못했다면 저는 여러분이 십자가에 관한 바른 진리를 아직도 알지 못하는 사람이라고 생각합니다. 십자가에 대하여 아무런 거리낌도 없이 어떤 반응도 보이지 않는다면 여러분은 십자가를 바르게 이해한 사람이 아닙니다. 자연인에게는 언제나 십자가가 걸림돌이기 때문입니다. 예외란 있을 수 없습니다. 그러므로 한 번도 그런 느낌을 가져보지 못한 자는 결코 십자가를 본 적이 없는 사람이나 다를 바가 없습니다. 십자가를 알기 전 우리는 모두 육적인 사람이었기 때문입니다. 우리 중 어느 누구도 믿는 성도로 태어난 사람은 하나도 없습니다. 성도가 되기 위해서 우리는 거듭나야만 합니다. 우리가 육적인 남자나 여자로 있었을 동안에 십자가는 우리에게 걸림돌이었습니다.

그러므로 이 걸림돌을 우리가 알지 못했다면 우리는 십자가를 본 적이 없거나 잘못 묘사된 십자가를 소유한 자들입니다. 이것 때문에 다음과 같은 질문을 하게 됩니다. "왜, 이 십자가가 자연인에게 걸림돌인가?" 무엇 때문에 십자가가 육적인 인간들에게 걸림돌이 됩니까? 그 이유들은 1세기의 사람들에게도 걸림돌이었음이 틀림 없었습니다. 십자가가 걸림돌인 이유는 1세기 사람들이나 20세기 사람들에게나 다를 바가 없기 때문입니다.

십자가가 걸림돌인 이유

십자가 자체가 여러분들에게 걸림돌은 아닙니까? 십자가에 관한 설교는 시대를 초월하여 모든 사람들에게 동일한 반응을 일으킵니다. 그래서 십자가는 20세기 사람들에게도 가장 큰 걸림돌입니다. 이제부터 왜 그런지를 말씀드리겠습니다.

우선 제일 주된 이유는 십자가가 사람의 지성(知性)과 거리가 멀기 때문입니다. 제가 이것을 가장 먼저 언급하는 이유는 사람들의 궁극적인 죄악이 지적 교만에서 나오기 때문입니다. 십자가는 인간의 모든 선입관이나 편견을 십자가에 못박아 버립니다. 이런 이유 때문에 십자가가 유대인들에게는 걸려 넘어지게 하는 장애물이 된 것입니다. 그들은 이렇게 말합니다. "우리는 메시아를 기다리고 있다. 유대인이 기대하는 메시아는 막강한 군대를 이끌고 오실 분이다. 그는 수많은 군사들을 모집할 것이고 사령관으로서 로마 침

략자들을 쳐부수는 데 전력을 다할 것이다. 예루살렘성을 세계에서 가장 멋있는 도성으로 세울 것이며, 그로 말미암아 유대인은 가장 위대한 민족이 될 것이다. 그리하여 유대인들은 전 세계를 정복할 것이며 모든 열방을 통치하리라." 이것이 그들이 기다린 메시아상입니다.

메시아가 왔을 때 그들은 먼저 자세히 귀 기울여 들었습니다. 처음에는 무척 매력을 느꼈습니다. 큰 능력과 통찰력을 소유한 자로 여겼습니다. 많은 사람이 따랐지만 그들은 곧 실망하고 말았습니다. 메시아는 예루살렘에 가지도 않았고 왕이 되지도 않았습니다. 한 번은 그를 따르는 사람들이 강제로 그를 왕으로 추대하려고 했습니다. 그러자 그는 홀로 산으로 피해 버렸습니다. 유대인들은 모두 다 군사적, 정치적 메시아를 기대했습니다.

그러므로 메시아가 십자가에서 무력하게 그리고 허무하게 죽어 가야만 한다고 했을 때, 이 말씀을 들은 이들은 심한 충격을 받았고 결국 대적하는 자들로 둔갑해 버립니다. 그들은 그런 일들은 일어날 수도 없는 일이요, 어리석기 그지없는 것으로 여겼습니다. 또 그들은 "구세주가, 인간을 구원하려고 온 메시아가, 왜 죽는단 말인가? 그가 정작 모든 원수를 멸해야 하는데, 그는 가장 능력 있는 전능한 왕이요, 위대한 정복자로 군림해야 하는데, 왜 그처럼 죽어야 한다는 말인가?" 하며 주님을 대적하게 되었습니다. 메시아가 그들에게 걸림돌이 된 것입니다. 왜냐하면 주님은 그들이 기대하고 있던 메시아에 대한 기대감을 남김없이 무너뜨렸기 때문입니다. 또한 이것은 헬라인들에게도 마찬가지였습니다. 그들은 자기들의 능력을 철통같이 신뢰했습니다. 그것을 무척 뽐내는 사람들이었습니다. 그런데 이 십자가가 그들의 그런 생각을 짓밟았습니다. 실로 십자가는 대적하는 것입니다.

그러므로 십자가가 즉시 거리끼는 것으로 나타남은 우리들의 생각을 무의미하게 만들기 때문입니다. 우리는 심지어 종교에 관한 것까지도 자기 나름대로 생각할 때가 있습니다. 우리는 무엇이 사람을 그리스도인이 되게 하는지도 안다고 생각합니다. 하나님이 인간에게 기대하고 있는 것이 무엇인지도 안다고 생각합니다. 또한 우리가 하나님이 기대하시는 것을 충분히 수행할 수 있으며 그런 능력이 있다고 절대 확신합니다. 만일 우리가 그 일에 전력을 기울여 애쓴다면 성취할 수 있다고 믿습니다. 그러나 십자가는 그런 모든 생각들을 무의미한 것으로 만들어 버립니다.

육적인 사람에게 십자가가 걸림돌인 두 번째 이유는 마치 십자가가 옛날 헬라인들에게 그랬던 것처럼 현재 우리에게도 알아야 할 매우 중요한 것을 말해 주기 때문입니다. 십자가는 우리의 관념이나 사상에 의하여 구원받게 되지 못함을 선언합니다. 우리가 좋은 사상이나 어떤 깨달음이 있다고 해서 구원받게 되는 것이 아닙니다. 여러분이 철학에 능통하다고 해도 그것으로 구원받는 것은 아닙니다.

그런데도 육적인 사람들은 그런 방법으로 인간이 구원받는다고 주장합니다. 누가 우리를 구원합니까? 지혜로운 사람입니까? 그렇다면 누가 지혜자입니까? 지혜로운 자들은 흔히 위대한 사상가로 대변됩니다. 오늘 우리의 사회는 어지러움과 혼란 속에 묻혀 있습니다. 위대한 사상가들이 이 어지러운 사회를 위하여 무엇을 할 수 있습니까? 우리 사회는 정치적으로, 철학적으로, 사회 구석구석에 필요한 가장 훌륭한 정치가, 사상가들을 원하고 있습니다. 우린 그들이 우리를 구원해 준다고 생각합니다. 이것이 본능적으로 생각하는 인간의 입장입니다.

그러나 십자가는 우리가 생각하고 기대하는 어떤 것으로도 구원받지 못한다고 말합니다. 선한 생각이 우리를 구원하지 않습니다. 이상주의가 우리를 구원하지 못합니다. 오늘날 그리스도의 십자가의 원수들은 늘 이상론을 펼치는 이상주의자들입니다. 그들은 도덕적인 지위 향상에 대하여 고귀한 생각이나 사상들을 가지고 있습니다. 지금 이루어야 할 것들이 무엇인지를 주장합니다. 그래서 유능한 사색가들로서 행동합니다. 세상은 이런 사람들이 필요하다고 말합니다. 그러나 그들은 십자가를 증오합니다. 왜냐하면 그들의 고귀한 생각들을 무의미한 것으로 여기기 때문입니다.

육적인 사람의 지성에게 십자가가 걸림돌이 되는 또 다른 이유는 다음과 같습니다. 사람들은 태연하게 십자가에 대한 모든 이론은 부도덕한 것이라고 말합니다. 이들은 다른 사람의 죄를 위하여

한 사람이 형벌을 받아야 한다는 생각이 비윤리적인 처사이며, 가히 생각할 수도 없는 일이라고 말합니다. 자신이 범한 죄에 대해서는 자신이 형벌을 받아야 한다는 것이 인간의 논리이기 때문입니다. 전혀 죄가 없는 한 사람이 와서 나의 죄를 짊어지고 대신 형벌을 받는다는 것 자체가 비도덕적이고 비상식적이라고 봅니다. 그들은 다른 사람들을 용서하기 위하여 자기의 아들을 형벌하여 죽음에 이르게 한 아버지 하나님을 믿을 수 없다고 말합니다.

오직 정의, 윤리, 도덕적인 문제를 생각하는 그들의 의식 속에는 이같은 행위야말로 폭력이나 다름이 없습니다. 그렇게 주장하는 말을 들어본 적이 있습니까? 어쩌면 여러분이 그렇게 생각하는 자들은 아닌지요? 만일 그렇다면 십자가는 여러분에게 걸림돌입니다. 왜냐하면 이 가르침의 본질이 대속(代贖)이기 때문입니다. 십자가는 그리스도께서 "세상 죄를 지고 가는 하나님의 어린양"임을 증거합니다. 우리 죄의 짐들을 그가 짊어지셨고 그가 채찍에 맞음으로 우리가 나음을 입었습니다. 십자가는 하나님이 그의 아들 예수 그리스도를 채찍질하신 것으로 증언합니다. 하나님은 "우리 모두의 죄악을 그에게 담당시키셨"습니다(사 53:6). 현대인에게나 위대한 사상가에게는, 십자가가 걸림돌이며 비윤리적이고 불공평한 처사요, 정의롭지 못한 것입니다. 그래서 십자가를 싫어하고 거절하는 이유입니다.

십자가가 육적인 사람에게 걸림돌인 모든 견해들을 정리해 보려고 합니다. 참을 수 없는 일은 십자가를 바로 이해하지 못한다는 것입니다. 그것이 십자가를 사람이 거리끼게 만드는 요인입니다. 육적인 자연인은 모든 것을 이해할 수 있다고 믿습니다. 그리고 그렇게 이해하기를 원합니다. 그들이 내세우는 주요한 견해들을 여러분이 충분히 알고 있으리라 믿습니다. 그들은 자신이 이해할 수 없는 것은 믿으려고 하지 않으며 자기가 이해하지 않는 한 자신을 그 어떤 것에도 내맡기지 않을 것이라고 말합니다. 인간은 모든 진리를 십분 이해할 수 있는 역량을 충분히 가지고 있다고 믿습니다.

그들이 하나님을 믿지 않는 이유는 하나님의 존재를 이해할 수 없기 때문이며, 십자가도 이해하지 못하기 때문입니다. 물론 십자가는 이해되어질 수 있는 것이 아닙니다. 그래서 찰스 웨슬리는 "불멸이 죽는 것은 기이한 일이로다"라고 유명한 찬송시를 읊었습니다. 십자가는 기이한 것이요, 대속의 비밀이요, 미스테리입니다. 그것은 성경이 우리에게 말해 주고 있는 것처럼 하나님의 비밀입니다. 그러나 현대인은 이런 신비한 것에 자신을 내던지지 않습니다.

그러나 성경은 십자가의 사건은 우리가 이해할 수 없는 것임을 증거하고 있습니다. 이해한다는 것은 불가능한 일입니다. 그것은 우리의 사고를 초월합니다. 하나님의 것이며, 기적이요, 초자연적인 것이므로 인간이 이해할 수 없습니다. 그렇기 때문에 사람은 십자가를 싫어합니다. 인간은 십자가를 피할 수가 없습니다. 십자가는 늘 있기 때문이며, 또한 인간의 심령 속에는 언젠가 이 십자가에 대해서 깊이 생각해 보리라는 마음이 있기 때문입니다. 그러나 어리석은 인간은 이해할 수 없기 때문에 십자가를 싫어하고 멀리합니다.

십자가가 이렇게 육적인 사람에게 걸림돌이라면 그의 양심에도 걸림돌이 됩니다. 십자가와 관련해서 오직 한 가지 궁극적인 문제는 우리의 '교만'입니다. 모든 사람의 문제는 교만에서부터 확산되어집니다. 사람이 타락하게 된 이유가 무엇입니까? 바로 교만 때문입니다.

하와에게 사탄이 찾아와 묻습니다. "하나님이 참으로 너희더러 그 실과를 먹지 말라고 하더냐?" 물론 하나님은 그렇게 말씀하셨습니다. 사탄은 하와에게 "그런데 왜 그런지 아느냐? 네가 그것을 먹는 날에는 네가 하나님처럼 될까 봐 그런 거야"라고 말했습니다. 이같은 사탄의 제안에 하와는 그만 혹하였던 것입니다. 교만이 속에서 일어났고 아담도 그 이야기를 듣고 동의합니다. 그들은 하나님처럼 되기를 원했습니다. 아담과 하와를 유혹해 타락에 이르게 한 사탄의 정체가 무엇입니까? 바울은 디모데전서에서 사탄의 정체가 교만에서 출발함을 말합니다. 교만은 모든 문제를 발생시키는 장본인입니다. 세상은 교만을 잘 알지 못합니다. 이것은 놀랄 일이 아닙니다. 모든 것은 우리 자신을 신뢰하고 교만하게 만들고 우리를 비행기 태우며 추켜세웁니다.

어리석은 현대인들이여! 여기에 여러분의 이런 우상덩어리를 부수는 것이 있습니다. 교만은 모든 고통의 원인입니다만 육적인 자연인의 모든 교만한 마음을 부수는 것은 그리스도의 십자가뿐입니다. 그 외엔 아무것도 없습니다.

십자가가 어떻게 그 일을 합니까? 십자가를 낳게 한 사건이 무엇이었습니까? 그것은 우리가 타락한 까닭이요, 우리가 죄인이기 때문이며, 우리가 잃어버린 양들이기 때문이었습니다. 요한복음을 읽을 때 우리를 놀라게 하는 것이 무엇인지 아십니까? 이 세상에 하나님의 아들이 오셨을 때 사람들이 그를 싫어했고 더 나아가서는 십자가에 못 박기까지 했다는 사실입니다. 그런 일들을 상상해 보셨습니까? 그가 세상에 오심은 자신이 늘 말씀하신 것처럼 세상을 정죄하려고 오심이 아니요, 도리어 그를 통해서 세상이 구원받게 되기를 원함이었습니다. 주님이 무슨 해를 끼쳤습니까? 자기의 모든 시간을 평범한 인간들을 위해서, 말씀을 늘 듣기 원하는 사람들에게 가르치고 훈련시키는 일에 투자하셨습니다. 그리고 질병과 고통, 슬픔과 애통에서 구원해 주는 사역에 온 생애를 헌신하셨습니다. 베드로가 고넬료에게 설명한 것과 같이 주님은 그의 시간을 선한 일을 위해 사용하셨습니다. 그런데도 사람들은 그를 싫어했고 결국에는 그를 십자가에 못 박기까지 했습니다. 군중들은 그를 십자가에 못 박으라고 외쳐댔습니다. 그가 어떻게 했기에, 그다지도 사람들이 분노했습니까? 주님이 그들에게 무엇을 하셨기에….

그 문제의 원인이 무엇인지 아십니까? 주님이 생전에 육적인 자연인에 대해 한 가지 말씀하신 것이 있는데, 그것이 그들에게 모욕

적이고 감정을 불러일으키는 원인이 되었습니다. 그는 "인자가 온 것은 잃어버린 자를 찾아 구원하려 함이니라"(눅 19:10)고 말씀하셨는데 이것이 그들에게 문제가 되었습니다. 물론 이 말씀을 그들이 싫어한 것은 아니었습니다. 그러나 결국은 싫어하게 되었습니다.

그 이유는 주님이 구원하러 왔다고 말씀한 대목이 아니라 그들이 잃어버린 자로 묘사됨에 그만 분통이 터진 것입니다. 사실 그들에게 구원이 필요하다는 측면에서 본다면 그들은 분명 잃어버린 자들이었습니다. 여러분이 느끼는 바와 같이 이 세상에 하나님 아들의 실존이 우리 모두를 정죄하고 있습니다. 왜냐하면 우리 모두가 범죄한 인간이요, 하나님의 영광에 이르지 못하기 때문입니다. 그래서 주님이 오셨고 특별히 십자가 형틀에 달려야만 했던 이유입니다.

이것이 십자가를 대적하고 그리스도를 대적하게 된 근원이었습니다. 주님은 우리를 향하여 "너희는 타락한 자요, 죄인이라"고 말씀하십니다. 그러나 주님은 우리에게 죄인이라고만 말하지 않으시고 계속 말씀하심으로 사람들로 더욱 반발하게 했습니다. 그분은 우리가 똑같이 타락한 자들이라고 하십니다.

이 말씀이 우리 각자에게 적절한 말씀이라고 여기십니까? 이 말씀에 대해 어떤 반응을 보이시겠습니까? 우리가 기분이 좋을 때 아마도 이렇게 말할 것입니다. "나는 내가 완전히 구원받았다고 믿지는 않아요. 그러나 당신이 알다시피 나는 소망도 없이 마지못해 사는 술주정뱅이와 같은 자도 아니고, 그렇다고 창녀와 같은 사람도 아니에요. 이 세상에는 착한 사람들도 있고 나쁜 사람들도 있지요. 종교적인 사람도 있고 그렇지 못한 자들도 있지요. 여기에 분명한 구별이 있는데 어떻게 모든 사람이 똑같다고 말할 수 있습니까? 사람이 착하든지 악하든지, 도덕적인 사람이든지 아니든지, 윤리적인 원칙에 입각하여 원리 원칙을 지키며 사는 사람이든지 아니든지 별다른 차이가 없다고 말하면 안 되지요"라고 말할 것입니다.

또 공격하기를 "당신은 모든 사회도덕 체계를 혼란하게 만들고 있습니다. 사람들로 하여금 제멋대로 행동하게 하고 자포자기를 불러일으킵니다. 당신의 그런 주장은 거짓말이며 있을 수 없는 일입니다. 당신은 우리에게 말하기를, 선하게 살려고 무척 애쓰는 사람이나 밤낮으로 정성껏 기도하는 사람이나 할 것 없이 모든 사람이, 한 번도 무릎 꿇고 기도해 본 적도 없고 교회의 문턱도 밟아 보지 못했고 언제나 죄악의 소굴에서 살면서 욕심만 잔뜩 부리는 사람과 조금도 다를 바 없이 똑같이 다 잃어버린 자들이라고 했습니다. 어떻게 그럴 수가 있습니까?"라고 할 것입니다.

여러분이 이렇게 항의한다고 해도 어쩔 수 없습니다. 그리스도의 십자가가 그렇게 말하고 있기 때문입니다. 그리스도의 십자가는 차별이 없음을 증언하고 있습니다. 이것이 유대인들을 노발대발하게 만들었습니다. 하지만 바울 사도는 로마서 3장에서 이 문제를 언급하고 있습니다. 그는 "이제는 율법 외에 하나님의 한 의가 나타났으니 율법과 선지자들에게 증거를 받은 것이라 곧 예수 그리스도를 믿음으로 말미암아 모든 믿는 자에게 미치는 하나님의 의니 '차별이 없느니라' 모든 사람이 죄를 범하였으매 하나님의 영광에 이르지 못하더니"(롬 3:21-23)라고 말했습니다. 이 말씀이 그들을 화나게 만들었습니다.

그들은 주님에게 미친 것처럼 달려들었습니다. 뿐만 아니라 유대인이나 헬라인이나 다를 바가 조금도 없다고 설교한 사도들에게도 마찬가지였습니다. "너희가 유대인이라고 해서 구원받는 것이 아니다. 할례를 받았다고 해서 구원받는 것도 아니다. 율법을 가진 자라고 해서 구원받는 것도 아니다." 이같은 증언이 사람들을 미치게 만들었습니다. 유대인이나 헬라인이나 그 외 다른 자나 모두 다를 바가 전혀 없습니다. 모든 사람이 죄를 범하였다는 사실 앞에 다른 차별이 있을 수 없습니다.

이 말씀 역시 현대인들에게 자극을 줍니다. 세상에는 선한 사람들이 많이 있습니다. 이들은 올바른 일을 하려고 열망하는 자들입니다. 그들은 단체를 조직하고 기관을 세워 다른 사람들에게 가입하게 하며 자기들의 주장을 펴면서 세상이 바르게 발전해 가기를 열심히 노력하는 자들입니다. 그런데 이들 역시 싫어하는 한 가지가 있는데, 그것은 바로 그리스도의 십자가입니다.

십자가가 그들에게 증거함은 '너희들 모두가 아무리 노력해도 문제의 해결점은 찾지 못한다. 모든 인간이 똑같은 위치에 서 있는 것이다'라고 증거합니다. 다른 차이가 없습니다. 의인은 없나니 하나도 없습니다. 여러분의 모든 수고와 노력을 너무나 허무하게 무너뜨리는 것 같아 죄송합니다만 그렇게 말하지 않을 수가 없습니다. 모든 것이 사실이니 말입니다.

십자가는 육적인 인간의 모든 교만 때문에 대적하는 것이 되었습니다. 십자가는 우리가 죄인이라고 지적해 줄 뿐 아니라 모두가 한결같이 소망이 없는 자라고 말합니다. 전적으로 우리는 아무것도 할 수 없습니다. 우리가 가진 모든 의로움은 더러운 넝마조각에 불과한 것이라고 십자가는 증언합니다. 우리가 가장 귀하게 여기는 모든 것들도 하나님 앞에서는 배설물이나 하수 처리장에 있는 폐기물과 같이 아무 쓸모없음을 증언합니다. 또한 자기 자신이나 역량을 믿는 사람에게 십자가는 너희가 할 수 있는 것은 죄짓는 것 외에는 아무것도 없다고 말하고 있습니다. 우리는 철저하게 절망적이며 맥이 빠져 축 늘어진 자들입니다. 이것이 십자가가 우리에게 걸림돌이 되는 이유입니다.

십자가는 우리를 당황하게 하고 우리의 모든 수고와 노력을 수포로 돌아가게 합니다. 십자가는 사람의 지성과 마음에 걸림돌입니다. 또한 십자가는 인간의 의지가 얼마나 강한지 전혀 상관하지 않습니다. 인간의 확고부동한 자세와는 상관이 없다고 말합니다. 어떤 노력으로도 스스로 자신을 구원할 수 없습니다.

모든 나의 수고로도 율법을 못 채우네.

쉼 없이 힘쓰고 눈물 많이 흘려도
구속 못할 죄악을 예수 홀로 속하네.
- 아우구스투스 몬태규 토프래디(A. M. Toplady)

십자가는 우리를 맨 밑바닥으로 내동댕이칩니다. 우리가 이제까지 믿어 온 모든 것을 허물어뜨립니다. 기가 죽어 소망도 없고 힘도 없는 잃어버린 자들이요, 저주받은 자들이요, 지옥에 가기로 예비된 죄인으로 우리를 전락시켜 버립니다. 이것이 십자가가 우리 인간들에 대해서 증거하는 말씀입니다.

사랑하는 형제 여러분! 십자가가 여러분에게 대적한 적이 있습니까? 여러분이 올바르게 할 수 있는 모든 것을 시도해 보는 것이 아무 소용이 없다고 말하는 십자가에 대해서 적개심을 가진 적이 있습니까? 여러분이 처해 있는 곳은 먼지와 재가 가득 찬 곳이며, 여러분은 그 땅바닥에 주저앉아 있는 자들이라고 말하는 사람을 만나 본 적이 있습니까? 비록 여러분이 여기에서 정신을 차리고 자신을 새롭게 정화한다고 하더라도, 여러분이 또다시 쓰러지고 넘어져 결국 절망하고 낙심하게 되며 버림받은 자로 실망하게 되는 도전을 받아 보셨습니까? 아니면, 그 같은 말이라도 들어본 적이 있습니까? 대적함이나 싫어함도 없이 십자가를 바라볼 수가 있습니까?

만일 그렇다면 여러분은 십자가에 대해 어설픈 지식을 가진 것입니다. 뭔가가 잘못됐습니다. 현대인이나 자연인들은 십자가를 싫어합니다. 십자가는 교만한 자나, 자신을 믿는 신앙, 또 심리학적으로 자신을 잘 발전시켜 나가는 사람 및 자신의 잠재능력을 신뢰하는 모든 사람에게 걸림돌입니다. 현대인들은 학교에서 배운 놀라운 지식과 더불어 스스로 독립이 가능한 성숙한 인간으로 자신을 추켜세웁니다. 그러나 이 십자가는 여러분의 공든 탑을 쉽게 무너뜨릴 것입니다. 그 모든 것들은 아무 쓸모도 없고 무가치한 것들이라고 십자가는 증거합니다. 이것이 자연인인 인간들에게 십자가가 걸림돌이 되는 이유입니다.

이제 좀 다른 측면에서 생각해 봅시다. 우리가 앞서 고찰한 것처럼 그리스도인은 오히려 십자가를 자랑합니다. "그러나 내게는 우리 주 예수 그리스도의 십자가 외에 결코 자랑할 것이 없으니." 이 말씀을 자세히 보십시오. 이 말씀은 우리에게 아주 중요합니다. 바울이 의도하는 말씀이 무엇인지를 보십시오. 그는 십자가를 감탄해 마지않는다고 말한 것이 아닙니다. 십자가가 단순히 아름답고 놀라운 장식품이라고도 말하지 않습니다. 그렇다고 감동을 받아 단순히 십자가를 찬양하는 데 그친 것이 아닙니다. 제가 좀 더 말씀드리려는 것은 그가 십자가를 믿는다고 말한 것이 아니라는 사실입니다. 그렇다고 이 십자가의 메시지를 단지 머리로만 받아들인다고도 말하지 않습니다.

사랑하는 형제 여러분! 여러분 자신을 시험해 봅시다. 그리스도인이란 단지 십자가를 믿는 자가 아니라 자랑하는 자들입니다.

어떤 이는 정확한 그 뜻을 묻습니다. 저는 이 의미를 알기 위해서 다음의 찬송시를 읽어 보기를 권해 드립니다.

> 세상 영광 다 지나가도 나 십자가 자랑해.
>
> 성경의 모든 광채 십자가를 비추네.
>
> - 존 보우링(J. Bowring)

이와 같이 성도는 십자가를 기쁘게 여깁니다. 사도 바울이 사용하는 본문 말씀은 아주 강한 뜻을 품고 있습니다. 하나님은 다른 것을 자랑하기를 전혀 원하지 않으십니다. 즉 본문 말씀은 자랑하는 것과 연관된 말씀입니다. 바울은 십자가만을 자랑한다고 고백합니다. 그는 "(유대인들이) 너희에게 할례를 받게 하려 하는 것은 그들이 너희의 육체로 자랑하려 함이라"고 했습니다. 그들은 자신들의 성공담이나 명예를 높이려고 애쓰는 자들입니다. 그들은 이 세상의 자랑을 일삼고 자기들이 이룬 업적들을 자랑하기 좋아합니다.

그러나 바울은 "나는 아무것도 자랑하지 않는다. 오직 내게는 우리 주 예수 그리스도의 십자가 외에는 결코 자랑할 것이 없다"고 말하고 있습니다. 그가 의미하는 것은 단지 십자가를 감탄해 마지않는다거나 믿는다고 말할 뿐 아니라 십자가로 말미암아 그는 행동함을 말하고 있습니다. 그는 십자가에 사로잡힌 자가 되었습니다. 성도는 십자가를 자랑할 뿐 아니라 오직 십자가만을 자랑해야 합니다. 그 밖의 어떤 것도 자랑하지 말아야 합니다. 아이작 왓츠(Isaac Watts)의 고백을 들어 봅시다.

> 죽으신 구주 밖에는 자랑을 말게 하소서.

기독교인에게 역사상 최대 의미를 부여하는 것은 십자가에 죽으신 예수를 자랑하는 일입니다. 바울은 다른 일은 아무것도 없다고 실토했습니다. 그는 자신의 모든 것을 이 사건 위에 귀착시켰습니다. 다시 말하면 그에게는 이 사건이 삶의 전부였습니다.

여러분은 십자가만을 자랑합니까? 아니면 단지 나는 십자가를 늘 믿고 있으며 그 속에서 성장했다고 자랑하겠습니까? 십자가에 대해서 말할 수 있는 것이 겨우 그것뿐입니까? 그리스도인을 점검해 보는 가장 좋은 길은 그가 십자가만을 자랑하는지 아닌지, 십자가만을 높이고 있는지 아닌지, 십자가만을 앞세우는지 등의 여부를 살펴보면 되는 것입니다. 이 일을 하지 않는 성도는 성도가 아닙니다.

성도는 십자가 외에는 자랑할 것이 아무것도 없는 사람입니다. 참 성도는 이 일에 빚진 자들입니다. 십자가는 모든 측면에서 성도의 전부라고 할 수 있습니다. 이것이 바울이 말하는 십자가의 자랑입니다.

십자가만을 자랑해야 할 이유

과연 그렇다고 확신한다면 이제 여러분에게 마지막 질문을 드립니다. 왜 크리스천은 십자가만을 자랑해야 합니까? 성도가 십자가만을 자랑해야 하는 이유는, 십자가 안에서 발견한 것이 있기 때문입니다. 즉, 성도가 십자가를 자랑하는 이유는 십자가가 우리가 어떤 존재임을 알려 주기 때문입니다. 어쨌든 제게 있어서는 이 십자가가 모든 문제의 열쇠라고 확신합니다.

아이작 왓츠의 찬송시를 다시 한 번 인용하겠습니다. 그의 찬송시가 이 사실을 분명히 나타내고 있습니다. 그는 "주 달려 죽은 놀라운 십자가를 그려 볼 때"라고 표현했습니다. 어느 누구도 이 십자가를 그려 보지 않고서 십자가만을 자랑할 수 있다고 생각지 않습니다. 만일 여러분이 무심코 십자가를 음미해 본 후에 "예, 저는 이 십자가를 믿습니다"라고 말한다면, 이런 사람은 큰 감동을 받은 자임에 틀림없습니다. 왓츠의 말을 들어보십시오. 찰스 웨슬리도 마찬가지입니다. 이런 사람들은 모두가 십자가의 참된 의미를 붙잡았습니다. 그들은 십자가에 사로잡혀 자신을 억제할 수도, 어떻게 표현할 수도 없게 된 자들이었습니다.

왜 그렇습니까? 그 한 가지 비결은 그들 모두가 십자가를 음미해 보았기 때문입니다. 십자가를 바라보고 그려 보았기 때문입니다. 이 십자가를 바라보는 일은 당신을 알아보는 좋은 기준이 될 것입니다. 여러분은 십자가를 생각하고 그려 보며 음미하면서 십자가의 모든 특성을 주시해 보는 일에, 얼마나 많은 시간을 투자하고 있습니까?

> 주 달려 죽은 십자가 우리가 생각할 때에
> 세상에 속한 욕심을 헛된 줄 알고 버리네.

왓츠는 이 십자가에 대해 계속 주시하고 있습니다. 이것이 바로 그가 십자가를 자랑하게 만든 요인이었습니다.

그가 십자가에서 발견한 것이 무엇입니까? 그 질문에 대한 답변은 다음과 같습니다. 그리스도인이 십자가를 자랑함은 세상에서 결코 전에 깨닫지도, 발견하지도 못한 굉장한 광경을 발견했기 때문입니다. 우리가 사는 사회에는 사람의 관심을 끄는 놀라운 광경들이 많이 있습니다. 그런데 성도가 십자가를 음미하면 음미할수록 하나님의 영광을 더 많이 바라볼 수 있기 때문입니다. 십자가는 삼위일체이신 아버지 하나님, 아들 하나님 및 성령 하나님에 관한 놀라운 광경을 보여 주고 있습니다. 참된 성도는 이 모든 광경들이 자신에게 비추고 있음을 발견합니다.

어떤 사람은 "그것이 뭘 의미하는 것입니까?"라고 묻습니다. 왓츠는 십자가를 보았고, 그 십자가에 한 사람이 달려 있음을 발견했습니다. 그가 본 십자가의 그분이 누구입니까? 왓츠가 우리에게 제시해 준 것처럼 그분은 영광의 구주이십니다. "영광의 주가 죽으신 십자가를 생각할 때"라는 고백 속에서 세상이 이전에 결코 알지 못했던 역설적이고도 매우 놀라운 광경들이 있음을 깨닫습니다. 우리가 하나님께 감사함은 위대한 신앙의 선배들이 이 십자가를 보았으며 후손들에게 십자가가 어떤지를 전해 준 것입니다.

찰스 웨슬리가 묘사한 것처럼 "모든 것이 신비하도다"라고 말할 수밖에 없습니다. 여기에 놀라운 한 광채가 있습니다. "태초에 말씀이 계시니라 이 말씀이 하나님과 함께 계셨으니 이 말씀은 곧 하나님이시니라"(요 1:1). 그분은 영원히 살아 계신 분입니다. 그런 주님이 죽으셨습니다. 이와 같은 광경을 이 세상 어디에서 찾아볼 수 있겠습니까?

또 베드로와 요한이 성전 미문에 앉아 구걸하던 사람을 치료해 준 후에 베드로가 유대인들에게 말하기를 "너희가 행한 일을 알고 있느냐? 너희가 생명의 주를 죽였도다. 너희가 생명의 시작이요, 생명을 주관하시는 창조주를 죽였도다"라고 말했습니다. 이것이 바로 그리스도인이 십자가를 바라보는 눈입니다. 베드로는 계속 말하기를 "나는 한 사람을 보았습니다. 그는 사람일 뿐 아니라 신인(神人)이며, 하나님의 영원하신 아들로 이 땅에 내려오신 분이며, 또한 모든 것을 지으시고 만드시고 붙들고 계십니다. 그러나 나는 그의 죽으심을 보았습니다. 생명의 주께서 죽어가고 계십니다"라고 했습니다.

이것을 설명한다는 것은 그리 쉬운 일이 아닙니다. 인간들은 눈에 띄는 놀라운 광경들이 있는 곳에 가기를 좋아합니다. 자신을 비하시키신 주님의 겸손한 모습을 통해 우리의 마음은 감격케 되고 흡족한 만족을 누리게 됩니다. 어쩌면 우리는 위대한 한 임금이 선행을 하고자 자신을 아무것도 아니라고 여기는 사실을 잘 연출해 낼 때에 그 연출이 얼마나 많은 감동을 주는지 잘 알고 있을 것입니다. 우리는 '정말 훌륭하군!' 하며 찬사를 금하지 못합니다. 아마도 흥분이 되어 그 사실을 자랑하게 될 것입니다. 이제 생명의 주께서 죽으신 십자가를 바라보십시오. "불멸하신 분이 죽다니 모든 것이 신비한 것이로다!"

뿐만 아니라 십자가 속에는 또 다른 양상이 있습니다.

못 박힌 손발 보오니 큰 자비 나타내셨네.

여기에는 사랑과 고통이 공존합니다. 어떻게 사랑과 고통이 한 자리에서 있을 수 있습니까? 이 말씀은 확실히 우리에게 도전을 줍니다. 연극과 예술, 음악 방면에 전문가라면 사람들을 감동시킬 수 있을 것입니다. 여기에 이 십자가가 여러분에게 묻습니다. "이 놀라운 사랑과 엄청난 고통이 어찌 함께 만날 수 있었는가? 어찌 이 둘이 함께 뒤섞여 흘러넘치는 것일까?" 이 사건은 매우 독특합니다. 이 장면은 모든 광경 중에 뛰어난 장면입니다. 모든 세대를 통틀어 벌어졌던 광경 중의 광경입니다. 다음의 찬송가를 봅시다.

가시로 만든 면류관 우리를 위해 쓰셨네.

우리가 면류관을 생각할 때 가시가 달린 면류관을 떠올리진 않습니다. 가시와 면류관은 어울리지 않습니다. 영광스럽고 찬란한 면류관과 가시관은 서로 충돌되는 것이며, 가시관은 불살라지는 것이요, 내동댕이쳐지는 것입니다. 누구도 원하지 않습니다. 그런데 여기 십자가에 이 둘이 공존해 있습니다. '가시로 만든' 가시 면류관입니다. 여러분이 거기에서 발견하는 것이 무엇입니까?

십자가에서 발견한 것들

제가 발견한 것은 죄가 없으신, 결코 죄를 범해 본 적이 없으신 주님, 그의 아버지께 모든 면에서 철저한 순종을 보여 주신 주님입니다. 그분이 십자가에 달리셨습니다. 그는 어느 누구에게도 아무런 잘못을 행하신 적이 없는, 무죄하시고 순결하시며 깨끗하신 분입니다. 그런데 그 죄 없으신 주님이 형벌당하시는 모습을 봅니다. 제가 발견한 것은 전적으로 결백하신 주님이, 사악하고 더럽고 추잡한 사람들을 위해 십자가에서 죽으신 모습입니다. 죄인들을 위해 죽으신 것입니다. 반역자들과 자기를 대적하는 원수들을 위해서 죽으셨습니다.

그 외에 또 발견한 것은 영원부터 아버지의 존전에 함께 계신 그분의 모습입니다. "태초에 말씀이 계시니라 이 말씀이 하나님과 함께 계셨으니……"란 본문은 말씀이신 아들이 영원하신 하나님의 존전에 함께 거하심을 보여 주고 있습니다. 이 땅 위에 계셨을 때도 아버지 하나님을 언제나 기쁘게 해 드렸습니다. 아버지 하나님께 기도했으며 그의 얼굴을 늘 사모하였습니다. 저는 거룩한 삼위일체이신 하나님 안에서, 자기 아버지이신 하나님의 모습을 늘 사모하신 그 주님을 십자가를 통해서 또 보게 됩니다. 또한 그 주님께서 고통 가운데 울부짖는 모습을 봅니다. "나의 하나님, 나의 하나님 어찌하여 나를 버리셨나이까?" 십자가를 통해서 제가 발견한 것입니다. 끝없는 역설적인 사건이요, 전적으로 모순되어 나타난 이 사건이 공존하고 있으며, 빛나고 영광스러운 모습으로 통일되어 있는 것이 바로 십자가입니다.

이것뿐이 아니라 제가 발견한 또 다른 한 가지는 모든 "만물이 그로 말미암아 지은 바 되었으니 하나도 그가 없이는 된 것이 없다"는 사실입니다. 이 영광스럽고 존귀하신 주님을 본 것입니다. 모든 것을 만드실 수 있는 큰 능력의 소유자이신 주님을 바라보는 것입니다.

히브리서 저자가 우리에게 상기시켜 주고 있는 것같이 저로 말미암아 모든 세계가 지어졌으되 "그의 능력의 말씀으로 만물을 붙드시며"(히 1:3), 그의 능력으로 모든 원자들을 결집시키고, 모든 천체까지도 붙들고 계시고, 모든 우주를 운행하시는 그분이 너무나도 허약한 모습으로 소망을 상실한 것같이 십자가에서 죽으신 모습을 저는 보고 있습니다. 우리는 그 면전에서 욕설을 퍼붓고 있는 자들의 모습을 기억하실 것입니다. "그가 남은 구원하였으되 자기는 구원할 수 없도다"(마 27:42). "병든 자를 고치시고 죽은 자까지도 살리신 당신이 왜 십자가에서 못 내려오시나요? 자, 지금 당장 거기에서 어서 내려오시오. 그러면 우리가 믿겠소이다." 그렇지만 주님은 내려오시지 않으셨습니다.

그곳에 무한 권능과 무력함이 동시에 거하고 있으며 "그 안에 생명이 있었던" 그분이 죽음의 길을 걷고 있습니다. 이것들이 제가 십자가를 그려 볼 때 발견한 것들입니다. 저는 "근본 하나님의 본체"(빌 2:6)시나 연약한 모습으로 죽음을 맞이하는 주님을 바라보고 있습니다.

아버지 하나님의 영광만 위하여 전적으로 헌신하셨으며, 눈에 보이는 형체 속에 나타난 자신의 영원한 영광은 한쪽에 집어던지시고, 자신을 비우사 종의 형체를 입고 사람과 같이 되신 그분을 십자가에서 보게 됩니다.

그는 실로 인간의 몸을 취하여 종과 같이 되셨고, 자신을 낮추사 순종하시되 죽기까지 하셨습니다. 이것이 바로 제가 본 주님의 모습입니다. 아버지 하나님의 영광을 드러내는 일에만 집착하신 주님의 모습입니다. 십자가에 죽기까지 순종하신 주님의 모습입니다. 그는 "내 아버지여 만일 할 만하시거든 이 잔을 내게서 지나가게 하옵소서 그러나 나의 원대로 마시옵고 아버지의 원대로 하옵소서"라고 말씀하셨습니다.

그는 온통 더러운 모든 찌꺼기들을 남김없이 들이마셨습니다. 그것이 무엇입니까? 바로 저와 여러분이 범한 죄악이요, 우리가 받을 형벌입니다. 우리의 모든 더러운 것을 자신에게 지우셨습니다. 왜 그랬습니까? 하나님께서 영광을 받으시게 하기 위함이며, 온 세상에 하나님의 의로우심을 명백히 나타내시기 위함이었습니다. 그는 아버지 하나님께 마땅히 존귀와 영광을 돌려야 함을 이 완전한 순종으로 표현하신 것입니다.

그러나 그 주님을 다시 한 번 바라봅시다. 이 모든 것들 위에 또 하나 제가 발견한 것은, 이 모든 일들을 성취하게 한 '사랑'입니다. 귀하고 놀라운 하나님의 크신 사랑입니다. 이 말이 무엇을 의미합니까?

사도 바울은 "우리가 아직 연약할 때에 기약대로 그리스도께서 경건하지 않은 자를 위하여 죽으셨도다 의인을 위하여 죽는 자가 쉽지 않고 선인을 위하여 용감히 죽는 자가 혹 있거니와 우리가 아직 죄인 되었을 때에 그리스도께서 우리를 위하여 죽으심으로 하나님께서 우리에 대한 자기의 사랑을 확증하셨느니라 그러면 이제 우리가 그의 피로 말미암아 의롭다 하심을 받았으니 더욱 그로 말미암아 진노하심에서 구원을 받을 것이니 곧 우리가 원수 되었을 때에 그의 아들의 죽으심으로 말미암아 하나님과 화목하게 되었은즉 화목하게 된 자로서는 더욱 그의 살아나심으로 말미암아 구원을 받을 것이니라"(롬 5:6-10)고 고백했습니다.

사랑, 십자가 죽음의 유일한 이유

사랑하는 여러분! 하나님은 우리를 향한 사랑 때문에 십자가에서 죽으셨습니다. 여러분과 저를 위한 주님의 귀한 사랑을 바라보십시오. 죄인들을 향한 주님의 사랑이요, 반역자들을 향한 그분의 사랑입니다. 대적하는 자들을 위한 사랑이요, 원수에게까지 향한 주님의 사랑입니다. 주님은 자기를 싫어하는 사람들을 위하여 죽으셨습니다. 주님이 십자가에서 죽으심으로 다소의 사울은 그분을 증오하였지만 주님은 사울을 위하여 죽으셨습니다. 바울(사울에서 바울로 이름이 바뀜)이 나중에 고백한 것을 보면 "나를 사랑하사 나를 위하여 자기 자신을 버리신 하나님의 아들"(갈 2:20)이라고 주님에 대해서 말하고 있습니다.

주님은 자신이 바울을 사랑하기 전에 바울이 회개하고 돌아오기를 기다리시지 않았습니다. 주님은 회심하기 전의 사울, 즉 자기를 모독했던 자요, 핍박자요, 해쳤던 자인 그를 사랑하셨습니다. 주님은 주님의 신성한 이름을 망령되게 하고, 하나님의 아들이요 영광의 주님이라고 하신 주님의 말씀을 가증스럽게 여기고, 우리를 깨우치시고 십자가에서 우리를 위하여 죽으시고 우리를 구원하시겠다고 하신 주님의 교훈하심을 역겹게 생각했고, 온갖 욕설과 조소를 퍼부은 다소의 사울을 사랑하셨습니다. 바울이 이같은 짓을 일삼는 동안에도 주님은 그를 사랑셨습니다.

주님은 우리를 위해서도 같은 일을 하시고 계십니다. 주님을 욕하고 모독하며 싫어했던 우리, 십자가에 대한 이런 설교를 거리끼는 것으로 여겼던 우리이지만 주님은 이런 우리를 위해서 죽으셨습니다. 이것이 그분의 사랑이 어느 정도인지를 보여 주는 저울입니다.

십자가를 떠올릴 때 무엇을 보십니까? 저는 바로 이런 모습을 봅니다. 이전에 이런 장면은 본 적이 없습니다. 세상이 다시 볼 수도 없는 장면입니다. 저의 모든 죄악의 형벌을 짊어지신 하나님의 거룩하신 아들, 생명의 주께서 죽으심으로, 이젠 내가 살고 하나님의 아들이 되었고 그와 더불어 나의 영생함을 영원한 영광 속에서 영원히 함께 누리게 된 것을 보게 되었습니다!

그러나 이것은 시작에 불과합니다. 십자가를 통해 우리는 예수 그리스도 앞에서 하나님의 영광이 우리에게 찬란히 비쳐 주는 것을 보게 됩니다. 그런 것을 보신 적이 있습니까? 여러분이 제가 말하는 의미가 무엇인지 희미하게나마 알고 있다면 여러분은 마땅히 십자가만을 자랑해야 합니다. 단지 십자가를 믿기만 해서는 부족합니다. 찬양하는 것조차도 부족합니다.

"오, 놀라운 주님의 특별한 사랑! 나 몸으로 제물 삼겠네"라고 고백해야 합니다. 그래야만 철저한 충성이며 전적으로 위탁한 헌신인 것입니다. 이젠 나는 그분을 위해 삽니다. 그분은 날 위해 죽으셨기 때문입니다. 유명한 모라비안 형제단의 창시자인 친첸도르프(Zinzendorf) 백작이 고백한 것처럼 우리도 고백해야 합니다. 그가 '그리스도께서 십자가에서 죽으시다'라는 작은 글귀가 적혀 있는 그리스도의 한 초상화를 바라볼 때, 그 글귀가 인생을 바꾸어 놓은 전환점이 되었습니다. 그는 단지 그림을 보았을 뿐입니다. 부자요, 많이 배운 사람인 그가 다음과 같은 글을 읽게 되었습니다. "내가 널 위해 죽었건만, 넌 날 위해 무엇을 하느냐?" 이 질문에는 오직 한 가지 대답만이 있을 뿐임을 그는 알았습니다. 그래서 그는 자기의 남은 여생 동안 이렇게 고백했습니다. "내가 가진 한 가지 열정은 주님 한 분뿐이다."

사랑하는 여러분! 하나님의 아들이 하늘로부터 내려와 우리를 위해 죽으셨음을 정말로 믿습니까? 솔직히 고백하십시오. 믿습니까? 십자가를 자랑하지 않고는 진정으로 믿는 것이 아닙니다. 여러분이 정말로 믿으신다면 십자가가 의미하는 것이 무엇인지를 발견하게 되고, 결국 십자가가 여러분의 모든 것임을 고백하게 될 것입니다. 십자가가 여러분의 전부가 되든지 아니면 아무것도 아니든지, 둘 중의 하나입니다.

십자가만을 자랑하십니까? 정말 그렇다면 제가 전하는 이 십자가를 취하여 성령을 위하여 심으십시오. 그러면 성령으로부터 영생을 거두게 될 것입니다.

3

하나님의 지혜

십자가, 하나님의 구원 방법

> "그러나 내게는 우리 주 예수 그리스도의 십자가 외에 결코 자랑할 것이 없으니 그리스도로 말미암아 세상이 나를 대하여 십자가에 못 박히고 내가 또한 세상을 대하여 그러하니라"(갈 6:14).

이 엄청나고 놀라운 진술에 대해서는 아직도 할 말이 많이 있습니다. 여기서 바울은 자기의 주장을 굽히지 않고 확고부동한 자세를 취합니다. 그는 육체 가운데 거하여 자기들의 공력을 자랑하며 사람들을 미혹하는 교사와 자기를 대조하여 설명하고 있습니다. 바울은 하나님께서 그런 일들을 자랑하며 세상적인 일에 관심을 쏟는 것들을 금하신다고 말합니다. 세상의 그 어떤 것도 자랑하지 않고 오직 예수 그리스도의 십자가만을 자랑한다고 고백하고 있습니다.

십자가 외에는 아무것도 없다

우리가 이제껏 고찰해 본 십자가는 기독교 메시지의 심장이요 중심이고, 우리 눈앞에 환히 펼쳐진 역사적 사건입니다. 뿐만 아니라, 십자가상의 나사렛 예수의 죽으심을 받아들이느냐 아니냐에 따라 우리의 영원한 운명이 결정되어짐도 살펴보았습니다. 그러므로 모든 성도들이 어째서 그리스도의 십자가 - 십자가상에서 하나님의 아들이 죽으신 - 사건이야말로, 모든 일 중에 가장 중대한 것이요,

생명을 불어넣는 일이요, 십자가와 견줄 만한 것은 아무것도 없으며, 이 우주 가운데 가장 의미심장한 것으로 여기고 있는지를 이해할 수 있는 것입니다.

저는 이것에 대해서 분명히 말씀드립니다. 모든 크리스천은 무슨 일이 벌어졌든지 거기에 관심이 없습니다. 또 무슨 일이 벌어지고 있는지도 안중에 없습니다. 저는 핵폭발이라든지 혹은 여러분이 많은 관심을 갖고 있는 문제에 대해서도 별 흥미가 없습니다. 제게는 오직 나사렛 예수께서 죽으시고 무덤에 장사지낸 바 되었다가 다시 사셔서 영원한 영광의 자리로 돌아가신 일이 벌어졌던 십자가 사건만큼 큰 의미를 부여해 줄 수 있는 것이 아무것도 없습니다.

기독교인이 왜 그처럼 고백합니까? 우리는 이미 이 질문의 답변을 살펴보았습니다. 우리가 살펴본 엄청난 역설적인 모습들을 함축하고 있는 십자가는 지나간 역사 속에서 여러분이 부여잡고 있는 모든 것과 또 여러분이 상상할 수 있는 모든 것에 대한 그 의미를 희박하게 만듭니다. 조금 더 설명하겠습니다. 왜냐하면 여러분은 십자가가 그렇게 만든다는 것을 알 수가 없고 또 십자가를 방치해 둘 수도 없기 때문입니다.

여러분은 다음과 같은 질문을 하게 될 것입니다. 왜 주님께서 그런 일을 십자가에서 하셨습니까? 아주 적절한 질문입니다. 여러분은 또 "십자가의 사건이 사실이라면 그 같은 일이 왜 벌어져야만 할까요?"를 물어야 합니다. 아주 잘 질문했습니다. 여기에 대한 대답 역시 한 가지입니다.

십자가를 다시 한 번 바라봅시다. 한 번 더 십자가를 생각해 봅시다. 바울과 같이 한 성도가 십자가만을 자랑할 때, 십자가가 왜 온 우주 만물 가운데서 가장 깊고 심오하며 광대한 것인지를 분명히 깨달을 수 있습니다. 십자가를 어쩌다 한 번 슬쩍 쳐다보는 것으로는 충분하지 못합니다. 수 세기에 걸쳐서 온 성도들이 이 십자가를 생각해 왔습니다. 십자가를 바라보았고 음미했으며 묵상했습니다. 그들이 이 십자가를 음미하면 음미할수록 십자가가 품고 있는 진리를 더 많이 발견할 수 있었습니다.

찬송가 작사, 작곡자들도 마찬가지입니다. 그리스도의 십자가는 가장 의미 깊은 내용의 시들을 산출해냈습니다. 작가들은 십자가를 바라보고 또 음미하면서 단순히 "아! 나는 예수님이 죽으신 것을 안다. 그는 평화주의자이기 때문에 죽었도다"라고 무관심한 말을 내뱉지 않았습니다. 뿐만 아니라, 그리스도인이라고 말하는 혹은 복음주의자들이라고 자처하는 어떤 사람들처럼 "아, 나는 십자가를 믿는다. 그리스도께서 나를 위해 죽었음을 믿는다"라고 말하고는 더 이상 십자가에 대해서 언급조차 하지 않는 그런 종류의 사람들이 아니었습니다. 만일 그런 부류의 사람들이 하는 십자가에 대한 고백이 여러분들의 것과 같다면 여러분은 십자가를 제대로 이해하고 있는 사람이 아닙니다.

가던 길을 멈추고 서서 십자가를 바라보십시오. 묵상해 보십시오. 다른 모든 것을 한쪽에 제쳐 놓고 십자가를 그려 보십시오. 여러분에게 가장 의미 깊은 것을 발견할 때까지 계속해서 십자가를 생각하십시오. 그 전에 중단하는 일이 없어야 합니다. 혹은 토머스 칼라일(Thomas Carlisle)이 묘사한 대로 이 영광스러운 십자가에서 무한하고 광대한 모습을 발견할 수 있을 때까지 계속해서 십자가를 응시하십시오.

하나님께서 미리 계획하신 바

도대체 왜 이런 일이 벌어졌습니까? 어째서 하나님의 아들이, 영광의 주께서 죽는 일이 벌어졌습니까? 이 질문의 답변들을 고찰해 봅시다. 성경에 모든 대답이 다 있습니다. 제가 추측하는 것들을 나열하려는 것이 아닙니다. 그렇다고 답변들을 고안하는 것도 아닙니다.

여러분이 성경을 많이 알면 알수록 저의 설교는 간단해집니다. 저는 매 주일마다 무엇을 설교해야 할 것인지를 몰라 고민하면서 신문에 무슨 놀라운 뉴스라도 있으면 거기에 맞춘 시사적인 설교를 하려고 부지런히 뉴스를 뒤적거리는 불쌍한 설교자들에게 동정을 금치 못합니다. 그러나 설교자가 반드시 전해야 하는 것은 이 엄청난 십자가의 사건에 대해서 성경이 뭐라고 말씀하는지를 분명히 하는 것입니다. 왜냐하면 저는 여기서 깨달은 진리로부터 이탈되는 그 어떤 것도 증거할 수 없기 때문입니다. 저 역시 이 사건에 대해서 성경으로부터 발견한 것이 없다면 다른 사람들과 마찬가지로 무지한 사람일 수밖에 없습니다. 제가 얻은 진리 없이는 설교할 수가 없습니다. 성경 자체가 이 사건에 대해서 뭐라고 증거하는지를 전할 뿐입니다. 그렇다면 성경이 우리에게 증거하고 있는 것이 무엇입니까? 십자가에서 하나님의 아들이 왜 죽으셔야만 했습니까?

성경이 증거하는 대답은 이 사건이 단지 인간들의 소행이 아니라는 사실입니다. 그러나 우리는 "어, 그를 십자가에 못 박은 것은 사람들이 한 짓인데"라고 말할 것입니다. 저 역시 거기에 동의합니다. 그러나 그 말은 십자가를 겉에서만 보았다는 증거입니다.

사람들이 그를 십자가에 못 박은 것이 무엇 때문입니까? 그 뒤에 숨은 것이 하나도 없습니까? 오늘날 세상에서 발생하는 문제의 원인은 바로 우리들이 모든 일을 너무 겉모습만 보고 결정짓는다는 데 있습니다. 우리는 어떤 사건을 고찰하기로 한 후에 자세히 살펴본다고 하면서도 흔히 눈에 드러나는 일만 보고 묘사하곤 합니다. 그런 묘사 기록들은 중요하지 않습니다. 그 속에는 별다른 것이 들어 있지 않습니다. 우리가 판단하는 기준 역시 겉모습만 보기 때문입니다. 그래서 내면 깊숙이 들어 있는 핵심을 제대로 보지 못합니다. 이와 똑같은 일이 십자가 사건을 볼 때도 일어납니다.

제가 이 사건이 단지 사람들의 소행이 아니라고 말씀드린 이유를 아십니까? 이 일이 우연히 발생된 사건이 아니라고 왜 반복해서 말하는지를 아십니까? 이 사건은 이미 예언된 일이었습니다. 이사야 53장을 읽어 보십시오. 거기에 보면 십자가에서 무슨 일이 일어날 것인지 분명히 예언되어 있습니다. 또 시편 22편을 읽어 보십시오. 십자가에서 이루어진 우리 주님의 죽으심에 대하여 분명한 또 다른 예언의 말씀이 있습니다. 구약성경에 여러 번에 걸쳐 예언된 일입니다. 흔히 사람들이 읽기에 너무나 지루하고 이해하기 힘들다고 하는 레위기를 볼 때도 동일한 예언의 말씀을 발견케 될 것입니다.

그 외에도 출애굽기를 읽거나 애굽에서 종살이 하던 이스라엘 백성에 대한 이야기를 읽어 보십시오. 왜 그들이 유월절 어린 양을 죽여야만 했으며, 양의 피를 문설주와 기둥에 발라야만 했습니까? 이 모든 것이 십자가에 대한 예언입니다. 유월절의 모든 의식들은 이 사건을 가리키고 있습니다.

이사야 53장은 더 놀랍습니다. '…마치 도수장으로 끌려가는 어린 양과…'란 말씀에 모든 것이 함축되어 있습니다. 주님은 느닷없이 십자가에 달리신 것이 아니라 이미 오래전부터 예언되어진 일이었습니다. 그러나 우리는 구약성경에 예언된 말씀들만을 전적으로 의존하지는 않습니다. 우리 주님이 이 사건에 대해서 언급하셨습니다.

주님은 이스라엘의 한 훌륭한 선생인 니고데모와 대화하는 중에 (요 3장) 이렇게 말씀하십니다. 광야에서 놋뱀이 들리운 것처럼 '인자도 들려야 하리니 이는 그를 믿는 자마다 영생을 얻게 하려 하심이니라'고 하셨습니다. 십자가에서의 죽음에 관한 예언을 초기 공생애

가운데서 이미 언급하신 것입니다. 예수님은 니고데모에게 이스라엘 백성의 역사 속에 기록되어 있는 한 옛날이야기를 상기시켰습니다. 광야에서 불뱀들이 사람들을 물자 물린 사람들은 그 즉시 죽었습니다. 이에 대한 치료약은 놋뱀을 만들어 장대 위에 높이 달아 물린 자마다 그것을 쳐다보게 하는 것이었습니다. 그렇게 하면 고침을 받게 되었습니다(민 21:9). 이 예언이 바로 나에 관한 예언이라고 주님께서 말씀하십니다. "모세가 광야에서 뱀을 든 것같이 인자도 들려야 하리니"(요 3:14).

사람들이 주님을 십자가에 못 박은 일은 갑자기 이루어진 것이 아님을 분명히 알 수 있습니다. 주님은 자기를 따르는 제자들에게 이 일이 일어날 것을 미리 말씀하셨습니다. 그것도 여러 번 반복해서 말씀하셨습니다. 이 신약성경의 예언 말씀도 이 메시지에 활력을 불어넣어 주는 말씀들입니다.

요한복음 12장으로 접어들면서 예수님은 지상에서의 그의 공생애 끝부분에 도달하고 있습니다. 불시에 마지막 시간이 다가왔으나, 주님은 이미 준비가 되어 있었습니다. "때가 왔도다"라고 말씀하셨습니다. 무슨 때입니까? 곧 그의 죽으심에 관한 때입니다. 바로 이 말씀에 이어서 "내가 땅에서 들리면 모든 사람을 내게로 이끌겠노라"(요12:32)고 하셨습니다. 그 문맥을 기억하십니까? 어떤 헬라인들이 예수님을 뵙고자 하여 그의 제자들에게 알현을 요청했습니다. 그들은 "우리가 예수님을 뵙고자 하며 그분과 대화 나누기를 원합니다. 그 새로운 선생님과 더불어 말씀을 나누고 싶습니다"라고 말했습니다. 또 그들은 "우리가 그분에 대해서 많이 들었습니다. 그래서 그분이 무슨 말씀을 하시는지 알고 싶습니다"라고 했습니다. 아마도 이것은 지적인 호기심 때문이었는지도 모릅니다. 뿐만 아니라 이제 막 두각을 나타내는 한 훌륭한 선생에 대한 일반적인 관심이었는지도 모릅니다.

우리 주님은 그런 사람들을 만나 주시지 않으십니다. 제자들에게 만나 줄 수 없다고 말하라고 하시며 돌려보내십니다. 그는 오직 유대인들에게 보냄을 받았다고 말씀하시며 설명하기를 "내가 땅에서 들리면 …"이라고 말씀하십니다. 요한이 여기에 대해서 덧붙여 말하기를 "이렇게 말씀하심은 자기가 어떠한 죽음으로 죽을 것을 보이심이러라"(요12:33)고 했습니다.

내가 땅에서 들리면 유대인 뿐 아니라 모든 사람을 내게로 이끌겠노라 하셨는데, 이것은 이 세상에 살고 있는 개개인 모두를 의미하는 말씀이 아니라 모든 족속들, 다른 나라 그 어느 민족이든지 즉 헬라인들까지도, 다 이끌겠노라 하신 말씀입니다. 곧 '모든 사람', 모든 열방으로부터 사람들을 이끌리라. 내가 죽을 때는 전 세계의 구세주가 되리라'는 의미입니다. 주님은 그때가 올 것을 아셨습니다. 그 밖의 다른 곳에서도 이 사건에 대한 언급을 찾아 볼 수가 있습니다. 제자들이 어떤 특권을 얻고자 요청했을 때, 주님께서 그들에게 하신 말씀을 들어보십시오. "나는 받을 세례가 있으니 그것이 이루어지기까지 나의 답답함이 어떠하겠느냐"(눅 12:50). 여기에서도 또 한 번 자신의 죽음에 관해 언급하십니다.

이 사건은 결코 우연히 일어난 사건이 아니며, 인간들의 조작에 의해서 이루어진 단순한 사건이 아님을 증명할 수 있는 많은 증거가 있습니다. 그 증거가 여기에 또 있습니다. 십자가 뒤에 숨어 있는 미스테리가 그것입니다.

사도 베드로 역시 같은 말을 하였습니다. 예루살렘에서 오순절 날 성령께서 이제 막 잉태하는 교회 위에 임하셨을 때였습니다. 그 때에는 언어가 다른 여러 지역에서부터 사람들이 몰려와 있었는데도 알아들을 수 있는 말로 십자가의 메시지를 전해 모두가 깜짝 놀랐습니다. 그들이 이 놀라운 하나님의 역사하심을 자기들의 언어로 듣게 되었을 때에 경탄해 서로 "이게 도대체 어떻게 된 일이지"라고 소리쳤습니다. 제자들을 술 취한 자들로 생각했습니다. 이 상황에서 베드로는 말문을 열어 무슨 일인지 의아해 하는 자들에게 십자가의 도를 전했습니다. 그는 나사렛 예수에게 일어난 사건을 증거했습니다. 이것은 교회란 이름으로 전파된 최초의 설교였으므로 성경에 상세히 진술되어 있습니다.

베드로는 그들에게 계속해서 전파하기를 "이스라엘 사람들아 이 말을 들으라 너희도 아는 바와 같이 하나님께서 나사렛 예수로 큰 권능과 기사와 표적을 너희 가운데서 베푸사 너희 앞에서 그를 증언하셨느니라(행 2:22)." 베드로는 이어서 "하나님께서 정하신 뜻과 미리 아신 대로 내준 바 되었거늘 너희가 법 없는 자들의 손을 빌려('사악한 무리들의 손에 의하여'란 말이 더 좋은 번역 같습니다. 왜냐하면 유대인들의 로마 사람들을 이용했기 때문입니다) 못 박아 죽였으나…"라고 설교했습니다. 베드로가 말한 것이 무엇인지 주의해서 살펴봅시다. "그 사람, 나사렛 예수, 예수 그리스도, 그 사람", 이 모든 일이 하나님에 의해서 미리 정해진 것이었습니다. 지금 결정된 것이 아니라 영원 전부터 미리 예정된 일입니다. 베드로가 증거하고 있는 바는 "하나님께서 정확한 시간에 너희들의 손으로 그리스도를 못 박아 죽였음을 하나님이 영원 전에 이미 정하셨다"입니다.

또 다른 곳에서도 이 말씀을 반복해서 증거하고 있는데, 이것은 매우 중요한 말씀이 아닐 수가 없습니다. 사도행전 4장에 보면 초대 교회 성도들에 의하여 진행되는 놀라운 기도 모임을 발견하게 됩니다. 베드로와 요한이 체포되어 구금당하고 더 이상 예수 그리스도의 이름으로 설교하거나 가르치는 일을 하지 못하도록 제지당했습니다. 관원들은 그들에게 말합니다. "이번에는 우리가 너희를 풀어 주지만 계속해서 예수 그리스도의 이름으로 설교하거나 가르치는 일을 일삼으면, 그때는 너희를 또다시 체포할 뿐만 아니라 엄벌에 처하겠노라." 그들은 죽음의 공포로 위협했습니다. 관원들은 성도들에게 강력히 경고하며, 도무지 예수의 이름으로 말하지도 말고 가르치지도 못하게 했습니다.

사도들이 관원들 앞에서 풀려나와 온 성도가 모여 기도하는 형제들이 있는 교회로 돌아와 함께 기도하는 가운데, 시편 2편을 인용하며 이렇게 증거하고 있습니다. "과연 헤롯과 본디오 빌라도는 이방인과 이스라엘 백성과 합세하여 하나님께서 기름 부으신 거룩한 종 예수를 거슬러 하나님의 권능과 뜻대로 이루려고 예정하신 그것을 행하려고 이 성에 모였나이다"(행 4:27-28). 그들은 오순절 성령강림 때, 베드로가 설교했던 말씀을 반복하고 있습니다. 이 두 군데에서 증거해 주는 말씀은 물론, 육체적으로, 실질적으로 십자가의 사건이 사람들의 손에 의하여 그리스도께서 죽임당하셨다고 하더라도 하나님께서 이 일을 계획하셨음을 증거해 주고 있습니다. 사람들은 다만 세상이 창조되기 전에 미리 정해진 것을 정확한 때에 실행에 옮겼을 뿐입니다.

세상을 구원하려는 하나님의 방법

이 모든 예언이 무엇을 가르쳐 주는지, 그리고 구약성경에 나타나는 모든 번제들과 희생제사들이 무엇을 반영하고 있는지를 발견해야 합니다. 우리가 고찰해 본 것처럼 유월절 어린양과 모든 번제 및 희생 제사는 하나님의 아들이 십자가에 못 박히는 그 사건을 지칭하고 있습니다. 이제 여러분은 이 모든 일들이 어떻게 이루어졌는지를 보게 될 것입니다. 하나님은 사람이 창조되기 전에 이를 미리 정하셨습니다. 시간이 조성되기 이전에 하나님께서 정하심을 주님은 아셨으며, 그 길만이 사람들이 구원받게 되는 것임도 아셨습니다. 여러분도 알다시피 하나님은 전지(全知)하신 분입니다. 모든 것을 하나님은 알고 계시며 처음과 나중도 알고 계십니다. 그의 지식을 능가하는 것은 아무것도 없습니다. 하나님은 사람을 창조하시기 이전에 벌써 인간이 타락하게 될 것도 아셨습니다. 뿐만 아니라, 사람이 지음받기 이전에 구원의 계획을 정하셨습니다.

이것을 신약성경 전체가 증거하고 있습니다. 사도 바울은 고린도 교인들에게 편지하면서 이렇게 말씀합니다. 그는 설교할 지혜가 있다고 하면서 말하기를 "그러나 우리가 온전한 자들 중에서는 지혜를 말하노니 이는 이 세상의 지혜가 아니요 또 이 세상에서 없어질 통치자들의 지혜도 아니요 오직 은밀한 가운데 있는 하나님의 지혜를 말하는 것으로서 곧 감추어졌던 것인데 하나님이 우리의 영광을 위하여 만세 전에 미리 정하신 것이라"(고전 2:6-7)고 했습니다.

제가 여러분들에게 전하고자 하는 바가 바로 이것입니다. 이 말씀은 세상에 전해진 뉴스 중에서 가장 복된 소식입니다. 이것이 곧 사도 바울이 십자가를 자랑한다고 말한 이유입니다. 우리 모두는 형편없는 죄인들입니다. 비참한 죄인이 아닌 사람은 세상에 아무도 없습니다. 모든 족속의 처지는 한결같습니다. 아담의 타락 이후에 태어난 모든 인간은 죄악과 불법의 형체를 입고 태어난 사람입니다. 인생이 비참한 처지에 빠지게 된 것이 바로 이것 때문입니다. 인생은 시련의 연속이요 좌절의 연속입니다. 인생은 원하지 않는 일을 하게 되고 또 원하는 일에는 늘 실패합니다. 인생은 싸움의 연속입니다. 인생은 우리 모두가 겪고 있는 윤리 도덕적 난제입니다.

인류의 문명은 모든 것들을 옳게 해 보려고 애쓰고 있습니다. 그래서 여러 가지 계획들을 고안합니다. 이상 세계를 꿈꾸며 삽니다. 의회나 국회에서 수없이 거론되고는 했지만 우리는 아직도 더 나은 삶을 영위하지 못하고 있습니다. 우리는 과거의 어떤 때보다 더 많이 배웠지만 윤리적으로 보다 나은 도덕적 사람이 되지 못하고, 오히려 전보다 더 악랄한 사람들이 되었습니다. 우리 선조들이 알지 못한 지식들을 우리는 더 많이 갖고 있으나 어떻게 죄를 짓지 않고, 어떻게 깨끗하고 건전하며 순결한 삶을 살 것인지를 아직도 모르는 상태입니다. 우리는 선배들이 처했던 똑같은 궁지에 몰려 있습니다.

여러분은 이 복음의 메시지가 무엇을 말하는지 알고 있습니까? 사도 바울이 왜 십자가를 자랑하는지를 아시겠습니까? 그는 이 비참하고 사악한 사망의 골짜기에 처해 있는 비참한 인간들을 위한 하나님의 놀라운 계획을 발견했기 때문입니다. 이 계획은 만세전부터 정해진 계획이었습니다.

오늘날 전 세계에 이보다 더 놀라운 소식은 없습니다. 그렇기 때문에 저는 시사적인 설교를 하지 않습니다. 저는 여러분에게 들을 만한 가치가 있는 것을 말하려고 합니다. 강단에서 신문에 나오는 뉴스나 정치적인 문제를 놓고 이렇다 저렇다 평가를 내리는 것이 좋을 것은 하나도 없습니다. 우리의 주위에 일어나는 모든 문제는 구습을 좇는 비참한 것들일 뿐입니다. 저는 여러분에게 오직 복음이 말해 주는 것만을 증거하려고 합니다.

전능하시고 영원무궁하신 하나님께서 이 모든 일들에 관심을 가지십니다. 세상은 그의 세상이요, 세상을 자기의 뜻대로 올바르게 운행하시고자 원하시며, 우리의 구원과 구속사역에 깊은 관심을 가지십니다. 하나님은 하나의 계획과 목적을 가지고 있습니다. "그가 하나님께서 정하신 뜻과 미리 아신대로 내 준 바 되었거늘 너희가 법 없는 자들의 손을 빌려 못 박아 죽였으나." 그런데 문제는 여러분이 무엇을 했는지조차도 모른다는 사실입니다. 여러분은 이 사건이 하나님의 놀라운 영원한 작정이요 구원과 구속의 목적이었음을 깨닫지 못했습니다.

여러분이 보다시피 십자가는 하나님 계획의 중심점입니다. 세상을 구원하시려는 하나님 방법의 핵심이었습니다. 그래서 우리가 살펴본 바와 같이 바울 사도는 고린도전서 1장에서 이렇게 외쳤습니다. "우리는 십자가에 못 박힌 그리스도를 전하니 유대인에게는 거리끼는 것이요 이방인에게는 미련한 것이로되 오직 부르심을 입은 자들에게는 … 그리스도는 하나님의 능력이요 하나님의 지혜니라"(고전 1:23-24).

이 말씀 속에 십자가의 본질이 들어있습니다. 즉 그리스도의 십자가입니다. 사도 바울은 십자가만을 자랑했습니다. 모든 진실한 성도들이라면 십자가만을 자랑할 것입니다. 왜냐하면 십자가는 영원하신 하나님의 속성에 대하여 가장 잘 드러나도록 묘사해 주기 때문입니다. 십자가를 생각할 때 이 사실을 깨닫게 됩니다. 십자가에서 영광스러운 예수님만을 바라보는 것이 아닙니다. 십자가를 다시 한 번 묵상해 보시면, 거기에 관여하고 있는 분이 성자 예수님만이 아님을 알게 됩니다. 거기에 아버지 하나님께서도 관여하십니다. 십자가를 그려 볼 때 거기에 아버지 하나님이 계심을 보셨습니까? 영원하신 아버지 하나님의 영광을 바라보는 것보다 더 높고 놀라운 일이 어디 또 있겠습니까? 세상이 전에 알지 못했던 이 놀랍고 영광스러운 모습을 여러분은 갈보리의 십자가에서 보게 되는 것입니다.

우리가 당하는 모든 고통은 궁극적으로 하나님에 대한 무지에서부터 출발합니다. 이것이 오늘날 세상이 직면한 문제입니다. 성별을 가릴 것 없이 모두가 다 하나님에 대해서 무지합니다. 하나님에 대해 전혀 관심이 없다고 말하는 자들도 있습니다. 하나님에 대한 개념을 자신들의 생각에 짜 맞추어 생각하는 자들도 있습니다만, 모두가 별 차이가 없는 악한 무리들입니다. 요즘 책들을 보면 하나님에 관해서 철학적으로 사색하려는 보편적 경향이 많습니다. 무엇이든지 그들에게는 권위 있는 것이 없습니다. 모든 것들을 하찮게 여기는 어리석은 자들입니다. 하나님에 대해서는 완전히 백지상태입니다. 물론 하나님께서 우리에게 계시하여 주지 않는 한 우리는 하나님을 알 수가 없습니다. 하나님이 누구시며 뭘 하는 분인지를 말해 준다고 해서 알 수 있는 것이 아닙니다.

우리가 알고 있는 것이 무엇입니까? 우리는 자신에 대해서 얼마나 잘 알고 있습니까? 심리학이 우리를 잘 설명해 줍니까? 우리가 가진 모든 최신 지식정보가 자신이나 이웃들에 대해서 잘 알도록 정말 도움을 주고 있습니까? 그 모든 지식들이 죽음과 생명에 대한 문제까지도 알려 줍니까? 절대로 아닙니다. 우리의 무지는 우리를 섬뜩섬뜩 놀라게 하며, 많이 배우면 배울수록 우리가 얼마나 무지한 사람인지 더 많이 알게 됩니다. 이러한 인간이 어떻게 하나님에 대해서 잘 알겠습니까?

영원히 계시는 주 하나님은 늘 은밀한 곳에 계시도다.

- 월터 찰머스 스미스(W. Chalmers Smith)

우리가 무한한 것과 영원한 것을 들여다볼 때, 영국 조드렐 뱅크(Jodrell Bank) 천문대의 한 과학자가 말한 것을 기억하시는지요? "최선을 다해서 우주 비행사들을 파송해 보십시오. 그들이 획득할 수 있는 것은 무엇이든지 얻도록 모든 힘을 다해 조사해 보십시오. 그래도 그들이 영원무궁한 것들을 본다는 가능성은 전혀 없습니다."

영원히 계시는 보이지 않으시는 하나님

늘 은밀한 곳에 계시도다.

옛부터 계시는 영화로우신 대주재의 성호나 찬양하네.

이 진리를 발견할 수 있다고 생각하십니까? 절대로 불가능합니다. 태초부터, 우리가 어떤 시도를 하기 이전부터 우리는 무능력했습니다. 우리가 가진 능력으로는 일부분만 볼 뿐입니다.

하나님이 만드신 만물을 볼 때 하나님에 관하여 조금은 알 수 있을 것입니다. 사도 바울이 로마서 1장에서 언급하고 있는 것처럼, 자연과 만물을 통해서 창조주 하나님의 무궁무진하신 능력과 신성(神性)에 대해 조금은 알 수 있는 것입니다. 여러분은 세상에 창조된 만물로 하나님이 손가락으로 하신 일을 보게 되며 그리고 영국 천문학자인 제임스 진스(James Jeans)가 묘사한 것처럼, 하나님은 가장 위대한 과학자요 지도자요 수학자임을 보게 될 것입니다.

모든 만물이 고르게 배열되어 서로 대응하고 균형 잡혀 있는 사실을 보아서도 하나님이 누구인지를 조금은 알 것입니다. 또한 우주의 모든 형성 과정과 완전한 조화를 통해서도 알 수 있습니다. 사계절을 통해서도 또는 사람들이 지닌 각각의 재능을 통해서도 그리고 주님께서 친히 갖고 계신 모든 그의 선하심과 자비하심을 통해서, 하나님에 대한 적은 지식이나마 획득할 수 있습니다. 그러나 이 지식은 극히 적은 부분에 지나지 않습니다. 오직 만물을 통해서 하나님의 능력과 그의 위대하심 그리고 그분이 곧 창조주이심을 감지할 수 있을 것입니다.

역사의 흐름 속 하나님 섭리

더 나아가 우리는 역사의 흐름 속에서도 하나님에 대해서 조금은 알 수 있습니다. 모든 민족의 역사를 공부해 보십시오. 특별히 유대인의 역사를 연구해 보면 금방 눈에 와닿습니다. 역사를 주관하시는 하나님의 손길을 느끼게 됩니다. 또한 우리에게 향하신 하나님의 섭리 속에서도 하나님에 관한 어떤 것을 발견할 수 있습니다. 하지만 이 모든 것들 속에서 하나님에 대하여 깨달은 바가 있다고 하여도 그것은 아주 적은 부분에 불과할 뿐입니다. 상상을 초월하는 능력과 잠재력이 있으며 뛰어난 질서가 있음을 깨닫기는 해도 하나님을 아버지로서는 알지 못합니다. 그분의 중심을 모르는 것입니다.

여러분이 아무리 안다고 해도 그의 충만한 모든 영광을 알지 못합니다. 요한은 그 복음서 서두에서 이 사실을 잘 묘사하고 있습니다. "본래 하나님을 본 사람이 없으되 아버지 품 속에 있는 독생하신 하나님이 나타내셨느니라"(1:18). 하나님을 본 사람은 아무도 없습니다. 하나님을 볼 수 있는 사람도 없습니다. 하나님이 어떤 분인지 존재를 본다는 것은 사실상 불가능한 일입니다.

우리에게 계시되어 나타나지 않는 한, 하나님을 온전히 알 수 없습니다. 이것이 복음이 증거하는 메시지입니다. 즉 하나님은 그의 무한하신 은혜와 자비하심으로 그 자신을 계시하시되, 그의 만드신 모든 만물과 자연 속에서 뿐 아니라 역사와 그의 섭리하심 속에서도 계시하십니다. 또한 이 모든 것들 위에 덧붙여서 아버지의 품 속에서 나오셔서 우리에게 하나님 아버지에 관해 알려 주시고 가르쳐 주신 그의 아들 안에서도 자신을 계시하십니다. 또 십자가에서 죽으시면서도 아버지 하나님을 나타내 보여 주신 예수 그리스도 안에서 하나님은 자신의 모습을 계시하셨습니다. 그렇기 때문에 십자가가 자랑스러운 것입니다.

모든 것들이 이 십자가 속에 다 집약됩니다. 여러 측면에서 우리가 하나님을 알 수 있는 힌트나 암시가 있지만 십자가만큼 불길같이 타오르는 하나님의 영광을 깨닫게 하는 것은 없습니다. 하나님은 참으로 우리에게 자기의 중심을 나타내 보이셨습니다.

우리 주님께서 친히 말씀하신 "내가 곧 길이요 진리요 생명이니 나로 말미암지 않고는 아버지께로 올 자가 없느니라"(요 14:6)가 바로 그것입니다. 그렇습니다. 창조주 하나님, 전능하신 하나님, 역사를 주관하시는 하나님을 아버지로서 안다고 하는 것은 예수 그리스도를 통하지 않고는 불가능한 일입니다. 특히 십자가에서 그의 죽으심이 없이는 생각할 수도 없는 일입니다. 하나님을 알기 원한다면,

진심으로 영원하신 하나님을 알기 원한다면 십자가를 바라보십시오. 십자가를 생각하십시오. 응시하시고 묵상하십시오. 그러면 하나님에 대해서 작은 부분이나마 알게 됩니다.

십자가를 통해서 발견한 첫 번째는 하나님의 은혜입니다. 이 말은 성경 말씀 중 가장 좋은 것 중 하나입니다. 은혜라는 말은 다음과 같이 그 의미를 규정할 수 있을 것입니다. 즉, 자비함을 받을 만한 자격이 없는 사람에게 자비를 베푸는 것이 은혜입니다. 우리는 복음의 메시지로 구원을 받게 됩니다. 그러므로 구원은 자신으로 말미암는 것이 아니라 전적으로 하나님의 은혜로 말미암은 것입니다. "너희는 그 은혜에 의하여 믿음으로 말미암아 구원을 받았으니 이것은 너희에게서 난 것이 아니요 하나님의 선물이라"(엡 2:8)고 성경은 말해 줍니다.

이 말씀을 전적으로 수긍해야 할 때가 바로 지금입니다. 그렇지 않으면 육체의 정욕에 따라 사는 세상의 악한 삶으로부터 결코 구원받지 못할 것입니다. 사탄의 손에서 그리고 우리의 빈궁한 처지에서 결코 구원을 얻지 못할 것입니다. 하물며 하나님의 율법과 심판 및 지옥의 형벌로부터 어떻게 구원받을 수가 있겠습니까? 절대로 불가능합니다. 할 수 있는 데까지 노력해 보십시오. 역사를 거듭해 오면서 사람은 구원받으려고 온갖 일들을 시도해 왔습니다. 그러나 한결같은 그들의 고백은 "우리 모두가 실패했노라"는 말뿐입니다.

내가 공을 세우나 은혜 갚지 못하네.
쉼이 없이 힘쓰고 눈물 근심 많으나
구속 못할 죄악을 예수 홀로 속하네.(찬송가 '만세 반석 열리니' 2절)
- 아우구스투스 몬태규 토프래디(A.M. Toplady)

세상에서 이제까지 알려진 사람들 중 가장 정직하고 신실한 사람은 진지하게 그 길을 찾으려고 노력한 자들입니다. 그러나 그들 모두 자신의 실패를 시인하며 포기했습니다. 오늘날 우리에게는 오직 한 가지 소망만이 있습니다. 그것은 우리 자신의 높고 낮음이나 귀하고 천한 것에는 관계없이, 똑같이 부어 주시는 하나님의 은혜입니다. "하나님이 세상을 이처럼 사랑하사 독생자를 주셨으니…"(요 3:16). 우리가 자격이 없음에도 불구하고 하나님은 자신의 은혜를 쏟아부으셨습니다. 우리의 행위대로라면 지옥 형벌밖에는 받을 것이 없습니다.

만일 당신이 천국에 갈 만한 가치가 있다고 생각이 든다면 당신은 기독교인이 아닙니다. 이것은 기독교인들을 저울질해 볼 가장 좋은 정의(定義)입니다. 어느 누구든지 스스로 천국에 들어갈 만한 가치가 있다고 여긴다면 그는 성도가 아닙니다.

한편, 자기가 지옥의 형벌을 받기에 합당한 자라고 생각하는 자에게는 소망의 빛이 있습니다. 마음속 모든 아집을 버리십시오. 구원의 길은 은혜로만 가능합니다. 오직 우리에게 향하신 하나님의 자비하심과 우리를 긍휼히 여기시는 하나님의 은혜, 우리가 하나님의 은혜를 받을 만한 존재가 아님에도 불구하고 그의 독생자를 우리에게 보내셔서 결국 십자가에 못 박히게 하신 하나님의 그 은혜 외에는 아무것도 없습니다.

미리 정하신 대로 하나님의 명하심에 따라 주님은 십자가에 못 박히셨습니다. 왜 그렇습니까? 여기에 의문점이 있습니다. "네, 그것 참 좋군요. 우리가 합당치 못하며 죄악이 가득 찬 존재임에도 불구하고, 하나님께서 우리를 아직도 사랑하고 있다고 말하는 당신의 말이 참 듣기 좋습니다"라고 할 수도 있습니다. 그런데 왜 하필 십자가를 져야만 했느냐라고 질문할지 모릅니다. 그렇게 사랑이 많으신 하나님께서 그냥 우리 죄를 용서하실 수는 없었을까요?

하나님의 공의

십자가를 다시 한 번 바라보십시오. 거기에 또 다른 장면이 있습니다. 우리는 이미 하나님의 은혜와 자비와 긍휼하심을 보았습니다. 이제 또 다른 무엇을 발견할 것입니다. 그것은 하나님의 공의하심입니다. 하나님의 의로우심과 거룩하심이 십자가에 나타나 있습니다. 이 우주 속에 하나님의 이 같은 속성들이 이처럼 명백히 드러나 보여진 장소는 여기뿐입니다. 이곳에서 하나님은 그분의 공의하심의 일부를 나타내셨습니다. 이스라엘 자손들에게 주신 율법 안에서 하나님은 그의 의로우심과 거룩하심을 나타내셨습니다. 십계명이 그것을 설명해 주며 이스라엘 백성을 징계하는 모습에서도 공의하심이 나타납니다.

그러나 정말로 여러분이 하나님의 공의로움과 의로우심, 그리고 완전한 거룩하심에 대하여 알기를 바란다면 이 놀라운 십자가를 생각하십시오. 십자가는 하나님이 죄를 얼마나 싫어하시는가를 알게 합니다. 하나님은 죄와는 영원히 반대편에 계십니다.

하나님은 자신의 모든 신성(神性)과 완전성, 그리고 거룩하심의 속성 때문에 죄를 견디지 못하십니다. 하나님은 죄를 몹시 싫어할 뿐 아니라 묵인하지도 않으십니다. 죄와는 타협을 불허하시는 하나님입니다. 물론 우리는 하나님께서 죄와 타협해 주기를 원합니다. 우리는 하나님께서 "좋다. 나는 너희가 이런 저런 일을 저지른 것을 다 안다. 하지만 다 용서하마. 이제 천국에서 편히 쉬거라"라고 말씀해 주시기를 원합니다. 그러나 하나님은 그렇게 하실 수가 없습니다. 이 점에는 추호의 양보도 있을 수 없습니다. 빛과 어두움, 선과 악 사이에는 타협이란 있을 수 없습니다. 그것들은 영원히 정반대를 이루고 있습니다. 하나님은 죄를 몹시 싫어하시기 때문입니다.

그러므로 하나님은 죄를 벌하셔야만 합니다. 이것이 우리에게 하나님의 진노가 모든 죄인들과 불의한 자들에게 임한다고 하신 성경 말씀의 의미입니다. 사도 바울은 로마서에서 "하나님의 진노가 불의로 진리를 막는 사람들의 모든 경건하지 않음과 불의에 대하여 하늘로 좇아 나타나나니"(롬 1:18)라고 했습니다. 하나님은 거룩한 분입니다. 어느 누가 이 사실을 제대로 상상이라도 할 수 있겠습니까? 우리는 너무나도 불완전하며 불결하고 형편없는 존재입니다. 우리의 심성은 너무나 많이 오염되어 있습니다. 여러분과 저는 순수한 청결함이나 깨끗한 의로움, 그리고 순전한 성결함에 대해서 생각할 수 없는 자들입니다. 물론 우리가 이것들을 이야기할 수는 있습니다. 하지만 제대로 상상할 수조차도 없습니다.

그러나 하나님은 그 모든 것들을 다 아십니다. 왜냐하면 하나님 자체가 거룩하시기 때문입니다. 그래서 하나님은 죄를 지을 수가 없는 분입니다. 그분은 우리에게 죄인을 심판할 것이며 심판해야만 한다고 말씀하셨습니다. 왜냐하면 죄는 죄이기 때문입니다. 죄란 하나님께 대한 반역 행위입니다.

죄를 어떤 잘못된 행동을 저지른 것으로만 생각하지 마십시오. 우리는 흔히 죄를 단순하게 어떤 나쁜 일을 저지른 것으로 여깁니다. 뉴스는 사람들이 가증스러운 독선으로 범한 확실한 행위들에 대해서 보도합니다. 그러나 그것은 죄에 대한 참된 의미를 보도하는 것이 아닙니다. 죄란 마음가짐의 문제입니다. 죄가 산출하는 것은 하나님께 대한 반역 행위입니다. 하나님께 불순종하는 것입니다. 하나님의 신성하신 속성들을 짓밟는 것입니다. 죄란 불의한 것이요, 하나님의 법을 위반하는 행위입니다. 죄란 실로 나쁜 것입니다. 하나님께서 몹시 싫어하시는 것입니다.

육의 심성은 단지 원하지 않는 일을 하게 하는 마음에서 끝나는 것이 아닙니다. "육신의 생각은 하나님과 원수가 되나니 이는 하나님의 법에 굴복하지 아니할 뿐 아니라 할 수도 없음이라"(롬 8:7). 이는 죄 안에 거하는 사람이 그렇기 때문입니다. 그는 복음을 어리석은 것으로 간주해 버립니다. "육에 속한 사람은 하나님의 성령의 일들을 받지 아니하나니 이는 그것들이 그에게는 어리석게 보임이요, 또 그는 그것들을 알 수도 없나니 그러한 일은 영적으로 분별되기 때문이라"(고전 2:14). 죄란 이런 것입니다. 이것이 사람들을 괴롭힙니다. 사람들은 죄에 깊이 물들어 있으며 죄로 말미암아 정도(正道)를 벗어나게 되고, 하나님께서 가장 존귀한 일을 하실 때 그 일을 어리석은 것이라고 조롱합니다. 뿐만 아니라 보잘것없는 것으로 여겨 염두에 두지 않습니다. 이것이 바로 하나님이 죄를 싫어하시는 이유입니다. 죄는 하나님을 향한 적대감입니다.

십자가는 이것을 말하고 있습니다. 우리는 십자가가 십자가로서 꼭 필요한 것임을 깨닫게 되었습니다. 이제 문제는 하나님께서 어떻게 모든 인간을 구원하시느냐에 관한 것입니다. 우리 모두가 다 죄를 범했는데, 우리 각자를 위하여 천국의 소망이 어떻게 존재할 수 있습니까? 우리 모두는 "다른 이들과 같이 본질상 진노의 자녀"(엡 2:3)임을 바울이 에베소서에서 말하고 있습니다. 우리 모두는 본래 하나님의 싫어한 바 된 자들입니다. 이 사실을 실감하지 못하면 이 모든 진리들을 깊이 깨닫지 못한 자들입니다. “저는 언제나 하나님을 사랑해 왔습니다”라고 말하지 마십시오. 그렇지 못한 것이 우리들의 입장입니다. 죄 중에 출생했고 불법의 모양을 취한 자들입니다.

만일 당신이 언제나 하나님을 믿어 왔다고 생각한다면 그것은 스스로 산출해 낸 하나님을 믿는 것이지 성경이 말씀해 주는 그런 하나님을 믿는 것이 아닙니다. 이것은 보편적인 상태로서 우리 모두의 문제입니다. 어떻게 하면 거룩하시고 의로우신 하나님께서 범죄한 인간들을 구원하심이 가능하며 하나님으로서 계속 존재할 수가 있겠습니까?

십자가에 담긴 하나님의 지혜

제가 십자가에서 발견한 것은 그 문제점을 해결하시는 하나님의 방법입니다. 그러므로 거기에는 하나님의 지혜가 있음을 알 수 있습니다. 여러분이 만일 하나님의 지혜에 대하여 알기를 원하시면 십자가를 바라보십시오. 그곳에 하나님께서 만세전에 이미 정하신 문제 해결을 위한 하나님의 방법이 있습니다. 인간은 죄를 범했지만, 하나님은 죄를 용서하시기 원하십니다. 어떻게 하십니까? 하나님은 무궁하신 그의 지혜로 그 방법과 그 계획을 고안하셨습니다.

오, 놀라우신 주님의 지혜!

죄악에서 모두가 헤매일 때

우리 구하려 둘째 아담 오셔서 분투하셨네.

- 존 헨리 뉴먼(J. H. Newman)

무궁하신 하나님의 지혜가 어떠한지 조금이라도 알기 원한다면 십자가를 바라보기 바랍니다. 그러면 왜 이것이 하나님의 지혜요, 하나님의 능력이라고 바울이 말하는지를 알게 됩니다. 거기에서 해결할 수 없는 문제의 해결점을 가진 영원하신 주님의 마음을 발견할 것입니다. 하나님께서 어떻게 동시에 공의하심과 용서하심, 사랑하심을 나타낼 수 있습니까?

하나님께서 어떻게 이 두 가지를 함께 두실 수 있습니까? 그의 의로우심과 자비, 그의 거룩하심과 사랑을 어떻게 한 곳에 두실 수 있겠습니까? 이것이 가능한 일입니까? 물론 가능합니다. 그 대답은 십자가에 있습니다. 그렇기 때문에 사도 바울은 십자가만을 자랑한다고 말합니다. 그 밖의 어떤 곳에서도 찾아볼 수 없는 이 놀라운 진리를 바울은 십자가에서 발견한 것입니다.

그는 훌륭한 바리새인이었으며 선한 사람이었고, 또 도덕적이요 종교적인 사람이었습니다. 성경에 능통한 사람이었고 하나님에 대하여 모든 것을 안다고 생각했습니다. 그러나 십자가를 통해 그는 아무것도 모르는 자신의 모습을 발견합니다. 그가 가진 모든 지식이 아무 의미도 없는 것임을 깨달았습니다. 그는 이 십자가에서 하나님이 하나님으로서, 그리고 죄인을 용서하시는 사랑의 하나님으로 동시에 보여 주는 하나님의 방법 즉 하나님의 지혜를 보게 되었습니다.

그러므로 십자가에서 하나님의 은혜와 목적, 자비하심 및 긍휼히 여기심을 발견할 뿐 아니라 하나님의 지혜도 깨닫게 됩니다. 그러나 저는 그곳에서 또 다른 한 가지를 발견합니다. 그것은 결코 변함이 없으시고 또 변할 수도 없으신 하나님의 불변성입니다. 오늘날 현대인들이 섬기는 신은 숭배받을 만한 신들이 아닙니다. 시시때때로 변하기 잘하고 어느 누구도 그가 다음에 무엇을 할 것인지 예측할 수 없는 신입니다. 매 시간마다 과학적 지식과 철학적 사색여하에 따라 변하는 신입니다. 그런 신은 하나님이 아닙니다.

성경에 등장한 신앙의 조상들이 전해 주는 하나님은 불변하시는 하나님입니다. 그분은 스스로 말씀하신 그대로의 하나님입니다. 모든 역사나 전 우주를 통틀어 하나님의 영원불변하심을 더 분명히 볼 수 있는 장소가 있다면, 그곳은 바로 십자가입니다. 그 자신의 아들의 수난이 있는 장소입니다. 그 장소를 바꾸려고 하셨습니까? 변형시키려고 했습니까? 그렇게는 안 됩니다, 절대로!

십자가에서의 죽음은 반드시 이루어져야만 했습니다. 하나님은 죄를 벌하시겠노라고 말씀하셨으며 심지어 하나 뿐인 아들이 모든 죄인들을 대신하여 나섰을 때도 그대로 실행하셨습니다. 하나님은 비록 자기 자신의 독생자라 할지라도 계획을 변형시키지 않으셨습니다. 오! 영원불변하신 하나님이시여! 그의 모든 방법들이 얼마나 완전무결하십니까!

마지막으로 이 십자가가 제게 주는 깨달음은 모든 것 중에서도 가장 놀라운 것으로, 우리에게 향하신 하나님의 사랑입니다. 사도 바울이 로마서에서 "우리가 아직 죄인 되었을 때에 그리스도께서 우리를 위하여 죽으심으로 하나님께서 우리에게 대한 자기의 사랑을 확증하셨느니라"(롬 5:8)고 말씀한 것이 하나도 틀리지 않습니다.

십자가에서 하나님의 사랑을 어떻게 발견하십니까? 아마도 요즈음 사람들은 말하기를, 비록 사람들이 하나님의 아들을 거절하고 죽였다고 하더라도 하나님이 가지신 사랑 때문에 하나님께서 "그래 내가 너희를 용서해 줄께. 비록 너희가 내 아들에게 못된 짓을 하였어도 용서하노라"고 말씀하신다고 할 것입니다. 사실 그렇습니다만, 이것은 부분적인 것이요 아주 작은 것에 지나지 않습니다. 그런 말은 참되신 하나님의 사랑을 잘 나타내 주지 못합니다.

제가 이미 여러분들에게 상기시킨 것처럼 하나님은 아들의 죽음에 관해서 소극적인 태도를 보이는 구경꾼이 아니었습니다. 현대인들은 하나님이 하늘에서 이 모든 것을 내려다보시고, 또 그 아들을 죽이는 인간들을 바라보시며 "내가 너희를 용서하노라"고 말씀하십니다. 그렇지만 이 견해는 하나님을 피동적인 하나님, 전혀 관여하지 않으시는 하나님으로 잘못 인식한 것입니다.

사랑하는 여러분! 우리가 어떤 존재인지를 생각하는 것이 참으로 중요한 일입니다. 이미 잘 알고 계시듯이 우리가 하나님의 아들을 십자가로 이끈 것이 아닙니다. 그 일은 하나님이 하셨습니다. 하나님의 정하신 뜻과 미리 아신 대로 내어 준 바 된 일입니다.

하나님 사랑의 의미

하나님의 사랑이 의미하는 것이 무엇인지를 정말로 알기 원한다면 바울 사도가 로마서에 써 놓은 말씀을 읽어 보십시오. "율법이 육신으로 말미암아 연약하여 할 수 없는 그것을 하나님은 하시나니 곧 죄로 말미암아 자기 아들을 죄 있는 육신의 모양으로 보내어 육신에 죄를 정하사"(롬 8:3). 하나님은 아들을 육신의 모양으로 정죄받게 하셨습니다. 이것이 하나님 사랑입니다.

이사야 53장을 보십시오. 갈보리 언덕에서 무슨 일이 일어날 것인지에 대해 놀라운 예언의 말씀이 있습니다. 이 사실을 자주 반복하고 있음을 주의해 읽으십시오. "그는 실로 우리의 질고를 지고 우리의 슬픔을 당하였거늘 우리는 생각하기를 그는 징벌을 받아 하나님께 맞으며 고난을 당한다 하였노라 … 여호와께서 그에게 상함을 받게 하시기를 원하사 질고를 당하게 하셨은즉"(사 53:4, 10). 이 말씀들이 하나님 사랑에 관한 표현들입니다. 십자가 위에서 무슨 일이 벌어질 것인지에 대하여 너무나도 분명히, 그리고 정확하고 간단명료하게 기술하고 있습니다.

바울 사도가 요약하여 서술한 것을 읽어 봅시다. “하나님이 죄를 알지도 못하신 이를 우리를 대신하여 죄로 삼으신 것은 우리로 하여금 그(아들) 안에서 하나님의 의가 되게 하려 하심이니라”(고후 5:21). 이 의미를 이해하십니까? 이 세상의 문제거리는, 남자나 여자나 모두가 다 장님이 되어 버린 것입니다. 죄를 알지도 못하신 분을 하나님께서 우리를 대신하여 죄의 대속물로 삼으신 것은 우리를 구원하시기 위함이며 “우리로 하여금 그 안에서 하나님의 의가 되게 하려 하심”(고후 5:21)인 것입니다.

이 말씀이 의미하는 것이 무엇입니까? 바울 사도가 왜 그렇게 십자가를 자랑하고 있는지를 서술한 로마서 8장 32절을 인용하겠습니다. “자기 아들을 아끼지 아니하시고 우리 모든 사람을 위하여 내주신 이(하나님)가 어찌 그 아들과 함께 모든 것을 우리에게 주시지 아니하시겠느냐.” 이 말씀은 십자가에서 무슨 일이 벌어졌는지를 잘 묘사해 줍니다. 우리를 향하신 하나님의 놀라운 사랑이, 그 어느 누구에게도 해를 끼치지 않으신 사랑하는 독생자를 우리를 위하여 십자가에 내주신 것으로 표현됩니다.

바울의 말을 주의해서 살펴봅시다. ‘자기 아들을 아끼지 아니하시고 내 주신’ 하나님이란 사실입니다. 여기서 바울이 의도하는 것은 하나님께서 그의 진노의 대접을 죄인들에게 쏟아부음으로 죄를 벌하시겠다는 분명하고도 확실한 계획이 있으셨다는 점입니다. 이와 같은 방법으로 죄인을 벌하시는 하나님 앞에 살아남을 사람은 아무도 없습니다. 죄의 값은 곧 사망입니다. 끝없는 죽음인 영원한 멸망입니다. 바울이 본문을 통해 우리에게 말하는 것은, 하나님께서 우리 죄를 십자가에서 자신의 아들에게 지우시고 어떤 형벌도 아끼지 않고 그를 벌하셨다는 것입니다. 하나님은 사랑하는 독생자이기 때문에 형벌을 감해 준다고 말씀하지 않았습니다. 벌하는 것을 좀 미루겠다고도 하지 않으셨습니다. "나는 내 아들 독생자에게 이 형벌을 가할 수가 없도다. 죄인처럼 그를 다룰 수가 없도다. 그를 채찍질할 수가 없구나. 내 어찌, 그를 징계하랴"라고도 말씀하시지 않았습니다. 하나님은 벌하겠다고 말씀하신 모든 것을 아들에게 실행하셨습니다. 조금도 지체하거나 머뭇거림이 없이 형벌을 가하셨습니다. 죄악을 향한 모든 진노의 대접을 사랑하는 아들에게 쏟으셨습니다.

그러므로 고통 중에 울부짖는 아들의 신음소리를 모든 사람이 들을 수 있는 것입니다. "나의 하나님, 나의 하나님, 어찌 하여 나를 버리셨나이까?" 주님은 문자 그대로 심장이 터져 죽으셨습니다. 요한은 기록하기를 한 군인이 창으로 예수님의 옆구리를 찔렀을 때 "피와 물이 나오더라"(요 19:34)고 했습니다. 그의 심장은 터졌으며 피가 엉겨 붙었고 혈청의 파열로 말미암아 피가 응고되었습니다. 그 위에 쏟아부으신 하나님의 진노의 고통과 아버지의 존전으로부터 외면까지 당하심으로 말미암아 주님의 심장은 파열되었습니다. 이것이 인간을 향한 하나님 사랑입니다. 죄인을 향하신 하나님 사랑입니다.

하나님은 소극적인 태도로 인간을 대하지 않으십니다. 하나님은 "너희가 나의 아들에게 비록 이런 흉악한 짓을 하였어도 내가 용서하마"라고 말씀하지 않습니다. 그 누구도 결코 할 수 없는 일을 하나님은 아들에게 실행하셨습니다. 불같은 그의 진노를 아들에게 쏟으셨고, 그에게로부터 얼굴을 외면하셨습니다. 자신의 사랑스러우며 둘도 없이 귀한 독생자에게 말입니다. 하나님이 이 같은 일을 수행하심은 우리가 그 벌을 받지 않도록 하기 위함이었고, 우리가 지옥으로 떨어지는 것을 막기 위함이었습니다. 영원한 고통과 불행을 당하는 비참한 자리에 거하지 못하게 하기 위함이었습니다. 이것이 우리를 향한 하나님 사랑입니다. 이 사랑이야말로 듣는 이로 하여금 심금을 울리게 하는 십자가의 영광이며, 인류가 형벌당하지 않도록 아들을 아끼지 아니하신 하나님의 사랑입니다.

이 사건은 또한 십자가의 도(道)가 증거되기 위하여 이루어진 일입니다. 십자가의 증거란 "주 예수를 믿으라 그리하면 너와 네 집이 구원을 얻으리라"(행 16:31)는 말씀입니다. 우리를 대신해 죽으시고, 우리를 대신해 형벌을 짊어지셨으며, 우리가 당해야 할 수난을 겪으셨으며, 우리가 참 평화를 누리도록 응징을 당하신 예수를 믿으십시오. 그리하면 즉시 사함을 받게 됩니다. 이것이 십자가를 자랑하는 이유입니다. 하나님의 지혜가 이 방법을 고안한 것입니다. 하나님의 사랑이 십자가를 성취하셨습니다. 십자가가 주님에게 어떤 결과를 주는지 아심에도 불구하고 아들을 십자가에 기꺼이 내어 주셔서 징계를 당하게 하셨습니다. 이를 통해 우리가 용서함을 받아 하나님의 자녀가 되었습니다.

> 주 달려 죽은 십자가, 놀라운 그 십자가를 생각할 때
> (왜냐하면 주님은 아버지로 말미암아 죽음에 던져졌기 때문에)
> 세상에 붙은 욕심을 헛된 줄 알고 다 버리네.

뿐만 아니라 모든 독선도 버려야 합니다. '주 달려 죽은 십자가를 생각할 때' 죄로 가득한 사람을 위해 독생자를 죽게 하신 영원하신 하나님을 바라보아야 합니다. 실로 이 십자가에서 모든 하나님의 속성들이 조화를 이루고 있음을 발견하게 됩니다. 하나님의 거룩하심과 사랑이 있고, 자비와 진리가 함께 자리잡고 있음을 봅니다. 그곳에는 의와 평화가 서로 입맞추고 있습니다. 또한 영원하신 하나님의 모든 속성들이 동시에 드러나고 있음을 발견합니다. 의로움과 공의, 사랑과 긍휼, 이 사이에는 모순이 없습니다. 이 모든 신성(神性)의 충만함이 이 십자가 속에 다 들어 있습니다.

이 모든 것들을 발견했을 때, 다음과 같은 고백을 하게 될 것입니다. "그러나 내게는 우리 주 예수 그리스도의 십자가 외에 결코 자

랑할 것이 없으니."

저는 하나님께서 나의 아버지로, 나의 구주로서 그곳에 계심을 봅니다. 하나님께서 마지막 한 획에 자신의 영광스러운 특성을 옹호하고 계심을 발견합니다. 그러므로 저는 제 영혼을 그분의 손에 맡깁니다. 그분의 말씀에서, 영원불변하신 하나님 안에서, 참 안식을 얻기 때문입니다.

십자가의 영광을 바라보라

사랑하는 형제 여러분! 십자가에서 무엇을 발견하셨습니까? 십자가 안에 이 놀라운 것들이 담겨 있음을 발견하셨습니까? 성부와 성령 하나님께서 성자 하나님을 떠받들고 계심을 보셨습니까? 주님은 영원하신 성령 하나님으로 말미암아, 우리를 위해 자기 자신을 하나님께 희생제물로 바치셨습니다. 무엇이 당신의 모든 것입니까? 무엇이 당신의 삶 전부입니까? 참 기독교인인지 아닌지는 십자가를 대하는 자세를 보면 금방 알 수가 있습니다. 이 영광스러운 메시지를 부인하기보다는 차라리 죽을 각오가 되어 있습니까? 이 마음의 자세가 그리스도인을 판가름하는 기준입니다.

십자가를 자랑하십니까? 우리가 십자가를 자랑하지 않는 한, 우리는 십자가를 보지 못한 자요, 십자가가 무엇을 의미하는지 깨닫지 못한 자입니다. 우리가 십자가를 깨달은 적이 없다면 십자가를 참으로 믿는 자라고 말할 수 없습니다. 십자가를 참으로 믿지 않으면 우리는 아직도 죄 가운데 거하고 있는 것이며, 훗날 심판을 받아 지옥으로 가게 될 것입니다. 우리의 영원한 운명이 이 한 가지에 달려 있습니다.

용서함을 받고 하나님의 자녀가 되어 영원무궁한 기업을 상속받게 되는 길을 예비해 두신 하나님을 바라보고 있습니까? 하나님께서 우리를 긍휼히 여기시기를 기도합니다. 성령님의 도움으로 우리의 눈을 떠 십자가의 영광을 볼 수 있기를 기원합니다.

PART 2

십자가의 능력

THE CROSS

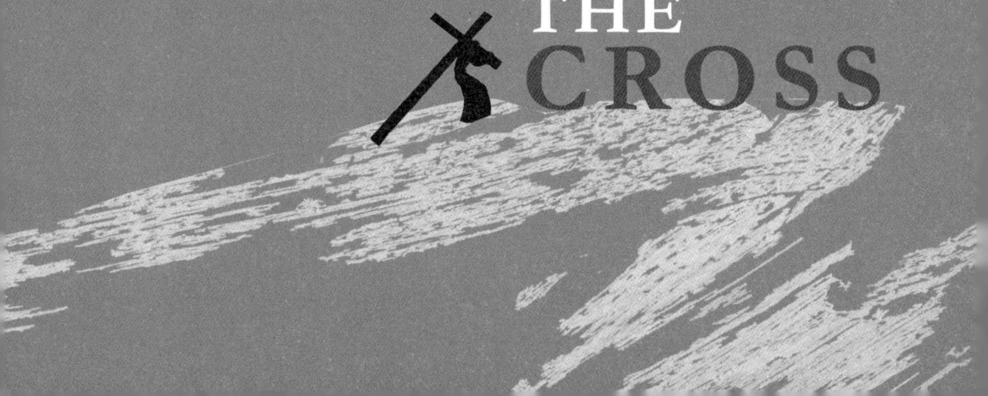

4

세상을 사랑치 말라

하나님 없는 삶을 떠나며

"그러나 내게는 우리 주 예수 그리스도의 십자가 외에 결코 자랑할 것이 없으니 그리스도로 말미암아 세상이 나를 대하여 십자가에 못 박히고 내가 또한 세상을 대하여 그러하니라"(갈 6:14).

바울은 그리스도의 십자가와는 전혀 다른 것을 자랑하였던 때가 있었습니다. 그는 한때, 자신이 이스라엘의 족속이요 베냐민의 지파요 히브리인 중의 히브리인이요 팔 일 만에 할례를 받은 자라는 사실을 자랑했습니다. 스스로 율법의 지식에는 흠이 없이 완벽하고, 많이 배운 고상한 종교적인 인물임을 자랑했습니다. 주로 이런 것들을 매우 영광스럽게 생각해 자랑하던 바울이었습니다. 그는 무슨 일에든지 열정적이었고 언제나 힘이 넘치는 사람이었습니다. 그는 자기가 믿는 것, 그리고 자랑할 만한 것은 무엇이든지 자랑하려고 최선을 다한 사람이었습니다. 이것이 그가 걸어온 길이었습니다.

그런데 그가 지금 우리에게 교훈하고 있는 말씀을 보십시오. 그렇게 자랑삼아 말하던 것들은 모두 없어져 버렸고, 오직 '우리 주 예수 그리스도의 십자가 외에는 자랑할 것이 없느니라'고 고백합니다.

지금 우리가 생각해 볼 질문은 "우리는 무엇을 자랑해야 하나?" 입니다. 우리가 영광스럽게 여기고 있는 것이 무엇인지를 자문해 봅시다. 우리가 살펴본 본문 말씀은, 우리가 어디에 서야 할지를 정확히 알려 줍니다. 성도가 다른 사람과 다른 점이 무엇인지를 알 수 있었습니다. 그것은 그의 모든 사고의 중심과 자랑을 일삼고 있는 것들이 십자가라는 뜻이며, 예수 그리스도의 이 십자가로 말미암아 행동하는 사람이라는 것이었습니다. 이 사실이 우리가 참 성도인지 아닌지를 구별해 줍니다.

당신은 그리스도인인가

오늘날 수많은 사람이 그리스도인이 아닌데도 그리스도인이라고 자처하고 있습니다. 이 말은 제 생각을 말한 것이 아니라 성경의 말씀입니다. 성도가 아닌 사람이 성도라고 말하는 어처구니 없는 상황이 역사를 통해서도 증명되고 있습니다. 그들은 스스로 기독교 국가에서 태어났기 때문에, 또는 기독교 집안에서 자랐기 때문이라고 주장합니다. 만약 당신이 예수 그리스도의 십자가보다도 당신의 국가나 가문을 더 자랑한다면 (논쟁의 여지 없이) 성도가 아닙니다. 이 말이 너무 지나칩니까? 하지만 이것이 기독교의 가르침입니다.

사도 바울은 자신이 히브리인임을 무척 자랑스럽게 여겼습니다. 하지만 그리스도인이 된 후로는 전혀 자랑하지 않았습니다. 물론 성도가 된 지금도 바울은 자기가 히브리인임을 기쁘게 생각하며, 지상에서 하나님 나라 백성의 일원임을 기쁘게 여기고 있습니다. 혈통상으로도 하나님의 선택받은 백성의 일원임을 매우 감사하게 여기고 있습니다만, 그는 이런 것들을 '자랑'하지 않습니다. 이런 일들이 우리들의 마음을 좌지우지하는 최고의 것은 아닙니다. 이런 것들이 우선이 되어서는 안 됩니다.

그래서 이 십자가는 우리에게 아주 정밀한 시험 기준치로 나타나는 것입니다. 참된 신앙인은 우리 주 예수 그리스도의 십자가를 자랑거리로 일삼고 그것만을 자랑하는 사람입니다. 왜 그래야만 하는지에 대해서는 여러 가지 이유들을 이미 말씀드렸습니다. 십자가를 통해서 우리가 구원받기 때문입니다. 본문 말씀을 읽는 것처럼 그리스도로 말미암아 '세상이 나에 대하여 못 박히고 내가 또한 세상을 대하여 그러한' 것이 바로 이 이유입니다. 우리를 구원하는 것은 십자가 대속의 죽음입니다. 그것이 무엇을 의미하고 있는지를 우리는 살펴보았습니다.

비록 우리가 십자가를 단순히 하나의 사건으로 주시한다고 해도, 그것은 다른 어떤 것들과도 비교될 수 없는 것임을 고찰했습니다. 십자가와 견주어 본다는 것은 아주 어리석은 일이 아닐 수 없습니다. 세상은 엄청난 사건들에 대하여 많은 호감을 갖고 있습니다. 세상의 모든 국가는 국가적 차원에서 중요하게 인식하는 역사적 특별한 사건들을 많이 가지고 있습니다. 나라마다 훌륭한 업적들을 남긴 위대한 영웅들이 있습니다. 사람들은 그들을 기억하기를 즐겨하며, 그들에 관한 이야기를 듣는 것을 무척 좋아합니다. 그들을 생각하고 그들처럼 되어 보려고 꿈꿉니다. 그들에게 지대한 관심을 쏟고 자랑하기를 좋아합니다.

하지만 예수 그리스도께서 십자가에서 못 박혀 죽으셨을 때에 무슨 일이 발생했는지 그 참된 의미를 깨닫는 순간, 자랑삼아 말하는 모든 것이 물거품처럼 사라져 버립니다. 우리가 하나님의 아들 예수 그리스도께서 십자가 위에서 비참하게 죽으신 그 의미가 무엇인지를 깨닫는다면 세상의 모든 것은 그 존재가치가 무의미해지게 됩니다. 아이작 왓츠가 상기시켜 주는 다음과 같은 지당한 결과만 남을 뿐입니다. "세상에 붙은 욕심을 헛된 줄 알고 버리네."

앞에서 우리는 여러 번 십자가가 영원하신 하나님의 성품과 속성에 관한 계시라는 것을 살펴보았습니다. 하나님의 무한하신 지혜, 이 세상과 전 우주를 위한 하나님의 놀라운 계획, 하나님의 공의, 의로움, 거룩함 등을 살펴보았습니다. 그러므로 우리는 하나님께서 사랑과 자비하심, 긍휼히 여기심, 그리고 우리의 연약함을 몸소 체휼하신 것과 오래 참으심에 대하여 감사하지 않을 수 없습니다.

우리가 십자가를 생각할 때, 그 순간 하나님 계획의 완벽함, 누구든지 구원받을 수 있게 하는 완전한 방법을 바라보게 됩니다. 우리가 이 모든 것을 발견했을 때 전날에 우리가 귀히 자랑삼아 말하던 것들이 차지할 자리가 조금도 남지 않게 됩니다. 이것에는 추호의 의심의 여지가 없습니다.

두 종류의 사람

이제 한 걸음 더 나아가서 생각해 봅시다. 사도 바울은 우리에게 십자가를 자랑하는 이유에 대해 말해 주었습니다. 그는 십자가를 잘 알기 때문에 십자가만을 자랑한다고 말했습니다. "그러나 내게는 우리 주 예수 그리스도의 십자가 외에 결코 자랑할 것이 없으니 그리스도로 말미암아 세상이 나를 대하여 십자가에 못 박히고 내가 또한 세상에 대하여 그러하니라."

여기에서 새로운 것을 발견할 수 있습니다. 그가 십자가를 자랑함은 십자가가 그를 위하여 자기가 할 수 없는 일을 행해 주었기 때문입니다. 바울은 이 점을 특별히 강조하고 있습니다. 그는 '내가 십자가를 자랑하고 있음은 십자가가 세상을 나에게 못 박았기 때문이오'라고 말합니다. 십자가에 못 박힌다는 것은 죽음을 의미합니다. 즉, 죽음에 자신을 내던지는 것이요, 산 것으로 간주하지 않는다는 뜻입니다.

이것은 우리 주님이 십자가에 못 박힘과 같은 못 박힘입니다. 주님은 십자가 위에서 숨을 거두셨습니다. 스스로 영혼을 포기하셨습니다. 그의 시신은 십자가에서 내려지고 장사되었습니다. 바울은 지금 주님이 못 박히신 그 십자가에, 세상을 못 박고 그렇게 많은 애정을 쏟던 세상일도 못 박았음을 말하고 있습니다. 십자가는 세상을 제거합니다.

그러나 바울은 왜 이 점을 자랑하는 것입니까? 이 문제는 실로 우리에게 큰 힘을 불어넣는 귀중한 진리이기 때문입니다. 온 세상이 추구하는 모든 것은 온 세상에 벌어진 모든 비극의 원인입니다. 제 1, 2차 세계대전과 핵무기의 공포를 산출한 장본인이 세상입니다. 이는 지극히 성경적 가르침입니다. 세상이 현재 상황에 이르게 한 장본인은 바로 세상 그 자체입니다. 그래서 기독교인들은 모든 문제의 근원이 무엇인지를 가르쳐 주어야만 합니다. 우리가 이 원인에 대하여 분명히 알기 전까지는 문제를 해결할 길이 없습니다.

먼저 우리가 해야 할 일은 제대로 진단해 보는 것입니다. 대화나 글은 어떤 실마리도 주지 못합니다. 사람은 문제의 원인을 바르게 이해할 수 없기 때문입니다. 이 본문의 말씀을 통해서 바울 사도는 우리에게 답변해 줍니다. 그 답변은 하나님께서 세상으로부터 그를 구원해 주셨다는 것입니다. 세상은 본래 우리의 모든 문제의 근원입니다. 바로 이러한 이유로 십자가를 믿는 자는 누구든지 세상으로부터 구원받게 됨을 자랑하게 됩니다. 세상으로부터 우리를 구원하는 것은 오직 우리 주 예수 그리스도의 십자가뿐입니다.

성경의 가르침에 의하면 이 세상에는 두 가지 종류의 사람만이 존재합니다. 십자가를 자랑하는 사람이 있는가 하면 그렇지 않는 사람이 있습니다. 이 문제에 대해서 조금 다른 시각으로 연구해 봅시다. 세상에는 오직 두 가지 부류의 사람들이 있습니다. 하나는 세상에 속한 사람들이요, 다른 한 형태는 세상에 속하지 않은 사람들입니다. 세상에 속한 자들은 세상의 사람들이며 세상의 것들을 자랑합니다. 세상에 속하지 않은 사람들은 더 이상 세상에 속하지 않음을 자랑합니다. 비록 아직도 세상에 살고 있기는 하나, 그들은 오직 나그네요 순례자들이요 여행 다니는 사람들로 스스로를 간주합니다. 스스로를 제한된 시간 속에서 세상을 지나가는 사람이라며 자랑합니다.

이는 성경 전체가 가장 기본적으로 취급하는 대전제입니다. 모든 인류를 구분하는 멋있는 기준이 여기에 있습니다. 그 밖의 어떤 측량줄도 필요없습니다. 당신의 피부색이 어떻든 전혀 상관이 없습니다. 당신이 어느 나라 사람인지는 문제가 안 됩니다. 당신이 가진 국적은 관계가 없습니다. 당신이 부자이든지, 아니면 가난뱅이든지, 배운 사람이든지, 못 배운 사람인지는 아무 문제가 안 됩니다. 문제는 여러분이 세상에 속한 사람이냐 아니면 하나님께 속한 사람이냐 입니다. 이것 아니면 저것, 둘 중의 하나뿐입니다.

태고로 거슬러 가보면 모든 족속을 구분하는 기준이 하나 있었습니다. 창세기 4장을 봅시다. 가인과 아벨, 둘 중의 한쪽편입니다. 가인은 세상의 사람이었고 아벨은 하나님의 사람이었습니다. 이처럼 뚜렷하게 구분됩니다. 성경은 계속해서 증거하기를, 우리 모두는 본질상 이 세상에 속한 자이며 이 세상에 태어난 자입니다. 우리 중에 어느 누구도 그리스도인으로 출생한 사람은 없습니다. 죄 없이 태어난 사람은 아무도 없습니다. 우리는 죄 중에 잉태되어 불법의 모습을 입고 태어났습니다. 우리는 아담의 후예, 곧 타락한 자의 자손입니다. 그러므로 우리는 세상의 자녀들로 삶을 시작했습니다.

이런 용어들로 씌어진 시편 17편 14절 말씀은 우리의 가슴을 내리 칩니다. "여호와여 이 세상에 살아 있는 동안 그들의 분깃을 받은 '사람들에게서' 주의 손으로 나를 구하소서 그들은 주의 재물로 배를 채우고 자녀로 만족하고 그들의 남은 산업을 그들의 어린아이들에게 물려 주는 자니이다."

시편 기자는 이런 세상 사람에게서, 즉 금생에서 자기의 분깃을 이미 받은 사람들로부터 구원받기를 간구하고 있습니다. 우리는 본질상 이런 부류의 무리 속에 속한 자입니다. 모든 인간성은 아담 안에서 타락되었습니다. 그러므로 우리는 하나님께 악의를 품고 세상을 향해 태어난 사람들입니다. 여기에서 사도 바울이 우리에게 증거하고 있는 중요점은 다음과 같습니다. 바울이 십자가만을 자랑하고 하나님께 깊은 감사를 드리는 것은 그가 살고 있는 세상으로부터 하나님께서 그를 구원해 주심이요, 십자가가 그를 전적으로 새로운 위치로 바꿔놓은 까닭입니다. 세상이 그를 대하여 십자가에 못 박혔으며 그도 역시 세상에 대해 못 박혔습니다!

그렇다면 세상이 의미하는 것이 무엇입니까? 우리가 세상의 사람이요 하나님의 사람이 아니라는 말씀의 의미가 무엇입니까? 요즘에는 많은 사람이 자기가 세상의 사람임을 자랑합니다. 사람들은 '난 한 번도 예배당에 가 본 적이 없지. 예배당 출입한지 오래되었네. 지금 난 세상 사람이라네'라고 자랑삼아 말합니다. 오늘날 우리 사회에 이런 사람들이 얼마나 많은지 모릅니다. 그러나 이는 자랑할 만한 것이 못됩니다. 이것은 세상의 사람이 되지 않는다는 사람들보다 더 한층 많은 사람들의 주장입니다.

본문에 있는 '세상'이란 말씀의 의미가 무엇입니까? 요한일서 2장 15절 말씀을 참고해 봅시다. "이 세상이나 세상에 있는 것들을 사랑하지 말라 누구든지 세상을 사랑하면 아버지의 사랑이 그 안에 있지 아니하니." 이 말씀을 설명하기 위해서는 먼저 생각할 점이 있습니다. 우리가 알다시피 본문의 '세상'이란 단어는 물질세계를 의미하는 것이 아니라 세상을 관망하는 자세나 마음가짐을 의미합니다. 성경에서 말하는 '세상'이란 언제나 이런 뜻을 품고 있습니다. 때때로 이 말은 우리 주위에 있는 실제 물질세계를 의미하기도 합니다. 그러나 본문의 앞두 문맥을 보면 물질세계를 이야기하는 것이 아님을 알 수 있습니다. '세상'은 하나님 아버지의 품을 떠나 사는 삶, 즉 하나님 없이 사는 삶을 의미합니다. 곧 믿음 없이 생각하는 마음가짐, 신앙 없이 살아가는 삶의 자세를 말합니다.

"누구든지 세상을 사랑하면 아버지의 사랑이 그 안에 있지 아니하니"라고 우리에게 하신 말씀을 기억하십시오. 이 말씀이 우리에게 뚜렷한 정의(定義)를 가져다 줍니다. '세상'은 전적으로 하나님을 떠나서 사는 세상적인 삶을 말하며, 성경에 표현되고 있는 것같이 하나님 계시의 말씀을 떠나서 사는 생활과 죽음에 대한 자세, 인간과 인간,

시간에 대한 태도, 그 밖의 모든 것들을 대하는 태도를 의미하는 것입니다. 이것이 세상이란 뜻입니다. 세상이란 전적으로 하나님 품을 떠나 하나님 없이 모든 일을 생각하는 사람들의 공동체입니다.

사도 바울이 이 같은 정의 속에 인간의 사상, 소위 철학이란 것을 함축하고 있음을 발견할 수 있습니다. 어떤 형태의 철학관을 가졌든지 상관이 없습니다. 그것이 추상적이든, 과학적이든 별다른 차이는 없습니다. 인간과 인간의 모든 문제거리를 생각하는 것, 그리고 세상과 근본적 문제들, 또 삶과 죽음 등 모든 것을 생각할 때, 하나님을 염두에 두지 않고 하나님의 계시된 말씀에 의거하지 않고 임의대로 생각하는 자세를 말하는 것입니다. 이것이 세상입니다.

사도 바울은 "하나님의 지혜에 있어서는 이 세상이 자기 지혜로 하나님을 알지 못하므로"(고전 1:21)라고 말씀합니다. 즉, 사람의 지혜로는 하나님을 발견할 수 없다는 뜻입니다. 인간이 하나님을 찾아보려고 애쓰지만 발견할 수가 없습니다. 그것은 불가능한 일입니다. 바울은 말하기를 "지혜 있는 자가 어디 있느냐? 선비가 어디 있느냐? 이 세대에 변론가가 어디 있느냐?"라고 묻습니다. 본문에서 바울은 하나님과 계시된 말씀을 거절하는 사상과, 모든 것을 하나님의 계시와 우리 주 예수 그리스도께 기초하고 있는 사상과 대조하고 있습니다.

다시 말해 '세상'이 뜻하는 바는, 하나님 없이 사는 삶의 철학과 사상, 더 나아가서는 행동에 이르기까지 모든 것을 임의대로 하며 사는 삶을 말합니다. 이런 자세는 전적으로 인본적 사상이요, 세상적이요, 땅에 속한 것입니다. 사도 바울은 에베소서 2장에서 이런 일에 대하여 아주 놀라운 기록을 했습니다. "그의 허물과 죄로 죽었던 너희를 살리셨도다 그때에 너희가 그 가운데서 행하여 이 세상 풍조를 따르고 공중의 권세 잡은 자를 따랐으니 곧 지금 불순종의 아들들 가운데서 역사하는 영이라"(1-2절).

바울이 말하는 것은 이 세상의 풍습에 따라 살아가는 삶입니다. 이것은 전적으로 인간의 사고와 기량으로 결성된 모든 것을 내다보는 마음가짐입니다. 오늘날 이런 사상들이 우리 사회에 가득 차 있음을 봅니다. 하나님을 경외하지 않는 박식한 철학자들에게는 더욱 그렇습니다. 물론 그들은 세상에 속한 자이기에 당연한 행동입니다.

또 다른 극단적인 부류가 있습니다. 이들은 TV를 보거나, 라디오를 듣고 또 문화생활을 우선으로 삼아 세상을 살아가는 사람들입니다. 그들은 보고 듣는 것에 따라 자신의 모든 일을 결정합니다. 이것은 전혀 낯설지 않습니다. 그들 나름대로 갖고 있는 생활 철학의 단면을 보여 줄 뿐입니다. 이들은 난해한 과학적인 용어들을 사용하지 않습니다. 순수한 것을 찾으려고 논쟁하지도 않습니다. 복잡한 것을 회피하려 합니다. 물론 여기에도 나름대로의 교훈하는 바가 있으며 사물에 대한 견해도 있습니다. 그들은 "이것이 우리가 살아가는 방법"이라고 주장합니다. 이 역시 세상 철학의 한 종류입니다. 그 어떤 곳에서도 하나님을 발견할 수가 없습니다. 모든 것이 다 세상에 속해 있다고 주장합니다. 그곳에는 하나님이 계시지 않습니다.

육신의 정욕, 안목의 정욕, 이생의 자랑

당신은 세상에 대해 어떤 견해를 갖고 있습니까? 세상에 대한 정의를 다음과 같이 요약할 수 있습니다. 세상의 가장 중심 자리에 인간이 앉아 있으며 이 인간이 삶의 절대 권위자이다. 이런 견해를 가진 사람들은 "우리 눈에 보이는 모든 것, 우리 손에 쥔 모든 것은 전부 우리의 것이다"라고 말합니다. 이것이 세상적인 삶의 태도입니다. 이런 생각이 대중을 지배하고 있습니다. 이 사상으로 살아가는 사람은 성도가 아닙니다. 인간의 기량과 지적 능력이 삶의 중심부에 자리잡고 있기 때문입니다.

초자연적인 것들은 훌훌 털어 버리고 전혀 믿으려고 하지 않습니다. 기적이 없다고 말합니다. 영적인 것도 존재하지 않는다고 말합니다. 우리가 알고 보는 것을 떠나서는 존재하는 것이 없다고 주장합니다. 오직 납득할 수 있는 것만이 존재하는 것이며 손에 잡히는 것만이 실제라고 합니다. 현재 우리가 하는 일과 하려고 결정하는 모든 것을 벗어나서는 아무것도 존재하지 않는다고 말합니다. 바로 이런 생각들이 '세상'입니다. 세상은 인간을 우주의 중심에 앉힙니다. 모든 것 위에 놓여진 최후의 말은 '인간'이란 단어입니다.

권좌에 앉아 있는 이는 인간입니다. 그 이상도 이하도 없습니다. 오직 인간이 존재할 뿐 입니다. 여기에서 인간의 삶이란 제한된 이 세상의 영역에서만 가능한 것입니다. 그러므로 인간이 죽으면 모든 것이 끝입니다. 그 이상 아무것도 없습니다. 이것이 세상입니다.

그러기에 참된 그리스도인이 "그러나 내게는 우리 주 예수 그리스도의 십자가 외에 결코 자랑할 것이 없으니 그리스도로 말미암아 세상이 나를 대하여 십자가에 못 박히고…"라고 선언하는 것입니다. 바울은 그와 같은 세상적인 삶으로부터 구원받게 된 사실을 자랑하고 있습니다. 다음으로, 우리는 세상의 특성들을 살펴봄으로써 세상이 왜 그렇게 된 것인지 발견할 수 있습니다. 그 이유들을 설명하는 것은 전혀 어렵지 않습니다.

요한일서 2장 16절 말씀에서 그 이유를 찾아봅니다. "이는 세상에 있는 모든 것이 육신의 정욕과 안목의 정욕과 이생의 자랑이니 다 아버지께로부터 온 것이 아니요 세상으로부터 것이니라." 이 말씀을 주의 깊게 보십시오. 사람들은 전쟁과 죽음, 피비린내 나는 대량학살과 가난, 공포, 비참하기 그지없는 모든 것을 꿈에라도 생각하기 싫어합니다. 그런데 그런 일들이 일어나는 원인이 무엇입니까? 성경은 히틀러나 스탈린과 같은 개개인의 범죄 때문이라고 대답하지 않습니다. 이 모든 것들의 원인은 그 어느 한 사람이 아니라 세상 그 자체입니다. 이 모든 일의 원인은 세상을 살아가는 삶의 태도 즉 하나님을 부인하는 자들의 마음가짐 때문입니다. 그러므로 세상의 특징들이 무엇인지를 안다는 것은 매우 중요한 일입니다. 세상의 특징을 살펴봅시다.

먼저 세상은 육욕으로 가득 차 있습니다. 육욕이 무엇입니까? 그것은 강한 욕구입니다. 세상적인 삶의 특징에 대해 성경이 다른 곳에서 언급하고 있는 것을 보면, 육욕이란 욕심에 이끌려 사는 삶입니다. 물론 이성적인 사람은 욕심에 이끌려 살지 않습니다. 그들은 오직 지성(知性)에 의해서 살아갑니다. 하지만 실제적인 문제를 떠올리며, 정직하게 답해 봅시다. 서로 솔직히 이야기해 봅시다. 불신자들이 말하는 것을 보면 "지금 당신이 하고 있는 일이 무엇이요라고 말하는 것 한 가지뿐 그 외에는 말할 것이 없소이다"라고 합니다. 좋습니다. 이 말을 지성을 자랑하는 사람들에게 적용해 봅시다. 그들은 순수한 삶을 영위하고 있다고 합니다.

과연 그렇습니까? 우리가 신문을 보면 그들의 말이 사실인지 아닌지 금방 분별할 수 있습니다. 그들의 지능이나 지식의 정도에 문제가 있는 것이 아닙니다. 그들도 다른 사람들과 마찬가지로 욕망에 사로잡혀 살고 있는 자들입니다.

이 말씀이 의미하는 것이 무엇입니까? 심리학자들이 쓰고 있는 말을 빌리면 욕망이란 어떤 것을 하고 싶어 하는 강한 충동을 의미합니다. 인간은 마음대로 하고 싶어 하는 강한 욕구로 가득 차 있습니다. 기본적인 본능들이 인간에게 주어졌습니다. 그 본능들은 너무나 강한 힘을 갖고 있습니다. 그래서 우리가 세상의 사람일 때 그

본능들은 자제력을 상실합니다. 가끔 분별력이 있다고 하는 사람이 알콜중독자가 되는 것을 봅니다. 부러움의 대상인 지식인들이 다른 이의 가정을 깨뜨리거나, 어린아이들을 학대하는 일들을 저지릅니다. 이런 죄악은 다 욕망에서 출발합니다. 속에서 불일 듯 일어나는 욕망이 끔찍한 일들을 저지르게 합니다. 강력한 인간의 정욕과 욕심이 우리의 이성보다도 훨씬 강하게 표출됩니다. 그렇게 함이 잘못인지 알면서도 아직도 그런 욕망에서 헤어나지 못하고 있음은, 우리 스스로가 강력한 욕망과 과격한 성향들을 좋아하기 때문입니다.

요한은 이것을 '육체의 정욕'이라고 규정했습니다. 이 세상의 삶이 하나님 아버지께서 원하시는 삶과는 전혀 다르게 육체를 위해 살아가는 것을 의미하기 때문입니다. 이 같은 욕망을 여러분 속에 간직하고 있음은 불필요한 일입니다. 그 욕망이 뭔지 훤하게 알고 있습니다. 만일 우리가 이런 사실을 알지 못하고 산다면 시내 거리를 활보할 때나 가게에 전시된 물건들을 보게 될 때 엄청난 실수를 저지를 것입니다. 사람들이 살아가는 태도를 눈여겨보십시오. 그들이 나누는 대화가 무엇인지 자세히 귀 기울여 보십시오.

세상 사람들이 무엇을 위해서 살고 있습니까? 그들은 먹고 마시기 위해 살고 있습니다. 그들은 "술도 못 마시는 바보가 어디 있소?"라고 말합니다. TV의 광고를 보십시오. 얼마나 많은 술 광고가 흘러나옵니까! 그렇지만 여러분! 술을 마시는 것이 진정 인간을 인간답게 만드는 일입니까? 세상 사람들에게는 술 마시는 일이 매우 중요합니다. 그것이 그들의 삶이기 때문입니다. 술 마시고 몸에 자극을 주는 것들을 먹고, 육체의 정욕이 이끄는 대로 따라가며 흥청대는 것이 세상 사람들의 삶입니다. 이 일에 안달복달하며 온 정신을 쏟습니다.

또 하나, 세상의 두드러진 특징은 무엇입니까? 그것은 성적 욕구입니다. 오늘날은 성적으로 매우 문란한 세대입니다. 우리 모두는 여기에서 도피하기 어려운 상황에 처해 있습니다. 도처에서 도사리고 있는 성적 갈망은 매우 크게 일어나고 있습니다. 사람들의 사생활에 관한 기사나 글을 보십시오. 성적인 묘사가 얼마나 짙게 표현되어 있는지 모릅니다. 그런 부류의 책들은 불티나게 팔립니다. 이것이 육체의 정욕이며 세상 사람들의 삶의 자세입니다.

1900년 전에 이 서신을 쓴 요한은 마치 어제 이 일을 목격하고 쓴 것처럼 우리가 처해 있는 현실을 잘 묘사해 주고 있습니다. 세상의 삶은 한마디로 하나님을 떠나 사는 삶입니다. 물론 우리는 20세기에 살고 있습니다. 1세기에 살았던 사람들보다도 훨씬 많은 지식을 갖고 있으며 그들이 상상조차도 할 수 없었던 일들을 우리는 취급하고 있습니다. 그러나 우리가 그들보다 나은 것이 무엇입니까? 우리가 그들이 했던 일을 똑같이 하고 그들이 생각했던 것을 똑같이 생각하고 있다면 그들과 다를 바가 무엇입니까? 다른 것이란 아무것도 없습니다. 인간은 과거 조상들이 했던 일들을 그대로 답습하고 있습니다.

요한은 육체의 정욕뿐 아니라 안목의 정욕에 대해서도 언급했습니다. 본문에서 요한은 세밀하게 분석하고 있습니다. "육체의 정욕, 그리고 안목의 정욕." 이 얼마나 놀라운 심리적인 분석입니까? 안목의 정욕이란 무엇입니까? 이것은 외모나 외관 또는 허례허식들을 숭배하는 것입니다. 양심과 상치됨에도 겉치레에 열심인 것을 말합니다. 주님은 어느 날 바리새인들에게 이렇게 말했습니다. "너희는 사람 앞에서 스스로 옳다 하는 자들이나 너희 마음을 하나님께서 아시나니 사람 중에 높임을 받는 그것은 하나님 앞에 미움을 받는 것이니라"(눅 16:15).

세상은 외형적인 면에 치중하는 안목의 정욕에서 벗어나지 못하고 있습니다. 세상은 눈에 보기에 좋은 것들에만 관심을 갖고 살아갑니다. 안목의 정욕이 의미하는 참된 뜻은 겉모습만 그럴 듯하게 보이고 실상은 남을 속이는 것입니다. 이것이 오늘 우리 삶의 한 특징이 아닙니까? 물론 정말 보기에 좋은 것을 볼 때가 있었습니다만, 거의 찾아볼 수 없습니다.

우리가 지금 보는 것들은 우리 눈을 현혹시키려고 보기 좋게 꾸며놓은 것들입니다. 심지어 진짜가 아닙니다. 예를 들어 우리는 본래 가졌던 머리색이 무엇인지를 보지 못합니다. 왜냐하면 잦은 머리손질로 인해 본래의 색이 사라졌기 때문입니다. 너무 외모를 가꾸는 데에 열중했습니다. 물론 머리색이 변했다는 것이 중요하지는 않습니다. 단지 이것 역시 세상을 살아가는 삶의 한 태도입니다. 모든 것은 겉모습이 어떠한지를 중요하게 여깁니다. 그러나 드러난 외모와 뒤에 숨어 있는 실제의 것과는 전혀 다른 모습입니다. 상할 대로 상한 심령은 뒤로 제쳐놓고 눈에 보이는 것만 보고 좋아하는, 즉 실제를 보지 못하고 겉모습만 보고 있는 것입니다. 이것이 세상이 하는 일입니다. 부정직한 것이 정직한 것으로 나타나는 세상입니다.

우리 주님은 다시 한 번 바리새인들의 견해를 꼬집어 말씀하십니다. "너희가 잔과 대접의 겉은 깨끗히 하되 너희는 그 속에 무엇이 있음을 보느냐?" 하시면서 그들을 지탄하셨습니다. 겉으로는 반들반들해 보입니다만 속이 어떤지를 보지 못하고 있습니다. 그 속에는 온갖 더럽고 추잡한 것들로 가득 차 있음을 알지 못하십니까? 한 번도 청소해 본 적이 없습니다. 보기에 멋이 있다면 속이 어떻든지 문제가 되지 않습니다. 육체의 정욕과 안목의 정욕에 이끌려 사는 삶인 것입니다.

결국에는 이생의 자랑이 등장합니다. 육체의 정욕, 안목의 정욕, 이생의 자랑이 모두 함께 다닙니다. 그리고 결국 놀라운 사건들을 일으킵니다. 야망과 교만과 욕구는 계속해서 이생의 자랑을 촉진시킵니다. 사람들은 이를 자랑하며 이것들을 위해서 살아가고 있습니다. 이를 무척 소중히 여기고 뽐냅니다. 박수 받기를 갈망합니다. 더 많이 소유하기를 원합니다. 유명해지기를 열망합니다. 육욕적인 삶입니다. 이생의 자랑입니다. 위대한 사람이 되기를 원하고 중요한 인물이 되려고 애씁니다. 모든 세상이 이 일을 촉구하고 있습니다.

이것이 세상의 삶에 대하여, 세상적인 삶을 사는 인간과 그들의 자세에 대한 정확한 성경적 분석입니다. 이 생활은 곧 하나님을 떠나서 사는 삶입니다. 이런 삶은 오늘날 소위 지성인이라고 자랑삼아 말하는 사람들이 생각하는 것들입니다. 이런 욕정들이 기독교를 더욱 배척하게 하는 육체의 정욕이요 안목의 정욕, 이생의 자랑입니다. 이 같은 분석을 통해서 여러분에게 강조하고 싶은 것이 있습니다. 이 정욕이 세상을 무시무시하게 만들고 있다는 사실입니다. 욕정 자체가 부끄러운 것일 뿐만 아니라 이 욕정이 이끌고 가는 것이 문제입니다. 한없이 나쁜 길로 이끌며 무질서를 초래하고 풍기문란을 일으킵니다. 세상은 무법자 천국으로 변화하고 있습니다.

이 일은 태초부터 있었던 가인의 죄목입니다. 그는 하나님의 법을 제 손에 쥐고 흔들었습니다. 하나님을 무척 가슴 아프게 한 자입니다. 그의 동생은 피흘리는 제사를 지내라는 하나님의 법을 잘 지켰습니다. 반면에 가인은 그 법을 무시해 버렸습니다. 그래서 하나님은 가인이 법대로 하지 않았던 것을 지적하십니다. 가인이 죄를 회개하는 제사를 드렸더라면 죄 사함을 받는 영생의 기회가 주어졌을 것입니다만, 그는 그렇게 하지 않았습니다. 그래서 하나님은 진노하셨습니다. 그는 하나님을 반역했고, 하나님의 법을 무시해 버렸고, 결국은 동생을 죽이기까지 했습니다.

세상적인 삶의 태도는 우리를 언제나 나쁜 길로 이끌어 갑니다.

모든 인간은 스스로 최고의 절대자로 둔갑해 버렸습니다. "그렇게 하지 말라는 법이 어디 있느냐"고 반박합니다. 이 같은 문제가 우리 사회에 매우 심각하다고 생각되지 않습니까? 우리 주위에서 아름다운 윤리와 도덕이 파괴당하고 있는 이유가 바로 이런 것이 아닙니까? 세상은 윤리나 도덕에는 전혀 관심이 없습니다. 성경이 우리에게 주는 교훈이 무엇입니까?

빅토리아여왕 시대의 사람들이 말한 것이 무엇이었습니까? 철학자들이 펼치는 이론이 무엇입니까? "누가 무슨 말을 하든지 그게 무슨 문제입니까? 내가 그렇게 못하라는 법이 없지 않습니까?"라고 반박하는 것이 세상입니다. 하나님의 법을 손에 쥐고 맘대로 휘둘러보려는 것이 욕정입니다. 지배하려는 욕심쟁이요 무법자요 제 멋대로 사는 것이 세상의 삶입니다.

물론 이런 욕망들은 우리를 기쁘게 해 주기도 합니다. 그러나 우리로 하여금 시기와 질투에 빠지게 합니다. 우리는 흔히 우리보다 나은 이생의 자랑거리를 많이 가진 사람을 볼 때 질투합니다. 사촌이 땅을 사면 배가 아픕니다. 훨씬 출중한 능력을 가진 사람을 볼 때 질투하는 자신의 모습을 발견하게 됩니다. 심지어 더 좋은 자동차를 타고 다니는 사람들만 보아도 배가 아파 못 견딥니다. 이것이 바로 이생의 자랑입니다. 질투하고 시기하는 마음 때문에 밤잠 못 이루는 사람들입니다. 이것이 세상이 추구하는 삶입니다.

정욕을 따른 삶의 결말

혹시 기독교와 기독교의 가르침을 아주 하찮은 것으로 간주하십니까? 기독교가 전하는 것은 웃기는 이야기나 멋진 말에 불과하다고 생각하십니까? 기독교의 가르침이 삶과 전혀 무관하다고 생각하십니까? 당신의 삶을 직시하여 보십시오. 질투심, 부러움, 악한 마음, 앙심, 미움 등으로 가득 차 있지 않은지요? 이 세상의 삶은 여기서 그치지 않고 도둑질을 하게 합니다. 강도짓을 일삼게 합니다. 육체의 정욕이 일으키는 일들입니다.

1938년 히틀러가 오스트리아에 침입했을 때 오스트리아가 독일에 병합되었다는 소식은 전세계를 공포의 도가니에 몰아넣었습니다. 그때 우리는 독일이 오스트리아를 강탈했으므로 강도라고 단정지었습니다. 그런데 사람들이 사석에서 이런 짓을 일삼는 것에 대해서는 아무런 항의를 하지 않을 뿐 아니라, 심지어 그렇게 한 사람들을 동경하기도 합니다. 세상은 확실히 그런 사람들을 부러워하는 것 같습니다. 그런 일을 즐거운 오락으로 간주해 버립니다. 하나의 흥미로운 일들로 묘사해 버립니다. 하지 않아야 할 일들을 하는 것은 대수롭지 않게 여깁니다. 오, 주여! 이런 세상을 긍휼히 여기소서!

사랑하는 여러분! 이 세상은 서로의 마음에 경쟁심을 불러 일으켜 결국에는 싸움이 벌어지게 합니다. 국가들 사이에 이런 일이 벌어지면 전쟁이 돌발케 되는 것입니다. 모든 전쟁은 궁극적으로 강자와 약자 사이의 싸움입니다. 자기보다 약한 자를 공격하는 자들은 늘 지구의 한 부분이라도 더 차지하려고 애씁니다. 침략을 당하는 사람들은 "이 땅이 우리 땅인데, 왜 빼앗으려 하느냐?"라고 항의합니다. 이런 일들이 세계 곳곳에서 끊임없이 일어납니다. 한 무법자는 원하는 모든 것을 갖고 있지만, 다른 무법자는 그것을 전부 손아귀에 쥐려고 합니다. 그러므로 양대 세력 간에는 심한 격투가 발생합니다.

이런 이야기들은 인간의 역사 속에 무수히 산재해 있습니다. 약한 자를 못 살게 구는 강한 자들, 그 강한 자들을 또 짓밟으려는 또 다른 무리들 … 이 모든 것은 욕정 때문입니다. 욕정이 이 같은 일들을 일으킵니다. 이것은 탐욕이요 불법이요 욕망이며 침략행위입니다. 이것이 세상적 삶의 결과입니다. 이 모든 것들은 육체의 정욕이요 안목의 정욕이요 이생의 자랑에서부터 출발합니다.

사도 야고보는 우리가 깊이 생각해야 할 점들을 그의 서신에서 언급하고 있습니다. "너희 중에 싸움이 어디로부터 다툼이 어디로부터 나느냐 너희 지체 중에서 싸우는 정욕으로부터 나는 것이 아니냐 너희는 욕심을 내어도 얻지 못하므로 살인하며 시기하여도 능히 취하지 못하므로 다투고 싸우는도다 너희가 얻지 못함은 구하지 아니하기 때문이요 구하여도 받지 못함은 정욕으로 쓰려고 잘못 구하기 때문이라"(약 4:1-3). 성경은 분명히 말합니다. 인류 역사가 이를 증명해 줍니다. 오늘날의 세상이 왜 이처럼 되었는지를 보여 주는 말씀입니다.

이것이 세상입니다. 세상은 이런 일들을 자랑하며 우리에게 이런 일들을 하도록 유혹합니다. 그러나 바울은 "내게는 우리 주 예수 그리스도의 십자가 외에 결코 자랑할 것이 없으니 그리스도로 말미암아 세상이 나를 대하여 십자가에 못 박히고 내가 또한 세상을 대하여 그러하니라"고 말씀하고 있습니다. 저는 바울의 이 고백에 더 첨가할 것이 하나도 없음을 믿습니다.

세상이 나를 대하여 어떻게 십자가에 못 박힙니까? 이 질문에 대하여 몇 가지 답변을 드리겠습니다. 우선 십자가는 세상 자체를 보여 줌으로써 나를 대하여 세상이 어떻게 십자가에 못 박는지를 알려 줍니다. 주 예수 그리스도를 보시면 이 사실을 분명히 발견하실 수 있습니다. 주 예수 그리스도는 하나님의 영원하신 아들입니다. 그분이 세상에 오셨습니다.

왜 그분이 세상에 오셨습니까? 이 질문을 깊이 생각해 보셨습니까? 오직 한 가지 대답이 있습니다. 제가 여러분에게 이미 증거해 드린 세상의 모습 때문이었습니다. 세상은 너무나 혼란하고 부패했습니다. 무엇으로도 세상을 구원할 길이 없었습니다. 그렇지만 하나님의 아들이 오심으로 그 일이 가능해졌습니다. 이 일을 위해서 그는 세상에 오셨으며, 세상의 모습을 우리에게 바로 보여 주셨습니다. 주님을 떠난 자들은 이렇게 말합니다. "아, 세상은 그렇게 어둡지 않습니다. 당신이 주장하는 것처럼 모든 것이 나쁜 것만은 아니지요. 우리는 염세주의적 생각을 갖고 있지 않습니다. 모든 것을 바로잡을 수 있지요"

세상 부귀영화 자랑해도

여기서 저는 한 가지 묻고 싶습니다. 도대체 우리가 어떻게 세상을 바로잡을 수 있습니까? 세상은 사람들이 교육을 잘 받지 못해서 문제가 생겼다고 대답합니다. 그래서 교육제도를 개선해 사람들을 잘 가르치면 문제가 해결된다고 생각했습니다. 그러나 교육을 잘 받은 사람들이 얼마나 많이 있습니까? 그런데도 문제는 날마다 더 심각해지고 있습니다. 수 세기를 지나오면서 교육제도나 환경은 여러 번 개선되었고 지금도 개선되고 있습니다. 그런데도 세상은 조금도 달라진 것이 없습니다.

하나님의 아들이 세상에 왔을 때, 세상에는 소망이 없다고 선언하신 것을 들어보십시오. 하나님께서 모세를 통하여 이스라엘 백성에게 주신 율법을 다 지킬 수만 있다면 세상을 바로잡을 수 있겠지요. 그러나 인간은 율법을 지키는데 완전히 실패했습니다. 그래서 하나님의 아들이 오셨습니다.

율법은 우리를 그리스도께로 이끄는 몽학선생입니다. 이 말씀은 율법이 우리를 구원한다는 의미가 결코 아닙니다. 율법은 구원을 이루어 주기에 충분한 것이 결코 아닙니다. "율법이 육신으로 말미암아 연약하여 할 수 없는 그것을 하나님은 하시나니 곧 죄로 말미암아 자기 아들을 죄 있는 육신의 모양으로 보내어 육신에 죄를 정하사"(롬 8:3). 세상이 구원받을 방법은 십자가뿐입니다. 이 말씀을 잘 귀담아 들으십시오. 그리고 자세히 주님을 바라보십시오. 그분이 세상에 오셔서 무엇을 하셨는지, 그분은 다른 사람들과 얼마나 다른지를 관찰해 보십시오.

이사야 53장은 그분에 대해서 이렇게 묘사하고 있습니다. "… 고운 모양도 없고 풍채도 없은즉 우리가 보기에 흠모할 만한 아름다운 것이 없도다." 주님의 용모는 형편없었습니다. 그분의 외모에 대해서 자랑할 만한 것은 하나도 없습니다. 그러나 주님은 온유하고 겸손하시며, 순결하시고 깨끗하시며 거룩하십니다. 자신을 희생제물로 하나님께 바쳤습니다. 자신을 내어 주셨고 사람들을 섬기셨습니다. 영광의 주님이신 그분이 제자들의 발을 씻기셨습니다. 주님은 순전함이 무엇인지를 보여 주셨으며, 하나님의 거룩하신 율법에 철저히 순종하셨습니다.

그분을 그려 보십시오. 세상이 어떠한 모습을 지니고 있는지를 발견할 것입니다. 우리가 흔히 위대한 영웅으로 여기는 세상의 사람들을 가만히 생각해 보십시오. 특별히 예수님이란 안경을 쓰시고 보십시오. 정죄받은 것 외에는 아무것도 없습니다. 보잘것없는 모든 피조물들은 주님과는 상이한 모습들을 지니고 있습니다.

이 문제를 조금 더 생각해 봅시다. 이 세상의 참된 모습이 어떠한지를 알기 원한다면, 세상이 주님에게 무슨 짓을 했는지를 살펴보기를 바랍니다. 하나님의 아들이 하늘의 보좌를 포기하고 자신을 비워 세상에 오셔서 병든 자들을 고치며 치료해 주셨습니다. 그분은 어느 누구에게도 해를 끼치지 않으셨습니다. 오직 선을 행하셨습니다. 세상은 그런 그분을 미워했고 핍박하며 거절했습니다. 살인자로 몰아 세워 그분을 십자가에 못 박아 죽였습니다. 주님이 달려 죽으신 그 십자가에서 주님은 세상의 모습을 입증해 주셨습니다. 오늘날 소위 똑똑하다는 무리들은 십자가를 비웃습니다. 조롱하며 야유를 퍼붓습니다. 그리스도의 보혈을 우스갯거리로 전락시킵니다. 언제나 조롱하는 일에 열심입니다. 그들은 1세기 사람들이 저지른 모습 그대로를 답습하여 실천합니다. 그것이 세상이 언제나 주님에게 행하는 태도입니다.

또 있습니다. 주님이 강조하는 것과 세상이 주장하는 것은 정반대입니다. 우리가 살펴본 것처럼 세상이 육체의 정욕과 안목의 정욕과 이생을 자랑하는 일에 역점을 두고 있음에 반하여 주님은 인간의 영혼에 대해 힘주어 말씀하십니다.

"사람이 만일 온 천하를 얻고도 제 목숨을 잃으면 무엇이 유익하리요"(마 16:26). 가령 여러분이 세상에서 제일 멋진 남자요 아름다운 여자라고 합시다. 그것이 도대체 어떻다는 것입니까? 여러분이 언제나 고상한 매너로 사람을 대하며 휘황찬란한 옷을 입었다고 해서 그것이 어떻다는 말입니까? 세상에서 제일 좋은 궁궐에서 산다고 합시다. 세상에서 제일가는 자동차 수집가라고 합시다. 그 모든 것이 여러분에게 무슨 이익을 줍니까? 가령 여러분이 온 천하를 손에 쥐었다고 합시다. 그리고는 생명을 오늘 잃게 된다면 그 모든 것이 무슨 소용이 있습니까?

주님은 이것을 세상에 증거하고 계십니다. 십자가에서 주님은 세상이 어떠한지를 가장 잘 대변해 주고 계십니다. "사람이 무엇을 주고 제 목숨을 바꾸겠느냐"(막 8:37). 주님께서 왜 죽으셨습니까? 그의 죽으심은 인간의 영혼을 위함이었습니다. 사회복지를 개선하거나 세상을 개혁하시겠다고 목숨을 내놓으신 것이 아닙니다. 우리의 영혼을 구원해 주시기 위하여 죽으셨습니다. "인자의 온 것은 잃어버린 자를 찾아 구원하려 함이니라"(눅 19:10). 이 일에 대해서 세상이 아는 바는 아무것도 없습니다. 우리는 모두 주님의 잃어버린 영혼입니다.

주님은 부자와 거지 나사로에 대한 비유를 말씀하셨습니다. 큰 집에서 사는 부자는 늘 화려한 옷을 입고 지냈으며, 또 친구들을 초대하여 흥겹게 지내며 잔치를 즐겼습니다. 반면에 병든 거지 나사로는 문 밖에 앉아 상에서 떨어진 부스러기를 주워 먹고 개들이 그 상처를 핥았습니다. 주님은 이 이야기를 아주 실감나게 하셨습니다. 주님은 아브라함의 품에 안겨 있는 나사로와 지옥의 고통의 자리에 있는 부자의 모습을 아주 생생하게 표현하셨습니다.

세상이 우리에게 교훈하는 삶의 자세와 하나님 아버지와 그의 아들이 교훈하는 삶의 자세와는 전혀 다른 것임을 발견할 것입니다. 주님은 세상이 무엇을 위해서 살아가는지를 보여 주셨습니다. 그 순간 여러분은 그리스도를 보게 되고 또한 겉모습만 화려한 세상이 원수임을 발견하게 됩니다. 세상은 그 속에 죽음의 원인을 품고 있음을 깨닫게 될 것입니다. 우리는 더 이상 세상의 허구를 추구하지 않으며 세상을 자랑하지 않습니다.

> 세상의 부귀영화 권세 자랑해도
>
> 그날엔 피할 수 없는 무덤뿐이네.
>
> --토머스 그레이(Thomas Gray)

그러나 여러분! 무덤으로 가는 것이 끝이 아님을 기억하십시오. 세상은 죽음을 최종적인 것으로 간주합니다. 그러나 그것은 거짓입니다. 우리 주님은 세상의 최후가 어떤 것인지를 십자가에서 보여 주셨습니다. 주님은 세상의 특징을 지적해 주셨으며, 그때를 기다리는 최종 운명이 어떠한지도 보여 주셨습니다. 이것 때문에 사도 바울은 십자가만을 자랑한다고 했으며, 요한은 "이 세상이나 이 세상에 있는 것들을 사랑하지 말라 … 이는 세상에 있는 모든 것이 육신의 정욕과 안목의 정욕과 이생의 자랑이니 … 이 세상도, 그 정욕도 지나가되"(요일 2:15-17)라고 말한 것입니다.

세상에 있는 모든 것들은 다 지나갑니다. 우리가 사는 이 세상의 모든 것이 한 세대 안에서만도 수없이 사라집니다. 나이가 50세 정도 되신 분들은 이제까지 살아오면서 얼마나 많은 것이 변화되었는지를 실감하실 것입니다. 세상과 세상의 모든 영광은 마지막 죽음을 향해서 달음질합니다. 우리 주위의 모든 것이 변하고 있으며 썩어 가고 있음을 봅니다. 그러나 이것들은 세상 최후에 벌어질 것들과 비교해 보면 별 것 아닌 일입니다. 왜냐하면 세상의 끝에는 심판이 있기 때문입니다. "온 세상은 악한 자 안에 처한"(요일 5:19) 것입니다. 십자가를 지시기 직전에 주님은 "이제 이 세상의 심판이 이르렀으니 이 세상 임금이 쫓겨나리라"(요 12:31)고 말씀하셨습니다. 그가 죽으심이 세상에 대한 심판이라고 말씀하시는 것입니다.

성경의 첫 장부터 마지막장까지 계시된 하나님 말씀은 세상의 종말이 있음과 그 다음에는 심판이 있음을 증거하고 있습니다. 하나님의 아들 그리스도는 이 세상에 다시 오실 것이며, 세상을 심판하실 것입니다. 요한복음 3장 16절 말씀이 그 사실을 진술합니다. "하나님이 세상을 이처럼 사랑하사 독생자를 주셨으니 이는 그를 믿는 자마다 멸망하지 않고 영생을 얻게 하려 하심이라." 주님을 믿으면 멸망하지 않지만 그렇지 못할 경우에는 멸망을 피할 수가 없습니다. 이 사실을 요한복음 3장 16절이 증거하고 있습니다.

세상은 심판대 위에 서 있습니다. 세상은 멸망을 향하여 치닫고 있습니다. 하나님과 대적이 되는 세상의 모든 것은 심판을 받아 멸망할 것입니다. 하나님의 아들이 다시 오심으로, 온 세상이 심판을 받게 될 그날이 속히 오고 있습니다. 주님에게 속해 있지 않은 모든 세상은 영원히 멸망할 것입니다. 그때는 모두가 놀라움을 금치 못해 "무너졌도다 무너졌도다 큰 성 바벨론이여"(계 14:8)라고 하며 울부짖는 외침이 요란할 것입니다.

바벨론이 무엇을 의미하는지 아십니까? 그리스도가 없는 세상을 말합니다. 그리스도가 없는 런던입니다. 그리스도 없이 사는, 지옥을 방불케 하는 모든 현대 도시입니다. 그 위대한 바벨론이 '무너졌도다, 무너졌도다'라고 외쳐댑니다. 이 바벨론은 너무나도 크고 웅장한 모습을 지니고 있습니다. 궁궐들이 있습니다. 바삐 움직이는 사업들이 즐비합니다. 모든 권세가들이 왕래합니다. 세상의 엄청난 일들을 추구해 나가는 위대한 모든 지도자들이 있습니다. 그들은 자기들이 이룬 위대한 업적들을 자랑합니다. "아, 얼마나 근사한 바벨론인가!" 하며 자랑합니다.

이것이 그리스도 없이 사는 세상의 모습입니다. 그러나 분명한 것은 주님이 이 세상을 심판하실 그날이 오고 있다는 사실입니다. 그렇게 위대하게 보이는 바벨론은 무너질 것이며 부서진 조각들로 온 세상이 뒤덮일 것입니다. 결국 남는 것은 극심한 폐허뿐입니다.

십자가에서 그리스도는 "이제 이 세상의 심판이 이른다"라고 말씀하셨습니다. 주님은 앞으로를 예언하셨습니다. 주님은 심판자로 다시 세상에 다시 오실 것입니다. 사도 바울은 사도행전 17장 31절에서 "이는 정하신 사람으로 하여금 천하를 공의로 심판할 날을 작정하시고 이에 그를 죽은 자 가운데서 살리신 것으로 모든 사람에게 믿을 만한 증거를 주셨음이니라"고 말합니다. 요한계시록 20장 12-13절 말씀에서 우리에게 증거하기를, 생명책들이 펴졌고 모든 죽은 자들이 그 보좌 앞에 섰는데 바다가 그 가운데서 죽은 자들을 내어 주고, 또 사망과 음부도 그 가운데서 죽은 자를 내어 주매 각 사람이 자기의 행위대로 심판을 받게 됨을 말해 주고 있습니다.

성경에서는 '세상의 모든 것이 하나님을 대적하는 것이요 사람들을 믿으라고 하며 방백들을 의지하라고 하지만, 결국은 심판을 받을 것이고 영원한 불못에 던짐을 당하는 저주를 받게 될 것이라는 사실을 보여 줍니다. 우리는 바울이 왜 십자가만을 자랑하는지 그 이유를 깨달았을 것입니다. 세상의 종말에 닥칠 영원한 심판으로부터 우리 모두를 구원해 줄 것은 이 십자가뿐입니다.

모든 세상은 하나님 앞에 죄인으로 서 있습니다. "하나님의 진노가 불의로 진리를 막는 사람들의 모든 경건하지 않음과 불의에 대하여 하늘로부터 나타나나니"(롬 1:18). 그 모든 세상은 심판을 받게 되고 멸망당할 것입니다. 우리는 이런 세상에서 태어났으며 이 세상에 속한 자들입니다. 우리가 이 세상으로부터 분리되지 않는 한 이 운명으로부터 돌이킬 수 없게 됩니다.

예수 그리스도의 십자가 외에는 결코 자랑할 것이 없으니, 세상이 나에 대해 십자가에 못 박히고 내가 세상으로부터 분리된 것입니다. 어떻게 그렇게 됩니까? 이 사실을 분명히 지적하고 넘어갑시다. 우리 주 예수 그리스도는 십자가에서 세상에 속한 모든 인간들이 받아야 할 형벌을 자기가 몸소 지셨습니다. 그것 때문에 주님이 죽으셨습니다. 주님은 사람들의 죄의 짐을 대신 짊어지셨습니다.

우리의 형벌을 대신 지신 주

주님을 믿는다고 합시다. 이 모든 진리를 깨달았다고 합시다. 이 세상이 받아야 할 심판으로부터 구원받게 될 수 있는 길은 우리의 형벌을 주님께서 대신 받으신 것을 믿는 일뿐입니다. 이 모든 진리를 깨달으면 세상으로부터 분리되게 되고, 세상에 심판이 임하게 될 때는 구원받을 것입니다. 더 이상 심판받을 자에 포함되지 않을 것입니다. 그리스도의 십자가가 이 악한 세대가 받을 심판을 기다리고 있는 운명으로부터 우리를 분리시켜 줍니다. 이 일은 오직 십자가만이 할 수 있습니다.

우리가 살펴본 것처럼 죄에 대한 심판은 반드시 이루어져야 했습니다. 그런데 우리가 받을 이 형벌을 주님이 대신 받으셨습니다. 그래서 이제 우리가 그분을 믿기만 하면 그 형벌은 우리에게 임하지 않을 것입니다. 우리는 더 이상 이 세상에 속한 자가 아니며, 그리스도께 속한 사람입니다. 주님이 우리를 세상으로부터 분리하셨을 뿐만 아니라 자기에게 속하게 하시고 하나님 나라에 들어가도록 하셨습니다.

그리스도인은 어떤 사람을 말합니까? 골로새서에서 바울은 그리스도인은 어둠의 세계로부터 하나님 나라로 옮겨진 사람이라고 했습니다. 세상에 더 이상 속하지 않고 하나님 나라에 속한 자입니다. 이제는 세상이 내게 대하여 아무것도 할 수가 없습니다. 천국 시민이기 때문입니다. 더 이상 세상의 사람이 아닙니다. 다른 나라에 속한 백성입니다. 여전히 이 세상에 살고 있지만 이 세상에 속한 자는 결코 아닙니다. 우리의 시민권은 하늘에 있고, 그곳의 주님을 바라보며 그의 나라를 향하여 줄달음치고 있습니다. 거기서 주 예수 그리스도와 영원히 함께할 것입니다.

저는 이 사실을 믿습니다. 십자가에서 죽으심으로 말미암아 주님은 우리를 세상으로부터 분리시켰으며 그의 나라에 속하도록 이전시켰습니다. 우리를 아버지 하나님께 소개해 주셨고, 하나님의 자녀가 되게 하셨습니다. 또한 하나님의 영원한 축복을 받는 상속자가 되게 하셨습니다.

우리를 황홀하게 했고 도취하게 했던 세상을 뒤돌아봅시다. 참으로 멋있다고 생각했던 그 세상, 풍성하고 호화스럽던 상금과 상품으로 우리를 현혹시켰던 그 세상, 그 모든 것을 손에 쥐고 싶어 했고 또 손에 집어넣기를 무척 갈망했던 세상, 그러나 주님을 만나 주님을 뵙고 있는 지금, 그 세상을 바라보면 이렇게 고백할 수밖에 없습니다.

세상에 붙은 모든 욕심을 헛된 줄 알고 버리네.

- 아이작 왓츠(I. Watts)

새 하늘과 새 땅

주님은 세상으로부터 우리를 구원해 주셨습니다. 주님은 "누구든지 그를 믿는 자마다 멸망하지 않고 영생을 얻게"하려고 죽으셨습니다. 단지 죽으신 것이 아니라 우리에게 세상의 것보다 더 나은 것을 주시기 위한 희생이었습니다. 요한이 그 사실을 말씀합니다. "이는 너희 안에 계신 이가 세상에 있는 자보다 크심이라"(요일 4:4). 또한 "세상을 이기는 승리는 이것이니 우리의 믿음이니라"(요일 5:4).

주님은 이 일만이 아니라, 우리에게 진짜 세상을 보여 주셨습니다. 그 세상은 참되고 순결하며 거룩한 세상입니다. 그러나 아직 우리가 들어가지 못하는 세상입니다. 옛 세상은 결코 개선되거나 개혁되어질 수 없습니다. 전 역사가 이 사실을 증명하고 있습니다. 그러나 주님께서 이 세상에 다시 오시면 세상에 속한 모든 원수, 즉 아버지의 사랑이 그 속에 들어 있지 아니한 모든 원수를 심판하시고 멸망하신 후, 이 신세계(新世界)를 이룩하실 것입니다. "우리는 그의 약속대로 의가 있는 곳인 새 하늘과 새 땅을 바라보도다"(벧후 3:13).

새로운 우주, 완전히 새로운 세계, 온 천지에 주의 영광이 넘치는 신세계입니다. 마치 바다에 온통 물이 덮여 있듯이 주님의 영광이 천지를 휘감을 것입니다. 만일 우리가 주님과 그의 말씀하신 바를 믿으면, 십자가에서 죽으신 그분이 영광의 주님이신 것을 믿고, 그의 죽으심이 구원하시기 위함이요 세상으로부터 분리하기 위함이요 그의 영광의 나라에 들어가도록 준비시키기 위한 것임을 믿으면, 여러분은 주님 안에 거하는 것이요 그의 나라에서 주님의 영광을 맛보며 주님과 더불어 영원한 나라에서 영원무궁토록 지내실 것입니다. 사도 바울이 이 진리를 발견한 것처럼, 제가 하나님의 은혜로 말미암아 이 귀한 진리를 깨달은 것처럼, 여러분도 한 번 이 진리를 맛보기만 하면 다음과 같이 고백하지 않을 수 없게 될 것입니다.

> 구세주의 은혜로 시온성의 시민되었네.
> 온 세상이 조롱 핍박해도 주이름 찬양해.
> 세상의 영화, 희락 사라지고
> 전에 알지 못한 영원한 소망 기쁨이 넘침을
> 그의 자녀인 우리가 아네.
>
> - 존 뉴튼(J. Newton)

우리의 자랑이 무엇입니까? 아직도 이 세상을 자랑합니까? 이 세상에는 오직 두 종류의 사람들이 있을 뿐입니다. 우린 어떤 형태로든지 세상을 자랑하는 자들, 또는 세상이 나를 대하여 십자가에 못 박히고 현세에서부터 구원해 주심으로 주님과 함께 영원하신 그의 영광을 맛보는 우리 주 예수 그리스도의 십자가만을 자랑하는 자에 속합니다. 무엇을 자랑하시겠습니까?

5

십자가의 승전가

이 세상 임금이 쫓겨나리라

> "그러나 내게는 우리 주 예수 그리스도의 십자가 외에 결코 자랑할 것이 없으니 그리스도로 말미암아 세상이 나를 대하여 십자가에 못 박히고 내가 또한 세상을 대하여 그러하니라"(갈 6:14).

우리가 이 놀라운 말씀을 고찰하는 동안 이 말씀이 온 성도들을 위한 것임을 알았습니다. 십자가의 사건은 이제까지 발생된 모든 사건 중에 가장 경이적이고 놀라운 사건이 아닐 수 없습니다. 이 점을 분명히 명심해야 합니다. 다음과 같은 측면에서 이 문제를 다루어 봅시다.

교회는 우리 주님의 죽으신 그날을 좋은 날로 기념하고 있습니다. 한 번은 어떤 사람이 제게 와서 "이날을 왜 좋은 날이라고 말하는지, 이해할 수가 없습니다"라고 말했습니다. 그래서 저는 그에게 묻기를 "그러면 우리가 그날을 뭐라고 불렀으면 좋겠습니까?"라고 했습니다. 그는 "나쁜 날이라고 불러야지요"라고 했습니다. "그날은 상상할 수도 없는 끔찍한 사건이 벌어진 날입니다. 그런데 우리가 어떻게 이 날을 좋은 날로 부를 수 있습니까?"

저와 대화를 나눈 그 사람은 불행하게도 십자가에 대한 의미를 제대로 파악하지 못했음이 틀림없습니다. 그는 십자가에서 무슨 일이 일어났는지를 이해하지 못한 자였습니다. 이날을 좋은 날로 부르기를 꺼려하는 사람은 십자가를 한 번도 자랑해 보지 못한 사람임을 인정하는 것입니다. 그날은 좋은 날입니다. 왜냐하면 하나님의 아들께서 우리 중 그 누구도 구원받지 못할 사람이 없도록, 일을 성사시키신 날이기 때문입니다. 십자가 사건이 없이는 어느 누구도 하나님을 아는 지식에 도달할 수가 없습니다.

인류 역사상 최고의 날

이 날을 좋은 날이라고 자랑하는 것은 십자가를 증거하는 한 방법입니다. 그날은 인류 역사상 일어났던 사건 중에 최고의 날입니다. 이 순간에도 주 예수 그리스도의 십자가 상에서 이 말씀을 생각하는 모든 사람의 견해들이 어떠한지를 테스트하고 있다고 생각됩니다. 여러분이 이 십자가는 좋은 것이요, 영광스러운 것이며 놀라운 것이요, 또 인류 역사상 가장 경이한 사건이라고 생각하지 않는 한 여러분은 분명 십자가를 잘못 이해하고 있고 잘못 해석하고 있는 것입니다. 그러나 사도 바울은 십자가를 자랑하고 있습니다. 우리는 그가 왜 십자가만을 자랑하고 있는지를 살펴보았습니다. 그 이유를 계속해서 더 생각해 봅시다.

십자가는 우리를 구원합니다. 십자가는 대적의 손아귀로부터 우리를 구원해 줍니다. 십자가는 십자가 안에서 우리로 주 예수 그리스도의 인격과 영광을 환히 보게 합니다. 또한 십자가는 우리로 십자가 안에서 아버지 하나님의 영광을 발견하게 해 주며, 아버지의

하신 일을 깨닫게 합니다. 하나님 아버지에 관련된 진리를 발견하게 해 주는 것이 바로 십자가입니다. 우리의 문제는 우리가 한 번도 십자가의 위대함과 장엄함 및 광대함을 보지 못한 데 있습니다.

계속해서 십자가에 대한 요지를 살펴봅시다. 이제까지 우리가 다룬 것들을 십자가는 다 갖고 있습니다. 지금은 십자가의 다른 국면으로 여러분의 관심을 이끌려고 합니다. 우리는 사탄의 세력으로부터 우리가 벗어나게 되는 방도를 알기 위해 십자가를 바라보아야 합니다. 당신은 이런 생각을 해 보셨습니까? 십자가는 승리의 개선가입니다. 지구상에서 벌어진 접전을 최종적으로 마무리한 곳이 십자가입니다. 그렇기 때문에 저는 오늘 여러분에게 최후의 개선장군이요 정복자이신 우리 주 예수 그리스도를 전하려고 합니다. 우리는 종종 이런 찬송을 부릅니다. "만왕의 왕이요, 승리자인 주님이시여!" 이 점을 얼마나 자주 생각하시는지요? 여러분이 십자가를 생각할 때, 즉각 떠오르는 것이 무엇입니까? 십자가에서 무엇을 발견합니까? 제가 조금 전에 말씀드린 것들을 발견하셨습니까?

그러면, 바울이 골로새서 2장 15절에서 분명히 제시한 그 문제와 관련해서 살펴봅시다. "통치자들과 권세들을 무력화하여 드러내어 구경거리로 삼으시고 십자가로 그들을 이기셨느니라." 다시 말해서, 바울 사도가 설명하고자 하는 것은 십자가에서 "우리를 거스르고 불리하게 하는 법조문으로 쓴 증서를 지우시고 제하여 버리사 십자가에 못 박으시고"(골 2:14). 그 사건을 증거하려는 것입니다. 이미 이 문제를 우리가 살펴보았습니다. 주님은 '통치자와 권세들을 무력화하여 드러'내셨습니다. 주님은 이것들을 몹시 싫어하셨고 결국 십자가로 승리하셨습니다. 십자가를 통해서 또는 십자가로 말미암아 주님은 이것들을 정복하셨습니다. 십자가는 모든 통치자와 권세와 사탄의 세력들을 굴복시킨 하나님 아들의 승전가입니다.

지금 말씀드리는 것은 성경을 믿는 모든 성도들에게 우리가 이미 살펴본 진리들로부터 필연적으로 그리고 논리적으로 수반되는 주제입니다. 우리는 개인적 삶의 문제거리나 오늘날 세상에서 쏟아져 나오는 모든 문제들이, 바로 세상 그 자체 때문임을 고찰했습니다. 세상이 취하는 삶의 태도, 하나님을 떠난 인생들의 삶에 대한 입장, 전쟁이 돌발하는 모든 고통의 원인이 세상 그 자체인 것도 살펴보았습니다. 제가 여러분에게 잘 설명했다고 믿습니다만 여기서 한 번 더 짚고 넘어가야 할 것이 있습니다.

세상을 향한 질문

"왜, 세상이 이런 모습일까?"

이는 우리가 질문할 수 있는 가장 의미 깊은 질문 중의 하나입니다. 이 질문은 늘 성경에 의해서 제시됩니다. 왜냐하면 성경은 오늘날 세상에서 가장 의미 깊은 책이기 때문입니다. 예배에 참석하지 않는 지성인들이 많이 있습니다. 영국 국민의 90퍼센트가 교회에 나오지 않습니다. 주일날 그들이 무엇을 하고 지냅니까? 어쩌면 그들은 신문을 뒤적거리는 것으로 소일할 것입니다. 이것을 증명하기 위해서는 법무부서나 경찰 당국의 보고서가 필요하지는 않습니다. 제가 염두에 두고 있는 자들은 궤변을 좋아하는 자들, 훌륭한 사상가들이 쓴 사설만 골라 읽는 소위 똑똑하다는 사람들, 또는 철학과 역사 및 다양한 방면의 전문가들이 쓴 책들을 읽으며 비판하기 좋아하는 사람들을 두고 하는 말입니다. 이런 자들은 자기들이 배운 지식과 학문으로 말미암아 기독교에 대해서는 전혀 관심이 없습니다. 이들이 늘 생각하는 것은 이 세상에서 무엇인가를 하려 하고 바른 것을 심어 보겠다고 애쓰는 사람들입니다.

이런 무리들에 관하여 꼭 언급해야 할 것은, 그들이 시도하려는 모든 일들이 말로만 이루어진다는 사실입니다. 겉으로만 혹하게 말합니다. 그렇기 때문에 세상은 그 어떤 것도 심어지지 않고 있습니다. 모든 과학의 첨단 기술조차도 세상에 아무런 영향을 주지 못합니다. 역사를 거듭하면서 시도해 보는 모든 노력에도 불구하고 오늘 우리의 세계는 더욱 심각한 문제를 만들어 낼 뿐입니다. 보다 더 심각한 문제는, 모든 사람이 심령 깊이 자리잡고 있는 문제에 대해서는 한 번도 생각해 보지 않고 있는 것입니다. 생각했다고 하더라도 표면적인 것에 불과할 뿐입니다.

사람들의 현 상태가 우리를 경고하고 있음에도 불구하고 세상은 아랑곳없이 흘러가고 있습니다. 우리가 특별전담위원회를 구성해서 일주일 이내에 문제의 해결점을 찾도록 심의하게 해 봅시다. 그들은 날마다 번져가는 골치 아픈 청소년 문제의 해결점을 발견할지도 모릅니다. 그러나 실상은 효력이 없습니다. 과거에도 그런 일들을 수없이 했었지만 새롭게 진전된 모습은 전혀 찾아볼 수가 없습니다. 왜 그런지 아십니까? 그 위원회에 속한 모든 위원들이 가장 근본적인 질문은 던지지 못하기 때문입니다.

근본적인 질문은 다음과 같습니다. 왜 세상이 이와 같은 상태에 도달했는가? 세상을 보는 자세가 왜 이렇게 되었는가? 이런 질문들은 심령 깊은 곳에서 나와야 합니다. 성경은 이 질문에 대한 답변을 주고 있습니다. 이 질문은 성경에 의해서 던져진 질문이요 그래서 오직 성경으로만 대답되어질 수 있는 질문입니다.

사탄의 권세 아래 놓이다

성경의 가르침에 의하면 세상은 사탄의 권세 아래 놓여 있습니다. 이 문제에 대한 모든 증거를 제시할 수가 있습니다. 누가복음 11장 14절 말씀에서 우리 주님이 친히 교훈해 주신 말씀 중에 가장 중요하게 생각되는 몇 가지만 말씀을 드리려고 합니다. "예수께서 한 말 못하게 하는 귀신을 쫓아내시니 귀신이 나가매 말 못하는 사람이 말하는지라 무리들이 놀랍게 여겼으나 그중에 더러는 말하기를 그가 귀신의 왕 바알세불을 힘입어 귀신을 쫓아낸다 하고 또 더러는 예수를 시험하여 하늘로부터 오는 표적을 구하니"(눅 11:14-16). 이 말씀이 주님의 가르침입니다. 주님은 "그러나 내가 만일 하나님의 손을 힘입어 귀신을 쫓아낸다면 하나님의 나라가 이미 너희에게 임하였느니라"(20절)고 가르치셨습니다.

이어서 덧붙이시기를 "강한 자가 무장을 하고 자기 집을 지킬 때에는 그 소유가 안전하되 더 강한 자가 와서 그를 굴복시킬 때에는 그가 믿던 무장을 빼앗고 그의 재물을 나누느니라"고 하셨습니다. 이 말씀은 우리 주님이 이 세상에서 자신이 하신 일에 대하여 설명하고 있습니다. 강한 자가 무장을 하고 자기 집을 지킨다고 말씀하십니다. 그가 집을 지킬 때는 그 소유가 안전합니다. 이것이 이 세상과 이 세상에 살고 있는 인생 모두에 대한 정확한 진단서입니다.

이 세상에 있는 모든 인생의 삶은 무장하고 있는 힘센 문지기로 말미암아 안전한 궁궐과 같습니다. 그렇기 때문에 모든 소유는 안전합니다. 다시 말해서 이 말씀은 강한 자가 그 소유를 주관하며 다스리며 조종한다는 의미입니다. 그렇지만 그 소유 자체는 무장하며 지키고 있는 강한 자에게 할 수 있는 것이라고는 아무것도 없습니다. 그의 손아귀에서 도망칠 수조차도 없습니다.

그러나 주님은 더 강한 자가 와서 저를 이길 때에는 저의 믿는 바 무장은 다 해체되고 저의 재물들은 나뉜다고 말씀하십니다. 더 강한 자는 모든 노예를 풀어 주고 소유를 안전히 지켜주며 자유를 얻게 해 줍니다. 이것은 이 세상에서 자기 사역에 대한 주님 자신의 표현인 것입니다. 예수님은 오셔서 무장하고 지키는 강한 자를 다루셨습니다. 그 강한 자는 바로 사탄입니다. 사탄은 세상의 주관자로 남자나 여자 모두를 가두어 놓고 있습니다. 그는 무장한 채 강한 자로 문을 지키고 있습니다.

이 가르침에 대해서 한두 가지 정도의 예화를 들어보겠습니다. 여러분은 사도들의 가르침에서 찾아볼 수 있습니다. 오직 한 가지 이유 때문에 저는 여러분에게 이런 증거를 말씀드립니다. 그 한 가지 이유란, 오늘날 대부분의 사람이 사탄의 존재를 믿지 않을 뿐더러 그의 세력이 어떠한지도 믿지 않고 그런 이야기하는 것을 세상에서 제일 우스꽝스러운 일로 여기고 있다는 것입니다. 심지어 교회에 나오는 사람들 중 상당수가 사탄의 존재를 믿지 않고 있습니다. 우리는 모두 다 영리한 인간이 되었습니다. 이 이유 때문에 세상은 점점 더 악화되어져 갑니다. 모든 고통을 일으키게 하는 한 존재가 있음을 믿지도 않을 뿐더러 또 믿으려고 하지도 않습니다.

고린도후서 4장 3-4절에서 바울이 말하고 있는 것을 읽어 보십시오. "만일 우리의 복음이 가리었으면 망하는 자들에게 가리어진 것이라 그중에 이 세상의 신이 믿지 아니하는 자들의 마음을 혼미하게 하여 그리스도의 영광의 복음의 광채가 비치지 못하게 함이니 그리스도는 하나님의 형상이니라." 여기에도 같은 사실이 언급됩니다.

이 세상의 신이 사람들의 눈을 멀게 하고 어둠 속에 가두었습니다.

이번에는 에베소서 2장 1절 이하의 말씀을 읽어 봅시다. “그는 허물과 죄로 죽었던 너희를 살리셨도다 그때에 너희는 그 가운데서 행하여 이 세상 풍조를 따르고 공중의 권세 잡은 자를 따랐으니 곧 지금 불순종의 아들들 가운데서 역사하는 영이라.” 또 에베소서 6장 12절에서 바울이 증언하는 것을 봅시다. “우리의 씨름은 혈과 육을 상대하는 것이 아니요 통치자들과 권세들과 이 어둠의 세상 주관자들과 하늘에 있는 악의 영들을 상대함이라.”

이 가르침은 오직 사도 바울의 가르침에만 국한되는 것이 아닙니다. 다른 사도들도 반복해서 가르치고 있습니다. 이 가르침은 사도들의 복된 선생, 주님께서도 가르치신 바입니다. 그래서 요한은 요한일서 5장 18-19절에서 이렇게 말씀합니다. “하나님께로부터 난 자는 다 범죄하지 아니하는 줄을 우리가 아노라 하나님께로부터 나신 자가 그를 지키시매 악한 자가 그를 만지지도 못하느니라 또 아는 것은 우리는 하나님께 속하고 온 세상은 악한 자 안에 처한 것이며.” 이 구절이 의미하는 바는 하나는 성부 하나님과, 성자 하나님 및 성령 하나님의 세계이며, 또 하나는 사탄과 그의 졸개들, 통치자들과 권세를 대동한 영역입니다.

성경의 가르침에 의하면 이 모든 권세와 능력들이 이 세상에 막대한 영향을 주며 인간의 심리에도 큰 영향력을 줍니다. 개인적으로나 전체적으로나 인간이 처해 있는 상황에 대한 모든 설명은 지금

이 순간에도 사탄과 그의 졸개들, 즉 부리는 영들의 사역과 수고의 결과로 일어난다는 것입니다.

물론 이것에 대한 자세한 정보가 주어진 것은 아니지만 사탄은 인간이 창조된 순간에도 존재했습니다. 사람이 창조되기 이전부터 사탄은 존재하고 있었습니다. 그는 천사와 같은 존재입니다. 모든 천사는 하나님에 의해서 창조되었고 하나님은 그들을 완전한 피조물로 만드셨습니다. 그런데 이런 놀라운 능력을 소유한 그가 교만 때문에 하나님을 대항하는 반역을 저지릅니다. 그는 하나님께 순복하고 하나님의 종이 되는 일에 늘 불만을 품었습니다. 그는 하나님과 같이 동등한 자가 되기를 원했습니다. 그래서 마침내 하나님께 반기를 들었고 자기와 함께 반역 행위를 동조한 천사들과 더불어 범죄한 것입니다.

여기서 우리는 사탄과 그의 타락한 동료 천사들의 근원을 봅니다. 그들은 하나님을 대항하는데 반항의 열정이 불붙어 있는 자입니다. 사탄은 하나님을 싫어했습니다. 이 이유로 그는 타락한 천사가 되었습니다. 그 이후부터도 하나님께 대한 반역은 계속되고 있고 하나님을 더욱 싫어합니다. 사탄이 품은 야망은 오직 한 가지입니다. 그 야망은 하나님 나라를 파괴하는 것입니다. 하나님께서 세상을 창조하셨습니다. 그분은 세상을 온전하게 만드셨고, 자신의 형상대로 빚어진 사람은 완전한 창조물이었습니다. 사탄은 그것을 가장 싫어했습니다.

사탄은 하나님의 이름과 영광을 더럽히고 붕괴시키는 최선의 길이 하나님이 창조하신 세계를 파괴하는 것으로 여겼습니다. 그래서 사탄은 세상에 와서 사람에게 접근하여 그를 유혹합니다. 인간은 어리석게도 사탄의 속삭임에 귀를 기울였고 결국은 타락하게 되었습니다. 인간은 죄악의 구렁텅이에 발을 내디뎠고 전 우주가 그와 함께 죄악의 구렁 속으로 끌려들어 갑니다.

이것이 모든 문제의 원인을 설명하는 성경적 대답입니다. 이 일은 오래전에 벌어졌습니다. 그래서 성경의 시작이 에덴동산에서부터 세상사를 다루고 있는 이유인지도 모르겠습니다. 인간의 창조, 천지창조에 대한 전반적인 상황을 듣는 것은 매우 흥미 있는 일입니다. 세상의 모든 문제는 사탄의 속삭임에 귀 기울여 사람이 범하게 된 최초의 실수와 과실로 인한 결과입니다. 사탄이 하나님 앞에서 교만을 떤 것처럼 인간을 교만의 자리에 떨어뜨렸고, 하나님의 모든 창조물이 인간의 죄악된 구렁 속에 발을 내디딘 것입니다.

성경이 가르쳐 주고 있는 교훈에 의하면 제가 여러분에게 앞서 언급한 모든 말씀이 이 사건의 결과임을 알 수 있습니다. 사탄의 유혹하는 말에 귀 기울이고 그의 미끼에 혹하는 인간은 사탄의 노예로 전락합니다. 그들은 사탄의 손아귀에서 놀아나는 인생들입니다. 그들의 생활은 사탄에 의해 전적으로 지배당하고 있습니다. 그래서 성경은 사탄을 가리켜 “공중의 권세 잡은 자 곧 불순종하는 아들들 가운데서 역사하는 영”이라고 표현합니다. 이 같은 이유 때문에 사탄은 세상의 주관자라고 불립니다. 모든 인류 족속은 그의 머슴이 되어 버렸습니다. 그는 강한 자로서 무장하고 자기 소유를 자기 집 안에서 안전하게 지키고 있습니다. 이 사실을 우리는 분명히 알고 있어야 합니다. 성경이 우리에게 깨우쳐 주는 것은 사탄의 힘이 대단하다는 점입니다. 그렇기 때문에 온 세상이 악한 자의 손에 쥐어져 있다는 것입니다. 사탄이 세상을 손아귀에 쥐고 놓아주지 않습니다. 그러면서 세상을 온통 뒤흔듭니다.

이런 일들은 성경의 가르침에 대한 견본들에 불과합니다. 저는 세상 자체가 이 모양이 된 원인이 이것이라고 설명하는 것입니다. 지금 이 순간, 우리에게 이 질문이 와닿지 않습니까? 왜 이런 끔찍한 일들이 일어나고 있습니까? 왜 우리는 두 차례나 큰 전쟁을 치루어야만 했습니까? 어떤 이들은, "물론 그것은 시저나 히틀러 또는 무솔리니 때문입니다"라고 말합니다.

과연 그렇습니까? 그 사람들이 왜 그와 같은 일을 했습니까? 그렇게 하게 된 이유가 무엇입니까? 단지 우리가 혈과 육에 대한 싸움만 하는 자들입니까? 남자나 여자를 떠나서 오늘날 우리에게 발생하는 문제가 도대체 무엇입니까? 우리의 높은 교육 등 우리가 갖고 있는 여러 유익들에 비추어 보아서도 잘 되어 갈 것 같은 우리의 윤리 도덕들이, 왜 뒤죽박죽 되어갑니까? 그뿐이 아니지요. 어째서 우리는 날마다 어리석은 일들을 자행합니까? 왜 그처럼 미친 듯 날뜁니까? 왜 그처럼 비지성적인 태도로만 일관합니까? 우리를 흥분하게 만드는 것에 만취되어, 왜 그처럼 광란을 떨며 도취되어 삽니까? 이런 일들이 왜 생깁니까?

우리에게 영향을 주는 영적 세계

성경은 이런 문제가 단순히 인간의 본성 때문만이 아니라고 답합니다. 인간은 무척 어리석은 존재입니다. 우리는 다 어리석습니다. 그렇다고 이것이 오늘날 세상에서 돌발되는 모든 문제에 충분한 답변이 되지는 못합니다. 우리는 뭔가 잘못된 것을 자각하며 뭔가를 잘해 보려고 애씁니다. 그러나 늘 실패하는 것이 우리들입니다. 세상을 정화해 보겠다고 모든 정력을 다 기울이는 인간의 수고와 애씀을 수포로 돌아가게 하는 것이 도대체 무엇입니까? 문명이 개선되고 문화가 발전되어감에도 불구하고, 왜 세상은 점점 더 악화되어 갑니까? 인간의 미래를 망쳐 버리고 세상을 더 악하게 하는 것이 무엇입니까? 이것이 골치 아픈 문제입니다.

성경이 가르쳐 주는 오직 한 가지 대답이 있습니다. 그것은 사람 자체도 아니요, 그렇다고 인간의 본성도 아닙니다. 우리가 싸우는 것은 혈과 육에 대한 것이 아닙니다. 발전이 덜 되어 일어나는 단순한 고통의 문제 정도가 아닙니다. 발전의 양상이 결국 어디까지 얼마나 오랫동안 지속되겠습니까? 상향식 진전이 계속된다는 증거는 없습니다. 세상이 언제나 그래왔던 것처럼 오늘날도 무시무시한 상황에 처해 있습니다. 그 이유는 사람들 때문이 아닙니다. 인간 뒤에 숨어 있는 사탄 때문입니다. "우리의 씨름은 혈과 육을 상대하는 것이 아니요 통치자들과 권세들과 이 어둠의 세상 주관자들과 하늘에 있는 악의 영들을 상대함이라"(엡 6:12).

이 문제에 대해 정확하게 설명해 보겠습니다. 성경에 의하면 세상의 모든 문제는 사탄에 의해서 야기됩니다. 알다시피 보이지 아니하는 영적세계가 있습니다. 그 세계가 문제입니다. 저는 정치가들이나 철학자들 또는 그 어떤 누구를 비판하려는 것이 아닙니다. 단지 사실을 설명하는 것입니다. 모든 사람의 수고와 애씀이 헛되고 아무런 성과가 없음을 솔직하게 말씀드리는 것입니다. 왜냐하면 사람들이 이 보이지 않는 영적 세계에 대하여 전혀 의식하지 않기 때문입니다. 사람들은 인간의 본성을 관찰해 보며 연구하고 또 이해하려고 애씁니다만, 사람들은 자신보다 더욱 엄청난 존재가 있음을 알지 못합니다. 우리에게 계속 영향을 미치고 있는 보이지 않는 영적 세계가 있습니다.

성경에 의하면 이 영적 세계는 두 가지 주요 부문으로 나눌 수 있습니다. 사탄이 세상을 이토록 처참하게 만드는 것입니다. 그런데 안타까운 것은 세상이 사탄의 존재를 믿지도 않을 뿐더러, 세상에 일어나는 모든 문제가 가공할 만한 능력을 휘두르는 사탄의 횡포임을 의식조차 못한다는 것입니다. 하나님의 아들이 친히 뭐라고 말씀하시는지를 귀 기울여 봅시다. "강한 자가 무장을 하고 자기 집을 지킬 때에는." 사탄이 무장한 채로 인간들을 지키고 있습니다. 그 안에서 인간은 꼼짝달싹도 못하고 사탄에 의해서 지배당하고 있습니다.

바울은 에베소서 6장에서 우리 삶의 투쟁이 혈과 육에 대한 것이 아니라고 말씀합니다. 우리의 싸움은 악랄한 남자나 나쁜 여자를 대항하는 것이 아닙니다. 그렇다고 자신의 악한 본성과 싸움하는 것도 아닙니다. 이 모든 것 뒤에 숨어 조종하는 정사와 권세 및 이 어두움의 세상 주관자들과 하늘에 있는 악의 영들과 싸우는 전쟁이라고 말씀합니다. 그의 가공할 만한 무서운 힘을 인류에게 휘두르고 있는 사탄과 대항하여 싸우는 것입니다.

사탄의 힘

이 사실들을 한 가지씩 차례대로 살펴봅시다. 저는 사탄의 힘이 엄청남을 말씀드렸습니다. 그 증거는 다음과 같습니다. 사탄의 힘, 악한 영의 능력을 (그 어느 누구도) 당할 만한 사람이 아무도 없음을 보아 그의 힘이 얼마나 큰 것인지 알 수 있습니다. 구약성경을 읽어 보면 위대한 신앙의 조상들이 있습니다. 아브라함과 위대한 족장들, 또 선지자들 및 경건한 많은 사람이 있습니다. 얼마나 훌륭한 인물들입니까? 그런데 그들 모두가 사탄의 공격을 당한 자들입니다. 성경은 이 사실을 아주 생생히 표현하고 있습니다. 타락하기 이전에 이미 하나님의 형상대로 완전하게 지음 받은 아담조차도 사탄의 공격에 의하여 타락했습니다. 사탄은 매우 강한 힘을 갖고 있습니다. 그리고 아주 간교하기 그지없습니다. 그의 간사함 앞에는 완전한 인간이라할지라도 감당해 낼 자가 없습니다.

사도 바울의 고백을 보십시오. “의인은 없나니 하나도 없으며 … 모든 사람이 죄를 범하였으매 하나님의 영광에 이르지 못하더니”(롬 3:10, 23). 인류 역사상 인간으로서 하나님을 아주 흡족하게 해 드리며 그의 전생애를 의롭게 산 사람은 아무도 없습니다. 그러므로 모든 세상은 하나님 앞에 죄인의 모습으로 서 있는 것입니다.

왜 그런지 아십니까? 그것은 바로 세상을 지배하고 주관하며 통치하는 사탄의 무시무시한 힘 때문입니다. 사탄은 먼저 인간의 마음을 통하여 역사합니다. 사탄은 하나님을 싫어하기 때문에 사람들로 하나님을 싫어하게 만듭니다.

제가 이미 언급해 드린 것처럼 고린도후서 4장 3절 말씀에 보면 “만일 우리 복음이 가리었으면 망하는 자들에게 가리어진 것”이라고 했습니다. 사탄은 누구든지 하나님 아버지와 그의 아들 독생자를 믿지 못하게 하기 위하여 인간들의 마음을 어둡게 합니다. 불신앙이 특출난 무엇이 아닙니다. 여러분이 기독교인이 아니라고 특별나게 뛰어난, 똑똑한 현대인이라고 자처할 수 없습니다. 언제나 복음을 대적하고 있는 것뿐입니다.

성경에 보면 여기에 대한 증거가 수없이 많습니다. 성경은 그런 사실을 덮어 두고 있지 않습니다. 이 세상에 있는 모든 사람들이 한 번에 복음을 다 믿어 본 적은 없습니다. "좁은 문으로 들어가라 멸망으로 인도하는 문은 크고 그 길이 넓어 그리로 들어가는 자가 많고 생명으로 인도하는 문은 좁고 길이 협착하여 찾는 자가 적음이라"(마 7:13-14)고 주님이 말씀하셨습니다.

사탄은 인류의 삶을 간섭하고 있습니다. 언제나 그렇게 하고 있습니다. 만일 이 복음 전하는 것과 생명에 대한 가르침을 믿는 것을 거절한다면, 자신도 사탄의 지배를 당하는 자임을 기억하십시오. 인류는 늘 복음을 거절해 왔습니다. 사탄이 인류를 지배하고 있고 인간들의 마음을 통치합니다.

사도 바울은 고린도전서 2장 14절에서 자신이 가장 즐겨 쓰는 어구를 반복하고 있습니다. "육에 속한 사람은 하나님의 성령의 일들을 받지 아니하나니 이는 그것들이 그에게는 어리석게 보임이요, 또 그는 그것들을 알 수도 없나니 그러한 일은 영적으로 분별되기 때문이라."

1세기의 소위 엘리트들은 오늘날 지식인들이 자행하고 있는 일, 즉 십자가를 가증스럽게 여기는 것을 똑같이 행한 자들이었습니다. 그들 역시 하나님의 아들을 믿지 않았으며, 그의 대속의 죽으심도 믿지 않았습니다. 더 나아가서 십자가를 몹시 증오했고 매우 어리석은 것으로 여겼습니다. 이 십자가는 아직도 오늘날 현명하다고 자처하는 이들에게 똑같이 어리석은 것입니다. 1세기나 지금이나 다를 바가 전혀 없음은 언제나 사탄이 인간의 마음을 지배하고 있다는 증거입니다.

사탄은 인간이 자유자재로 사고하도록 허락하지 않습니다. 사탄은 늘 사람에게 눈가리개를 씌워 놓아 다른 것을 발견치 못하고 자신이 이끄는 데로 끌고 가는 것입니다. 사탄은 자기가 원하는 것만을 인간이 보도록 합니다. 그렇기 때문에 인간에게 있어서 가장 안타까운 점은 진리를 바로 보지 못하는 것입니다. 진리를 보려고 시도해 보십시오. 그러면 금방 사탄의 간섭하는 힘을 느끼게 될 것입니다.

또한 사탄은 인간의 마음을 간섭할 뿐만 아니라 사람의 욕망들까지도 좌우합니다. 훔쳐 먹는 사과가 왜 그렇게도 맛있습니까? 부모가 하지 말라는 것을 아이들이 그토록 하고 싶어 하는 이유가 무엇입니까? 죄짓는 것이 왜 그렇게 재미있게 느껴집니까? 대답해 보십시오. 이런 욕구들이 어디에서부터 싹틉니까?

성경이 가르쳐 주는 대답을 보면, 이것 역시 사탄으로부터 출발하는 것입니다. 사탄이 우리의 행동을 주관하며 일률적으로 우리의 모든 의지까지도 다스리고 있습니다. 사탄은 하나님께 반역하여 모든 사람이 그와 같이 하나님께 반역하기를 원합니다. 그는 우리가 하나님을 싫어하도록 조장하고 하나님의 법을 싫어하게 만듭니다. "육신의 생각은 하나님과 원수가 되나니 이는 하나님의 법에 굴복하지 아니할 뿐 아니라 할 수도 없음이라"(롬 8:7). 인간은 본성적으로 하나님을 싫어합니다.

여러 번 언급했듯이, 이런 이유가 오늘날 모든 신문들이 하나님을 믿지 않는다는 주장이 나오기만 하면 얼른 기사화해 발표함으로 모든 사람에게 읽히도록 하는 원인입니다. 이런 일들은 끊임없이 계속되고 있습니다. 만일 주일학교 교사가 윤리적인 죄를 범한 사실이 드러나면 어떻게 됩니까? "아, 그 교회 주일학교 교사가 이런 짓을 했다네!" 아마 야단법석일 것입니다. 그들은 결코 덮어 두지 않습니다. 그들은 하나님을 싫어하기 때문입니다. 늘 하나님을 대항하고 그분의 법을 순종하지 않습니다. 인간이 하나님을 몹시도 꺼려하는 사탄에게 지배를 당하고 있기 때문입니다. 사탄은 하나님을 꺼려하는 자신의 본성을 인간에게서 재현하고 있는 것입니다.

사탄은 우리의 마음이나 욕구들만 관장하는 것이 아니라, 우리의 삶 전부를 지배하고 있습니다. 그는 두려움을 조성합니다. 이 사실을 히브리서 2장에서 아주 자세히 서술하고 있습니다. 그는 증언하기를 "자녀들은 혈과 육에 속하였으매 그도 또한 한 같은 모양으로 혈과 육을 함께 지니심은 죽음을 통하여 세력을 잡은 자 곧 마귀를 멸시하며 또 죽기를 무서워하므로 한평생 매여 종 노릇 하는 모든 자들을 놓아 주려 하심이니"(14-15절)라고 했습니다. 인간의 오랜 역사가 이 죽음에 대한 공포가 어떠한 것인지를 증명합니다. 이런 것은 신화에도 있습니다. 우리의 모든 고전 문학에서도 이 문제를 다루고 있음을 봅니다. 사망의 공포는 시퍼런 칼을 들고 죽이려고 달려오는 듯 섬뜩함을 느끼게 합니다.

왜 이처럼 온 인류가 죽음을 무서워합니까? 그 대답 역시 마귀란 녀석 때문입니다. 그에 의해서 산출되는 힘 때문입니다. 사탄이 이런 능력을 사용할 수 있는 이유는 하나님의 법 때문입니다. 사람들은 하나님을 믿지도 않고 또 하나님의 법도 믿지 않습니다. 그런데도 인간 속에는 무엇인가를 믿으려는 신앙의 흔적이 남아있습니다. 인간이 죽음을 무서워함은 죽음에는 곧 심판이 따른다는 것을 알기 때문입니다. 하나님의 법이 우리 모두를 정죄하기 때문인 것입니다. 사망은 우리를 하나님의 법에 가장 근접하게 옮겨놓는 것으로서 우리의 공포 이유입니다. 그러므로 인간은 늘 매여 사는 것처럼 느끼고 있습니다. 벗어나기를 원합니다. 인간은 할 수만 있다면 죽음을 모면하려고 합니다. 최후에 찾아오는 죽음을 지연시켜 보려고 필사적으로 애씁니다. 그러나 죽음을 피할 수가 없습니다.

이제 이 모든 것에 대한 예화를 들어보겠습니다. 지나온 세대를 되돌아보고, 현재 우리의 상황을 살펴봅시다. 떠오르는 것이 무엇입니까? 눈에 떠오르는 것은 두려워 떠는 인생의 가련한 모습뿐입니다. 해와 달과 별들조차 두려워합니다. 심지어 자기가 만들어 놓은 형상들을 두려워합니다. 두려워 벌벌 떠는 인생, 더럽고 추악하기 그지없는 인생의 모습, 사악한 인생의 모습, 죄짓고 불안해 하는 인생의 모습만 보입니다. 이것이 바로 사탄이 조장하는 양상들입니다. 하나님은 세상을 완전하게 만드셨습니다. 낙원을 개설하셨습니다. 그러나 사탄은 혼란을 야기시키고 있고 하나님의 질서를 파괴시킵니다.

이런 현상들이 우리의 삶 속에 얼마나 많이 일어나는지 모릅니다. 하나님이 만드신 아름다운 것들을 사탄은 인간의 마음과 욕구와 의지에다 자기의 힘을 사용하여 엉망으로 만들어 버립니다. 이런 일에 우리는 너무나 익숙해져 있습니다. 그러나 "내게는 우리 주 예수 그리스도의 십자가 외에 결코 자랑할 것이 없으니…." 왜 그렇습니까? 십자가의 예수 그리스도만이 우리를 사탄과 죄악의 위협과 공포의 도가니 속에서 구원해 주기 때문입니다.

십자가 위의 처절한 싸움

이 놀라운 사역을 이루시기 위하여 하나님의 아들이 이 세상에 오셨습니다. 사도 요한이 요한일서 3장 8절에서 말씀하신 것을 읽어 봅시다. 제가 지금 말씀드리는 것은 저의 이론을 펼치는 것이 아닙니다. 단지 성경이 우리에게 뭐라고 말씀하는지를 서술하는 것뿐입니다. "죄를 짓는 자는 마귀에게 속하나니 마귀는 처음부터 범죄함이니라 하나님의 아들이 나타나신 것은 '마귀의 일을 멸하려' 하심이니라." 바로 이 이유 때문에 하나님의 아들이 세상에 오셨습니다. 즉, 사탄의 일을 멸하시기 위해서 세상에 주님이 오신 것입니다.

그러므로 주님께서 친히 무장한 강한 자에 대해서 말씀하시면서 더 강한 자가 온다고 말씀하신 뜻이 바로 여기에 있습니다. 모든 인간은 마귀와 대적하며 싸우기에는 너무나도 미약합니다. 마귀는 우리 모두를 넘어뜨렸고 여지없이 패배케 했습니다. 우리 중에 그 어느 누구도 마귀의 손아귀에서 벗어날 자가 없습니다. 누군가 더 강한 한 사람이 있어야만 하는 것입니다. 그렇지 않으면 늘 마귀의 종노릇 할 수밖에 없습니다. 그러나 사탄보다 더 강한 자가 오셨습니다. 바로 하나님의 아들입니다. 그가 오심은 사탄의 일을 멸하려 하심이었습니다. 이것을 위해서 주님이 세상에 등장하신 것입니다.

이 사실이 사복음서들의 장마다 서술되어 있습니다. 여러분은 이 사실의 참된 의미를 파악하셨습니까? 여러분이 복음서들을 읽을 때, 그분을 단지 인간들과 싸우신 분으로 이해하십니까? 만일 그것이 사실이라면 여러분은 성경을 겉으로만 읽은 것입니다. 인간 뒤에 숨어 있는 이 권세들과 싸우신 주님의 모습을 보지 못하십니까? 사탄의 세력들과 피나는 싸움을 벌이신 주님을 못 보십니까? 얼마나 숭고한 싸움이었습니까! 얼마나 심한 격전이었습니까! 하나님의 아들이 세상에 왜 오셨습니까! 바로 인간들을 짓밟고 있는 사탄의 세력과 싸우는 일 때문에 오신 것입니다.

예수님이 태어나실 때 사탄은 그분을 죽이려 하지 않았습니까? 헤롯왕이 내린 칙령을 보십시오. 두 살 아래의 모든 남자 아이들을 죽이라고 했습니다. 왜 그랬습니까? 사탄은 어린아이로 베들레헴 땅에 태어난 하나님의 아들을 죽이려고 했기 때문입니다. 사탄과의 싸움은 예수님이 태어나신 순간부터 시작되었고, 그 이후로 계속되었습니다.

광야에서 사십 주야를 금식하신 후에 시험을 당하신 주님을 보십시오. 그분을 시험하는 자가 누구입니까? "천하만국과 그 영광을 보여 이르되 만일 내게 엎드려 경배하면 이 모든 것을 네게 주리라"(마 4:8-9). 사탄은 주님을 끌어내어 자기 앞에 무릎 꿇게 하려고 시도했습니다. 아담을 꾀어 정복했듯이 하나님의 아들조차도 꾀어 굴복시키려고 한 것입니다.

이것이 전부가 아닙니다. 귀신들린 자들이나, 병들어 고생하는 자들을 대할 때마다 사탄과 싸우신 주님의 모습을 보십시오. 죄의 종노릇 하던 자리로부터 구원하시기 위해 격전을 벌이신 주님이셨습니다.

이제 겟세마네 동산에 계신 주님을 보십시오. 땀방울이 핏방울이 되어 떨어지고 있습니다. 이것은 그분이 당하는 고통이요, 처절한 싸움을 나타내고 있는 증거입니다. 우리의 원수인 사탄과 최후의 격전을 벌이시기 전에, 마지막으로 통과하셔야만 하는 무시무시한 그 순간이 어떠한 것인지를 아신다는 증거입니다. 그때는 하나님 아버지의 얼굴을 더 이상 보지 못할 것이요. 그 가운데서 겪어야 하는 고통스러운 순간을 생각하실 때에 땀이 핏방울이 되어 땅에 떨어진 것입니다. 이 싸움은 사탄이 벌이는 최후의 발악과 함께 십자가상에서 절정을 이루는 처절한 싸움이었습니다.

주님이 세상에 오심은 우리를 마귀의 권세와 그의 손아귀로 부터 벗어나게 하기 위함이었습니다. 그 사역을 십자가상에서 최종적으로 성취하신 것입니다. 제가 여러분에게 증거하려는 것이 바로 이것입니다. 요한복음 12장 31-33절 말씀을 주의해서 읽어 보신 적이 있습니까? 지금 다시 한 번 읽어 봅시다. "이제 이 세상의 심판이 이르렀으니 이 세상 임금이 쫓겨나리라 내가 땅에서 들리면 모든 사람을 내게로 이끌겠노라 하시니." 주님의 죽음에서 일어난 사건을 이미 살펴본 것처럼 십자가의 사건은 이 세상에 대한 심판입니다. 뿐만 아니라 그의 죽으심은 이 세상의 임금을 쫓아내는 것을 의미합니다. "이 세상 임금이 쫓겨나리라."

이 말씀은 아주 신나는 이야기입니다. 이 십자가의 장면에서 놀라움과 경이로운 마음에 사로잡혀 감격해 본 적이 있습니까? 그런 마음으로 십자가를 바라본 적이 있습니까? 지금 우리가 십자가에 대해서 말씀을 듣고 있습니다만 십자가가 얼마나 많은 것을 증거하는지 모릅니다. 십자가가 극적인 사건이요, 격전이요, 처절한 싸움이란 측면에서 생각해 보신 적이 있는지요? 우리 주님께서 어떻게 그런 곳에까지 이르게 되었습니까? 그분을 그곳까지 오게 한 동기가 무엇이었습니까? 아마도 주님을 잘 이해하지 못한 자들이 그렇게 했다고 말할지 모릅니다만, 그 답변을 아주 적절한, 만족할 만한 답변으로 여기십니까?

사랑하는 형제 여러분! 주님을 십자가에 못 박은 무리들 뒤에 숨어 있는 사탄을 볼 수가 없습니까? 나사렛 예수께서 대적한 것이 무엇이었습니까? 누구에게 해를 입으셨습니까? 주님의 가르침 속에 무슨 잘못이 있습니까? 그분이 베푸신 이적 가운데 무엇이 잘못되었습니까? 그분의 인자하신 행동 가운데서 무엇이 잘못된 것입니까? 주님은 세상에 선을 베푸시고 하늘나라의 복된 것들을 가르치시고 인류를 구원하시기 위하여 오셨습니다.

그런데 그분이 어떻게 취급당하셨습니까? 바리새인들과 서기관들을 봅시다. 그들이 주님에게 행한 모욕과 증오, 조롱과 조소를 생각해 보십시오. 그들이 벌인 모독적인 행위를 기억해 보십시오. 그것이 전부가 아닙니다. 로마 총독이었던 빌라도를, 유대인의 왕이었던 헤롯을 보십시오. 당시의 일반 대중을 생각해 보십시오. 얼마나 많은 조롱과 조소가 있었습니까? 왜 이런 감정들이 나타났습니까? 왜 이런 증오와 욕설을 주님이 받으셔야만 했습니까? 단 한 가지 답변 외에는 아무것도 없습니다. 사탄과 벌이시는 싸움, 주님을 욕하고 비난하는 모든 인간들 속에서 역사하는 사탄의 세력과의 싸움 때문이었습니다.

요즈음 사람들은 이 사건을 어떻게 생각하는지 살펴봅시다. 기독교인이 되지 않은 것이 현명한 처사라고 생각하는 이유가 무엇인지 아십니까? 교회의 잘못이 무엇입니까? 놀라우신 주님이 무슨 잘못을 했습니까? 그분이 가르친 것에 무슨 허물이 있습니까? 여러분이 반대하는 이유가 무엇입니까? 기독교를 거절하는 것이 어째서 현명한 처사란 말입니까? 왜 기독교를 그처럼 비난합니까? 왜 온갖 조롱을 기독교에 퍼붓습니까? 여러분이 그처럼 싫어하는 이유가 무엇입니까?

대답은 오직 한 가지입니다. 사탄의 세력에 짓눌려 살면서도 아무런 감각을 갖지 않는 여러분에게서 쏟아져 나오는 증오는 사탄의 증오입니다. 왜 증오하고 있는지, 그 이유를 설명할 수가 없습니다. 정말 어처구니없는 일입니다. 사복음서를 읽어 보면 그 이유를 발견하게 됩니다. "가시관을 엮어 그 머리에 씌우고 갈대를 그 오른손에 들리고 그 앞에서 무릎을 꿇고 희롱하여 이르되 유대인의 왕이여 평안할지어다 하며 그에게 침 뱉고 갈대를 빼앗아 그의 머리를 치더라 희롱을 다 한 후 홍포를 벗기고 도로 그의 옷을 입혀 십자가에 못 박으려고 끌고 나가니라"(마 27:29-31).

또 주님께서 못 박히실 때의 상황을 기록한 말씀을 살펴봅시다. "지나가는 자들은 자기 머리를 흔들며 예수를 모욕하여 이르되 성전을 헐고 사흘에 짓는 자여 네가 만일 하나님의 아들이어든 자기를 구원하고 십자가에서 내려오라 하며 그와 같이 대제사장들도 서기관들과 장로들과 함께 희롱하여 이르되 그가 남은 구원하였으되 자기는 구원할 수 없도다 그가 이스라엘의 왕이로다 지금 십자가에서 내려올지어다 그리하면 우리가 믿겠노라 그가 하나님을 신뢰하니 하나님이 원하시면 이제 그를 구원하실지라 그의 말이 나는 하나님의 아들이라 하였도다 하며 함께 십자가에 못 박힌 강도들도 이와 같이 욕하더라"(마 27:39-44).

어떻게 이 사실을 설명하시겠습니까? 죄 없으신 분이 여기 있습니다. 그를 모함할 어떤 증거도 제시할 자가 없습니다. 그분이 잘못하신 것이라곤 아무것도 없습니다. 이 세상에서 선행을 베푸신 것 외에는 잘못한 것이라곤 조금도 없습니다. 오히려 주님은 사람들을 도와주고 또 그들을 가르치시기 위해서 세상에 오셨습니다. 그런데 그분에게 쏟아진 조소와 희롱, 비방과 침 뱉음 및 야유와 온갖 조롱을 보십시오. 도대체, 주님께서 무엇을 잘못하셨습니까?

주님은 이 문제에 친히 이렇게 답변해 주십니다. "내가 날마다 너희와 함께 성전에 있을 때에 내게 손을 대지 아니하였도다 그러나 이제는 너희 때요 어둠의 권세로다 하시더라"(눅 22:53). 이런 일을 하는 자들은 자 기들이 지금 무엇을 하고 있는지를 모르고 있습니다. 그래서 주님께서 십자가 상에서 이렇게 기도하셨습니다. "이에 예수께서 이르시되 아버지 저들을 사하여 주옵소서 자기들이 하는 것을 알지 못함이니이다"(눅 23:34). 참으로 어리석기 짝이 없는 인간들입니다.

사탄의 손에서 벗어날 유일한 길

사랑하는 형제 여러분! 한 번도 잘못을 저지른 적이 없으신, 오직 선만을 행하시고 그 누구에게도 해를 끼친 적이 없으신 분에게 저주를 퍼부으시겠습니까? 예수님께 해하였던 무리들과 동참하시겠습니까? 아니면, 그 같은 무리들에게 항의하시겠습니까? 그들과 다를 바 없이 주님을 조롱하고 욕하며 모욕하고 침 뱉는 일을 하시겠습니까? 그것은 지옥과 같은 것입니다. 마귀적인 것이요 사악하기 이를 데 없는 못된 성향입니다. 자기들이 무엇을 하고 있는지도 모르는 자들입니다.

"이제는 너희 때요 어둠의 권세로다"(눅 22:53). 이 말씀이 이 모든 원인을 설명해 줍니다. 세상은 그런 일 벌이는 것에 무척 기뻐했습니다. 십자가에서 죽어가신 예수님을 보면서 만면에 미소를 지었습니다. 그토록 조롱하며 희롱했던 이유가 여기에 있습니다. 그들의 얼굴 표정을 보십시오. 그들이 외치는 소리에 귀 기울여 보십시오. "자, 내려오라. 하나님의 아들이라고 말하는 자여! 네가 남은 구원했으면서 네 자신은 왜 못 구하는가? 자신도 못 구하다니…, 우리가 그를 죽이자." 들리지 않습니까?

이때에 특별히 기뻐했던 자들은 대제사장들과 서기관들이었습니다. 그들은 공회에서 공모하기를 "이 사람이 많은 표적을 행하니 우리가 어떻게 하겠느냐 만일 그를 이대로 두면 모든 사람이 그를 믿을 것이요 그리고 로마인들이 와서 우리 땅과 민족을 빼앗아가리라"고 했습니다.

그 공회원들 가운데에는 가야바라고 하는 아주 현명한 정치가가 있었습니다. 그는 "너희가 아무것도 알지 못하는도다 한 사람이 백성을 위하여 죽어서 온 민족이 망하지 않게 되는 것이 너희에게 유익한 줄을 생각하지 아니하는도다"(요 11:49-50)라고 말했습니다. 그가 말한 요지는 "우리가 예수를 죽이자 그러면 우리가 살게 될 것이다"라는 것입니다. 즉, 주님을 속죄 양으로 삼아 그들이 살겠다는 것이었습니다. 그를 죽임으로 그들 모두에게 유익이 된다는 말이었습니다. 이렇게 말하는 가야바의 제안에 모두가 동의했으며 온 세상이 기뻐했습니다. 마침내 그들은 예수님을 체포하였고 그를 십자가에 못 박아 죽였습니다. 그들은 "이제 다 끝났구나" 하고 생각했습니다.

정말 끝난 것입니까? 주님은 "정사와 권세를 벗어버려 밝히 드러내시고 십자가로 승리"하셨다고 성경은 기록하고 있습니다. 그런데 사람들은 자기들이 승리했다고 떠듭니다. 자기들이 기쁘게 여겼고, 사탄이 즐거워한 일을 성사시켰다고 야단법석이었습니다. 만일 가야바가 주님을 죽일 수 있다고 참으로 믿었다면 분명 주님이 죽으신 것은 끝이나 다름없습니다. 하지만 그런 생각은 큰 오산이었습니다. 그는 하나님의 아들이 십자가에서 죽임을 당함이 사탄의 큰 실책임을 깨닫지 못한 것입니다. 하나님의 아들을 십자가에 못 박는다는 것이 자신이 패배당하는 것임을 깨닫지 못했습니다. 주님이 십자가에 달리므로 말미암아 사탄의 최후의 운명이 다가온 것을 깨닫지 못한 것입니다. 어떻게 그런 일이 가능합니까? 사도 바울이 우리에게 그 사실을 설명해 줍니다. 주님이 십자가에서 무력한 자로 보여졌지만, 오히려 주님은 사탄의 권세와 정사를 벗어버리고 밝히 드러내어 승리하셨습니다.

주님은 십자가로 말미암아 승리의 개가를 올리셨습니다. 사탄의 권세는 결국 아무것도 아님이 드러났고 그의 권세는 땅바닥에 두 동강났습니다. 사탄의 능력은 상실되었습니다. 사탄이 이 세상의 신이요 공중의 권세를 잡은 자인 것은 오직 한 가지 이유 때문입니다. 그것은 하나님 나라로부터 떠나 죄 가운데 거하는 인간들 때문입니다. 그래서 그들은 사탄의 왕국에 속해 있는 것입니다. 인간이 하나님 나라에서 떨어지지 않는 한 사탄은 어떻게 할 도리가 없습니다. 하나님의 능력 안에 있는 사람들은 사탄이 더 이상 건드리지 못 합니다. 사탄을 이길 자는 하나님 한 분뿐입니다.

우리가 하나님과의 만남이 끊어지는 순간, 우리는 사탄에 의해서 지배당하게 되고 허약한 사탄의 이용도구들로 전락합니다. 그래서 무장하고 사탄이 지키는 보물들처럼 그의 나라에 갇혀 사는 피해자가 되는 것입니다. 이것이 바로 온 인류 족속이 처해 있는 상황입니다. 모든 인류는 아담 안에서 죄를 범하여 사탄의 노예가 되어 버렸습니다. 우리 모두는 본질상 사탄의 종인 것입니다. 하나님으로부터 멀리 떨어진 인간입니다. 하나님의 진노 아래에 놓여진 인간이요, 하나님 나라 밖의 사람이므로 사탄의 손아귀에서 놀아나는 인간의 모습은 소망이 없는 비참한 존재인 것입니다.

그러나 사탄의 손아귀에서 벗어나고, 지옥의 형벌을 모면할 수 있는 한 길이 있습니다. 그것은 사탄보다 더 강한 하나님의 능력을 소유하는 길입니다. 그러나 문제는 이 능력을 어떻게 소유하느냐 하는 것입니다. 하나님께 죄를 범하므로 하나님을 배반한 인간입니다. 이제는 하나님의 진노가 바로 우리 앞에 놓여 있습니다. 그런데 어떻게 하나님의 능력을 받는다는 것입니까?

우리가 하나님의 능력을 얻기 전에 먼저 해야 할 일은 하나님과 화목하게 되는 것입니다. 바로 갈보리산 십자가에, 그 화목하게 되는 길이 열린 것입니다. 우리와 하나님 사이에 놓여진 것은 깨어진 하나님의 법입니다. 우리는 하나님의 법을 어겼고 하나님께 무례한 짓을 했습니다. 그분에게 침 뱉은 자입니다. 그분이 받으신 정죄는 우리의 것이었습니다. 우리는 이 형벌로부터 구원함을 받아야만 합니다. 우리를 자유롭게 하는 하나님의 능력이 어떤 것인지 알기 전에, 먼저 우리는 하나님과 화목하게 되어야만 했습니다. 그 일이 십자가 상에서 이루어진 것입니다.

골로새서에 있는 두 구절이 나란히 나오는 이유가 여기에 있습니다. "우리를 거스리고 우리를 대적하는 의문(儀文)에 쓴 증서를 도말하시고 제하여 버리사 십자가에 못 박으시고." 그리고 그 다음에 기록하기를 "정사와 권세를 벗어 버리고"라고 했습니다. 이 두 가지 사건이 함께 연결되어 있습니다.

그 십자가 상에서 주님은 우리를 하나님과 화목하게 하셨습니다. "이는 하나님께서 그리스도 안에 계시사 세상을 자기와 화목하게"(고후 5:19) 하신 것입니다. 그리스도는 "저희의 죄를 저희에게 돌리지 아니하시고" 자신에게 지웠습니다. 율법이 요구하는 그 방법을 이루어야만 했던 것입니다. 주님은 그 형벌을 지신 것입니다. 이 이유 때문에 우리가 그분을 믿으면 우리는 그 형벌과 정죄로부터 해방되는 것입니다. 하나님의 능력이 사탄과 그의 세력들로부터 우리를 구원하여 하나님 나라에 옮겨 놓으셨습니다. 우리는 하나님과 화목하게 되었습니다. 골로새서 1장 13절에서 사도 바울은 이렇게 말씀합니다. "그가 우리를 흑암의 권세에서 건져내사 그의 사랑의 아들의 나라로 옮기셨으니."

바로 이 일이 십자가에서 이루어졌습니다. 사탄은 자기가 그리스도를 멸망시켰다고 생각했습니다만 그리스도는 우리를 하나님께 화목하게 하셨으며, 사탄을 폐하시고 우리를 그의 손아귀로부터 구원하셨습니다. 그리스도는 우리가 받을 형벌을 대속하심으로 우리를 하나님과 바른 관계를 맺도록 만드셨습니다. 그리하여 하나님의 능력이 우리 안에 거하게 되었고 우리가 다시 거듭나게 되어 새로운 피조물, 새로운 인간이 되었습니다. 이제는 성령께서 우리 안에 내주하시며 그리스도께서 언제나 우리 곁에 계시사 우리를 도와주시고 계십니다.

그러므로 요한은 다음과 같이 고백합니다. "온 세상은 악한 자 안에 처한 것이지만." 그러나 "악한 자가 저를 만지지도 못 하느니라"(요일 5:18-19). 악한 자는 세상을 조장할 뿐 아니라 가슴에 품고 있어서 세상은 그의 손아귀에서 벗어날 수가 없습니다. 그러나 그리스도는 우리를 그의 세력에서부터 구하셔서 그의 왕국에 심으신 것입니다.

그러므로 마귀는 우리를 건드리지도 못합니다. 우리를 위협하거나 소리를 지를지는 몰라도 사탄은 우리를 건드릴 수 없습니다. 그래서 바울은 로마서 6장 14절에서 이렇게 말씀했습니다. "죄가 너희를 주관치 못하리니 이는 너희가 법 아래 있지 아니하고 은혜 아래 있음이니라." 무장을 하고 지키는 강한 자보다도 더 강하신 분이 오셔서, 강한 자가 의지하고 있는 무기를 빼앗고 그가 강탈해 놓은 것들을 되찾으실 것입니다.

얼마나 어리석은 사탄이었습니까? 얼마나 무지하며 분별없는 처사를 벌인 사탄입니까? 자기 기만과 교만에 사로잡혀 얼마나 득의양양한 사탄이었습니까? 어리석게도 사탄은 그리스도를 영원히 멸망시켰다고 생각했습니다. 그는 정말로 주님을 멸망시키는 듯했습니다. 그러나 그리스도가 그를 정복했습니다. "이 세상의 임금이 쫓겨나게 되리라"고 말씀하신 그대로 사탄은 쫓겨난 것입니다.

십자가 위의 만왕의 왕

이 점을 좀 더 설명하겠습니다. 우리 주님이 십자가에서 죽으시기 전에 온 세상은 사탄의 세력 안에 놓여 있었습니다. 하나님의 선민인 이스라엘 자손들로부터 멀리 떨어져 버린 세상이었습니다. 한 번은 헬라인 몇 사람이 제자들에게 찾아와 "우리가 예수를 뵙고자 하나이다"라고 청탁했습니다. 이때 예수님은 "지금은 때가 아니다. 내가 이방인에게로 전파되기 전에 먼저 들려야 하리라"고 대답하셨습니다.

사탄은 하나님의 백성들의 자리에서 멀리 떠나간 세상의 모든 열방들을 십자가 때까지 지배해 왔습니다. 그러나 십자가 이후에는 주님이 "내가 땅에서 들리면 모든 사람을 내게로 이끌리라" 하신 대로 되었습니다. 즉, 모든 족속들을 주님께로 이끄셨습니다. 십자가의 그 순간부터 이방인들이 믿기 시작했습니다. 그래서 우상을 섬기는 이교도로 어두움 속에 거했던 자들도 하나님 나라에 들어가게 된 것입니다. 그리스도께서 죽으심으로 온 세상의 구세주가 되신 것입니다. 주님은 온 족속들과 열방들과 민족들을 자기에게로 이끌었습니다.

그래서 이제 우리는 주님이 말씀하신 그 사실을 눈으로 보고 있습니다. 그가 십자가에서 죽으시고 하늘로 올라가셔서 성령님의 강림하심이 임했던 그 순간부터 복음은 방방곡곡에 전파되어진 것입니다. 유대인이 아닌 이교도들이었고 이방인들이었던 갈라디아 교인들처럼 우리는 남자나 여자나 가릴 것 없이 모두가 죄악 속에 처하여 무지하고 미개한 삶을 살았으나, 그리스도께서 사탄의 권세로부터 짓눌려 있던 우리를 해방시켜 주시고 영광스러운 빛의 나라로 이끌어 주셨습니다.

이와 똑같은 일이 고린도교회에서도 발생했습니다. 사도 바울이 그들이 어떤 존재였는지를 상기시켜 준 말씀을 기억하시겠습니까? 바울은 "불의한 자가 하나님의 나라를 유업으로 받지 못할 줄 을 알지 못하느냐 미혹을 받지 말라 음행하는 자나 우상숭배 하는 자나 간음하는 자나 탐색하는 자나 남색하는 자나 도적이나 탐욕을 부리는 자나 술 취하는 자나 모욕하는 자나 속여 빼앗는 자들은 하나님의 나라를 유업으로 받지 못하리라 너희 중에 이와 같은 자들이 있더니 주 예수 그리스도의 이름과 우리 하나님의 성령 안에서 씻음과 거룩함과 의롭다 하심을 얻었느니라"(고전 6:9-11)고 말씀하셨습니다.

"내가 복음을 부끄러워하지 아니 하노니 이 복음은 모든 믿는 자에게 구원을 주시는 하나님의 능력이 됨이니라"(롬 1:16). 우리를 사탄의 권세로부터 벗어나게 해 줄 다른 능력이 없습니다. 십자가에서 우리를 자유롭게 해 주신 하나님의 능력뿐입니다. 역사를 거듭해 오면서 지나간 성도들의 증거가 이것이었습니다. 그리스도께서 우리를 해방시켜 주셨다는 것입니다.

> 쇠사슬에 매인 나를 풀어 주시고
> 허덕이는 인생에게 안식 주시며
> 사모하는 자녀에게 축복 주시네.
> - 아이작 왓츠(I. Watts)

이 찬송시는 십자가에 대한 놀라운 축복을 표현한 것 중 한 가지입니다. 십자가만을 자랑하겠다는 가장 귀한 이유 중 하나가 바로 이것입니다. 십자가 상에서 그리스도는 우리의 원수인 사탄을 폐하셨습니다. 본래 인간을 창조하시고 세상을 조성하신 그리스도께서 사탄을 쫓아내시고 착고에 채워 굴복시킨 것입니다. 결국 사탄은 완전히 멸망당할 것입니다. 그리스도는 최후로 모든 짐승같은 무리들과 거짓 선지자들을 사탄과 함께 불못에 집어넣을 것입니다. 더 이상 어떤 힘도 발휘할 수 없는 사탄입니다.

> 햇빛을 받는 곳마다 주 예수 왕이 되시고
> 이 세상 끝날 되도록 그 나라 왕성하리라.
> 그 나라 왕성하리라.
> - 아이작 왓츠(I. Watts)

십자가를 생각할 때 사탄의 세력을 정복하신 만왕의 왕을 보십니까? 그렇다면 우리는 이런 고백을 할 수 있습니다.

> 권능의 검 높이 쳐들고
> 정복하신 왕 주 예수님
> 무력한 지옥이 진리의
> 주님을 대적치 못하네

두려워 피하는 원수들
놀라운 그 이름 찬양해
가까이 계신 주님 뵈올 때
세상, 공포 사라지네.

- 윌리엄 윌리엄즈(William Williams)

십자가를 볼 때, 주님이 세상의 모든 정사와 권세들 그리고 마귀를 물리치고 밝히 드러내 수치를 당케 하시고 십자가로 승리하신 주님을 발견하십니까? 그들이 승리를 자축하는 순간 그들은 완전히 패배한 것입니다. 뿌리 채 뽑힘을 당했습니다.

오 놀라운 만왕의 왕이시여!
정복의 명성 드날리우시고
형용할 수 없는 당신의 사랑
우리의 모든 기쁨 속에 있네.

- 베르나르 드 클레르보(Bernard of Clairvaux)

"그러나 내게는 우리 주 예수 그리스도의 십자가 외에 결코 자랑할 것이 없으니."

6

평강의 왕

온 세상을 품에 안은 어린양

세상 위에 뛰어난 그리스도의 십자가를 나는 자랑해.

- 존 보우링(J. Bowring)

현재 우리의 상황에서 이런 찬송가를 부를 수 있다는 것이 얼마나 하나님께 감사한지 모릅니다. 왜 이런 찬송을 즐겨 부르는지 그 이유를 몇 가지 더 생각하려고 합니다. 그리고 사람들이 우리 주님의 복음을 믿으며 예수 그리스도가 구세주임을 믿기만 하면, 십자가만을 자랑하게 되는 이유가 뭔지도 아울러 생각하고자 합니다.

갈라디아서 6장 14절 말씀으로 되돌아가 봅시다. "그러나 내게는 우리 주 예수 그리스도의 십자가 외에 결코 자랑할 것이 없으니 그리스도로 말미암아 세상이 나를 대하여 십자가에 못 박히고 내가 또한 세상을 대하여 그러하니라." 복음 이외에는 이 세상에 소망이 없습니다. 우리가 지금까지 고찰해 온 것처럼 복음의 진수는 십자가에 대한 메시지임에 틀림없습니다.

십자가의 진리

위에서 인용한 찬송가 작가는 십자가에서 그가 깨달은 진리를 우리에게 증거하고 있습니다. 그가 처해 있었던 상황이나 여건에 상관없이 십자가는 그 모든 것을 성화시키고 있습니다. 고통스러운 일이나 기쁜 일이나 가릴 것 없이 모든 것을 성결하게 합니다. 사도 바울의 견해처럼 십자가는 늘 우리에게 증거하고 있습니다. 그가 십자가만을 자랑한 것은 그에게 무슨 일이 일어나든지 십자가는 늘 그와 동행하며 또 모든 것이 유익하게 되도록 도와주고 있음을 깨달았기 때문입니다.

우리는 지금까지 사도 바울이 이 본문의 말씀 속에서, 그리고 그 밖의 다른 서신에서 증거하고 있는 십자가를 여러 측면에서 관찰했습니다. 그러나 아직도 우리가 깨달아야 할 진리가 더 있습니다. 십자가를 자랑하는 일 외에는 자랑을 말도록 하나님께서 금하신다고 바울이 증거하고 있습니다. 십자가를 자랑하는 일에는 끝이 없습니다. 이 얼마나 놀라운 일입니까!

사도 바울이 우리 주 예수 그리스도의 십자가만을 자랑하는 또 다른 이유는, 우리 주 예수 그리스도의 십자가만이 모든 족속을 연합시킬 수가 있고 온 세상에 참된 평화를 심어 줄 수 있기 때문입니다. 이 문제를 깊이 생각해 보십시오. 모든 인간들의 사고 속에는 서로 연합하는 일을 어떻게 하면 성사시킬 수 있는가란 문제를 늘 품고 있기 때문에 이점에 대해서 집중적으로 전하려고 합니다.

케네디 대통령의 암살 사건 이후에 온 세계는 이 문제에 대해서 아주 세밀하게 검토하게 되었습니다(이 설교는 케네디 대통령의 암살 직후에 한 것입니다). 물론 저는 이 사건을 설교하려는 것이 아닙니다. 그러나 이 충격적인 사건을 생각하지 않을 수 없습니다. 이 사건이 우리로 하여금 무엇인가를 생각하게 했기 때문입니다.

케네디 대통령은 여러 가지 측면에서 온 인류를 하나 되게 해 보려고 부단히 애쓴 분이었습니다. 어떤 자들은 심지어 그의 죽음은 미국을 하나 되게 하려다가 암살된 것이라고 말합니다. 미국 내의 흑백 문제, 인종 차별 문제를 해결해 보려고 애썼습니다. 그러나 어떻게 그 문제를 해결합니까? 어떻게 하나 되게 할 수 있습니까? 이런 문제를 풀어보려고 케네디 대통령이 노력한 것은 사실입니다. 그가 텍사스에 간 이유가 바로 이 문제에 대한 관심 때문이었습니다.

그러나 그가 직면한 또 하나의 문제점은 온 세계가 양대진영으로 나뉘어져 철의 장막이 놓여 있는 것이었습니다. 그는 인간성과 인류에 대하여 서로 대적하는 이 두 가지 요소들을 어떻게 일치시킬 것인지에 대해 무척 고민한 사람이었습니다. 이 문제를 해결하기 위하여 그의 인생을 바쳤습니다. 이 일을 위해서 일했던 정치가였음이 틀림없습니다. 그러므로 이 문제를 해결하려다가 암살되었다고 말하는 데 의심할 사람은 아무도 없습니다.

이 문제에 우리도 관심을 갖지 않을 수 없습니다. 우리가 살고 있는 세상은 긴장의 연속이요, 수없이 많은 분쟁과 다툼, 그리고 전쟁이 곳곳에 잠재해 있습니다. 이 세상은 소망이 없이 고통과 불행이 지속되는 곳으로 낙인 찍혀 버린 것입니다.

성경은 이 세상을 언제나 사탄의 세상이라 힘주어 말합니다. 아주 예외적으로 다루어진 케네디 대통령의 암살 사건과 같은 사건이 세상에는 무수히 많이 일어납니다. 세상은 전혀 뜻밖의 사건으로 말미암아 충격을 받은 것처럼 보입니다. 그러나 뜻밖의 사건이라고 여길 수가 없습니다. 이런 일이 세상에는 비일비재합니다. 성경이 우리에게 교훈하고 있듯이 이런 모습이 우리가 사는 세상의 한 단면입니다.

뜻밖의 일들을 저지르는 자들이 누구든지간에 제가 말씀드리고자 하는 것은 이런 현상이 분명 투쟁과 다툼, 적대감, 증오 및 미움 등을 표현한 일면들이라는 것입니다. 암살 사건은 이 많은 현상들 중에 특별히 참혹한 사건이 아닐 수 없습니다. 그러나 그 사건 자체는 오늘날 우리가 살고 있는 이 세상에 발생하는 모든 골치 아픈 문제거리들 중의 한 가지일 뿐입니다. 제가 여러분들에게 전하려고 하는 요점이 여기 있습니다.

각자 내면의 문제들

우리가 살펴보고자 하는 문제는 단순히 세상에 일어나고 있는 눈에 띄는 문제들이 아니라 우리 각자의 내면적 문제들이므로 개인적 삶의 관점에서 다루어 보고자 합니다. 오늘날 우리의 생각들 중에 가장 잘못된 사고의 하나는 국가와 개인, 개인과 국민 사이에 분명한 선을 긋는 것입니다. 한 국가는 각 개개인의 집합체에 불과하지 그 이상은 아무것도 아니라거나, 또는 어떤 문제를 볼 때 개인의 문제로 취급해 버려 관심조차 기울이지 않는 것이 허다합니다. 그러나 세상은 소우주인 인간이 모여 이루어진 대우주이며, 세상 열방들의 진실은 곧 각 개인의 진실입니다. 모든 나라는 그 안에 수많은 분파와 그룹들이 존재합니다. 심지어 조그만 조직 속에서도 내 편과 네 편, 여당과 야당이 있습니다. 그 속에 심한 갈등이 있습니다.

한 가정 내에서도 분열이 생깁니다. 오해가 발생하며, 싸움과 의견 충돌이 일어납니다. 이혼을 합니다. 조금 더 전진해서 살펴보면, 우리는 또 다른 문제가 많이 있음을 알 수 있습니다. 여러분 중에 몇 분이나 완전한 쉼을 알고 있습니까? 참된 평화와 평온함에 대해 얼마나 이해하고 계십니까? 여러분 속에서 계속 일어나고 있는 싸움은 무엇입니까? 갈등은 없습니까? 긴장하지는 않습니까? 번민이 없습니까?

우리는 이런 것들을 부정할 수가 없습니다. 우리 모두는 이런 가운데 태어나 살고 있습니다. 삶의 전 영역에 걸쳐 안과 밖으로 싸움이 벌어지는 세상에 태어난 것입니다. 이 속에서 벌어지는 문제들을 어떻게 해결하느냐가 문제인 것입니다. 제가 여러분들에게 말씀드리려고 하는 것은 이 같은 갈등과 긴장의 연속 가운데서도 이 문제를 해결할 수 있는 한 가지 방법이 이 세상에 존재하고 있다는 것입니다. 바로 우리 주 예수 그리스도의 십자가입니다.

에베소서 2장을 읽어 보십시오. 바울 사도가 말하는 요지가 무엇인지를 발견할 것입니다. 바울이 십자가만을 자랑하는 것이 잘못된 것이 아닙니다. 우리 주 예수 그리스도의 십자가가 바울이 결코 전에 알지 못했던 가장 놀랍고 경이로울 만한 진귀한 사실을 성취했기 때문입니다. 십자가가 남긴 것은 교회입니다. 이 사실이 뭐 그렇게 대단하냐고 반문할 것입니다. 십자가는 교회 안에 유대인과 이방인들이 하나가 되도록 만들었습니다. 이 이유가 사도 바울을 십자가에 대해서 그렇게 감격하도록 한 것입니다.

우리가 알고 있듯이 그 당시의 사회는 유대인과 이방인들로 구분되어 있던 사회였습니다. 유대인들은 이방인들을 경멸하였고 그들을 개처럼 취급했습니다. 이방인들 역시 유대인들에 대한 자기들 나름대로의 편견이 있었습니다. 그 편견으로 인해 서로 하나 되는 일은 절대 불가능했습니다. 사도 바울이 증거하고 있듯이 유대인과 이방인 사이에는 큰 칸막이가 놓여 있었습니다.

세상에는 언제나 철의 장막이 있습니다. 단지 우리는 그 용어만 달리 사용하고 있을 뿐입니다. 분리된 모습들은 언제나 존재해 왔으며, 그들 사이에는 우리의 상상을 초월하는 심한 갈등과 멸시와 적대감이 있었습니다. 회심하기 전의 사도 바울은 세상에서 가장 철두철미한 유대인의 한 일원이었습니다. 그는 유대교에 깊이 젖어 있던 자였습니다. 유대인인 것을 무척 자랑으로 여겼고 이방인들을 경멸했습니다.

그런데 그가 깨달은 놀라운 진리는 교회 안에 유대인과 이방인이 하나가 되어 존재하고 있었다는 사실입니다. 분단의 가로막힌 장벽이 허물어졌습니다. 그는 에베소서에서 이 사실을 계속 반복하고 있습니다. 에베소서 1장 11, 13절 말씀을 읽어 봅시다. "모든 일을 그의 뜻의 결정대로 일하시는 이의 계획을 따라 우리가 예정을 입어 그 안에서 기업이 되었으니 … 그 안에서 너희도 진리의 말씀 곧 너희의 구원의 복음을 듣고 그 안에서 또한 믿어 약속의 성령으로 인치심을 받았으니."

분열과 불행의 이유

우리가 2장에서 이미 살펴본 것처럼 바울이 매우 힘주어 말한 것을 다시 한 번 상기시키려고 합니다. "그러므로 생각하라 너희는 그 때에 육체로는 이방인이요 손으로 육체에 행한 할례를 받은 무리라 칭하는 자들로부터 할례를 받지 않은 무리라 칭함을 받는 자들이라 그때에 너희는 그리스도 밖에 있었고 이스라엘 나라 밖의 사람이라 약속의 언약들에 대하여는 외인이요 세상에서 소망이 없고 하나님도 없는 자이더니 이제는 전에 멀리 있던 너희가 그리스도 예수 안에서 그리스도의 피로 가까워졌느니라 그는 우리의 화평이신지라 둘로 하나를 만드사 원수 된 것 곧 중간에 막힌 담을 자기 육체로 허시고 법조문으로 된 계명의 율법을 폐하셨으니 이는 이 둘로 자기 안에서 한 새 사람을 지어 화평하게 하시고"(엡 2:11-15).

이 말씀은 바울 사도에게 엄청난 말씀이 아닐 수 없습니다. 불가능하게 생각했던 일이 일어난 것입니다. 유대인과 이방인이 하나가 되었고, 교회 안에서 새사람이 된 모든 자들은 한 하나님을 경배하며 한 구세주를 찬양하고 자랑하게 되었습니다.

이것이 십자가만을 자랑한다고 고백한 바울의 주요 이유 중 하나입니다. 저는 이 사실을 여러분들에게 분명히 증거하려 합니다. 이 세상의 특성이라고 할 수 있는 분단과 증오가 싹트는 원인이 무엇이냐 하는 문제를 한 번 생각해 봅시다. 이것은 심각한 문제입니다. 저는 정치적인 이야기를 하려는 것이 아닙니다. 그렇다고 이미 언급한 케네디 대통령에게 다시 초점을 돌리려는 것도 아닙니다. 어떤 설교자들은 그런 이야기들을 곧잘 하지만 저는 그런 것을 말씀드리고 싶지 않습니다.

기독교 설교자들은 원인이 무엇인지를 살펴보아야만 합니다. 세상 정치가들이 할 수 없는 것들을 하나님 말씀에 비추어 우리가 취급할 수 있음에 대해서 하나님께 감사드립니다. 그 원인들을 규명해 주는 오직 한 가지 설명이 있을 뿐입니다. 저는 이 사실에 대해 주님께 영광을 돌립니다.

분열의 원인이 무엇입니까? 오늘날 세상에 일어나는 모든 불행의 원인이 어디에 있습니까? 왜 세상이 이래야만 합니까? 우리는 왜 전쟁을 치루어야만 했습니까? 왜 국가들은 또 다른 전쟁 준비에 광분하고 있습니까? 왜 비극이 있으며, 고통은 왜 생깁니까? 왜 의견이 엇갈립니까? 그 이유는 중생치 못한 인간의 속셈과 육적 교만 때문입니다. 교만이 범인입니다. 이제 이 교만이 우리 속에서 어떻게 작동되는지 살펴봅시다. 성경은 교만에 대해서 많이 할애하여 교훈하고 있습니다.

성경의 맨 첫 부분으로 돌아가, 어떻게 한 형제가 다른 형제를 죽였는지를 보십시오. 가인은 동생 아벨을 살해했습니다. 교만이 낳은 질투 때문이었습니다. 이 구약성경에는 이와 같은 이야기로 가득 차 있습니다. 오늘날 어떤 이들은 아주 어리석은 말을 하고 있습니다. 그들은 "아이들에게 지저분한 이야기들이 많이 있는 구약성경을 읽히지 마십시오. 다윗이 범한 죄를 보십시오"라고 주장합니다. 그렇지만 성경은 아주 정직한 책입니다. 진실을 증거하는 아주 실제적인 책입니다. 이 책을 보면 인간의 본성이 어떠한지를 알 수 있습니다. 숨기는 것이 하나도 없는 책입니다. 성경은 교만이 어떠한 것인지를 여러 측면에서 보여 주고 있습니다. 바로 이 점을 저는 강조하고 싶습니다.

예레미야 선지서를 읽어 봅시다. 예레미야는 이 모든 것에 대해 솔직히 진술하고 있습니다. 그는 하나님께로부터 모든 문제의 원인이 어디에 있는지를 밝히 보는 깊은 통찰력을 수여받았습니다. 그런 그가 이렇게 고백합니다. "여호와께서 이같이 말씀하시되 지혜로운 자는 그 지혜를 자랑하지 말라 용사는 그 용맹을 자랑하지 말라 부자는 그 부함을 자랑치하지 말라 자랑하는 자는 이것으로 자랑할지니 곧 명철하여 나를 아는 것과 나 여호와는 사랑과 정의와 공의를 땅에 행하는 자인 줄 깨닫는것이라 나는 이 일을 기뻐하노라 여호와의 말이니라"(렘 9:23-24).

이번에는 신약성경을 보도록 하겠습니다. 여기서도 똑같은 사실을 볼 수 있습니다. 사도 바울은 고린도 서신에서 그 당시 세상이 어떻게 유대인과 이방인으로 나누어졌는지를 보여 줄 뿐 아니라, 헬라인과 야만인, 지혜자와 어리석은 자들이 어떻게 나누어졌는지도 말해 주고 있습니다. 세상은 언제나 갈라짐이 산더미처럼 쌓여 있습니다.

에베소서 2장을 보아도 같은 문제를 언급하고 있음을 발견할 것입니다. 더 나아가서 빌립보서 3장에서 바울이 같은 내용을 아주 놀랍게 서술한 것을 찾아볼 수 있습니다. 그의 자서전이라고 할 만한 그 구절들을 읽어 봅시다. 그는 "하나님의 성령으로 봉사하며 그리스도 예수로 자랑하고 육체를 신뢰하지 아니하는 우리가 곧 할례파라 그러나 나도 육체를 신뢰할 만하니 만일 누구든지 다른 이가 육체를 신뢰할 것이 있는 줄로 생각하면 나는 더욱 그러하리니 내가 팔일 만에 할례를 받고 이스라엘의 족속이요 베냐민의 지파요 히브리인 중의 히브리인이요 율법으로는 바리새인이요 열심으로는 교회를 박해하고 율법의 의로는 흠이 없는 자로라"(빌 3:3-6)고 말했습니다. 여기에는 바울이 자랑스럽게 여겼던 것이 다 들어 있습니다.

이런 고백들은 우리가 가진 성경의 여러 곳에 산재해 있습니다. 이 세상의 모든 분쟁과 시비 및 불행, 그리고 갈등의 본질적인 원인이 무엇인지를 보여 주는 말씀은 이 외에도 얼마든지 있습니다. 다시 말해서 모든 민족이나 개개인 또는 지역 및 각종 단체들 속에 생기는 비극적인 일들의 원인이 무엇입니까? 바로 교만의 결과입니다. 이 교만이 어떻게 작동되고 있습니까? 여러분들을 좀 유감스러운 곳으로 안내하겠습니다. 이 문제를 살피는데 우리의 시간을 할애하지 않으면 교만을 방지할 길이 없기 때문입니다. 모든 사람들을 교만하게 하는 것들이 무엇입니까? 결국에는 분열을 조장하게 하는 교만의 원인이 어디에 있습니까?

아마도 우리는 이렇게 말할 수 있을 것입니다. 인간들은 우선적으로 출신이 어디냐, 무슨 혈통이냐를 자랑삼아 말함으로 교만이 싹틉니다. 출신이 어딘지, 무슨 혈통을 가졌는지를 뽐내는 사람, 국적에 대한 교만함, 흑인이냐 백인이냐를 자랑하는 교만함 등이 우리 주위에 너무나 많습니다. 이런 것이 우리의 사회 속에 갈등을 조성합니다. 사실 이런 것은 빙산의 일각에 불과하며, 모든 비극을 초래하는 오직 한 가지 원인이라고는 생각하지 않습니다.

그러나 분명한 것은 사람들이 이런 자랑거리들로 말미암아 교만한 자리를 떠날 줄 모른다는 것입니다. 인간은 하나님 앞에서 흑인과 백인으로 나뉘어졌습니다만, 우리가 기억할 것은 흑인들도 흑인

나름대로 백인 못지않게 자랑할 것이 많다는 사실입니다. 국적이나 혈통 및 족보와 출신 여하에 따라서 자랑을 일삼는 것들이 문제가 됨을 우리는 알 수 있습니다.

이런 문제들은 이미 사도 바울이 에베소서 2장이나 빌립보서 3장에서 나열한 바 있습니다. 사도 바울 자신도 기독교인이 되기 전에는 이런 것에 매여 자랑을 일삼았던 자였습니다. 히브리인이 아닌 자들을 무시하며, 베냐민 지파로 태어난 족보를 자랑했습니다. 이처럼 외부적인 조건들을, 세상의 것들을 뽐내던 바울이었습니다.

교만이 가진 능력

또 다른 분쟁의 요인은 교만이 가진 능력입니다. 가진 자는 늘 더 가지려고 하고 갖지 못한 자는 더욱 가지려고 애씁니다. 가진 자나 못 가진 자나 똑같이 가지려고 온 힘을 다 기울입니다. 필연적으로 그 속에 분쟁이 싹트는 것입니다. 하나라도 더 가지려고 애쓰다 보니 거기에 갈등과 분쟁이 싹트게 됩니다.

이런 일은 모든 국가들 사이에서도 마찬가지입니다. 더 가지려고 하는 것 때문에 전쟁이 돌발합니다. 오늘날에는 이 문제가 특별히 더 심각합니다. 그러나 옛적부터 이 문제가 전쟁의 원인이었음을 역사가 증명합니다. 가지려는 욕구, 높은 자리를 쟁취하려는 열망, 영웅이 되어 보려는 야망, 유명해지려는 욕심이 문제를 일으키는 것입니다. 그럼에도 부자가 되려고 합니다.

그러나 부의 횡포를 우리는 얼마나 많이 목격합니까? 특별히 산업사회에서 부의 세력은 날로 치솟아 분쟁의 주요인이 되고 있습니다. 고용인과 고용주 간의 갈등을 보십시오. 더 받으려고 하고 덜 주려고 하는 싸움을 보십시오. 결국 양쪽이 서로 버티다 보니 파업이 생깁니다. 투쟁이 일어납니다. 국가 간에 전쟁이 발생합니다.

왜 그렇습니까? 바로 교만 때문입니다. 국가들은 국력을 더 많이 쌓으려고 애씁니다. 사람들마다 힘을 축적하고 늘 더 많이 가지기를 원합니다. 한 번 잡은 권력은 절대 놓으려고 하지 않고 늘 고수하고 싶어 합니다. 교만은 "권력을 추구하라, 최고가 되라"고 계속해서 우리에게 속삭입니다. 인간의 모든 역사가 이 사실을 증명합니다.

또 하나의 원인은 지식의 교만입니다. 지식의 교만 역시 똑같은 일을 저지릅니다. 우리는 고대의 헬라인들과 야만인들, 지혜로운 사람들과 무식한 사람들이 어떻게 분열되었는지 살펴보았습니다. 헬라인들은 매우 지적이고도 용감한 족속들이었습니다. 그들은 그들 스스로 뛰어난 철학자들을 산출한 종족임을 무척 자랑스럽게 여겼습니다. 그래서 세상의 모든 족속들을 향하여 "너희가 아는 것이 무엇이냐? 너희가 이해하는 것이 무엇이냐? 너희의 철학이란 어떤 것들이냐?" 물으면서 자기들의 가진 지혜를 자랑했습니다.

그들의 이론 중 어떤 것들은 전쟁에 잘 적용할 수 있는 것도 있고, 어떤 것들은 사업상 유익을 주며 또 어떤 것은 목표를 정하는데 도움이 됩니다. 그러나 그 속에 갈등과 분쟁이 생김을 깨닫지 못했습니다. 그러므로 결국 그들이 행한 것은 온 세상을 헬라인과 야만인, 지혜로운 사람과 무식한 사람으로 갈라놓은 것뿐이었습니다.

여기에 경쟁이 있고 갈등과 억압과 싸움이 있음을 기억하십시오. 지적인 교만은 과거에도 그랬듯이 오늘날 우리의 삶 속에서도 마찬가지로 분열을 조장합니다. 온 삶을 통해서 우리는 분열과 분쟁이 끊임없이 일어나고 있음을 봅니다. 저는 갈등과 분쟁이 이 세상에서 큰 아픔을 낳게 하는 경우를 여러 번 목격했습니다. 심지어 가정 속에서도 엄청난 불행을 초래한 경우를 많이 보았습니다. 한 자녀가 다른 아이들보다 똑똑하게 되면 문제가 생깁니다. 똑똑한 자녀는 대학에 진학하고 다른 자녀는 대학 진학을 못합니다. 제가 아는 어떤 집에서는 이런 이유 때문에 아이가 심장병이 생겨 거의 전신마비가 된 경우가 있었습니다. 지능이 뛰어난 자는 교만에 빠집니다. 그렇지 못한 자들은 질투하고 시기하며, “잘난 척하는군. 자기가 특출난 존재라고 생각하는가 봐”라고 빈정거립니다. 우리는 이런 것에 대해서 분명히 알아야 합니다. 현재 우리나라에서도 이런 것들이 큰 문제가 되고 있습니다.

위에 열거한 세 가지 - 혈통, 능력, 지식 - 가 사람들 마음에 교만이 싹트게 하는 주된 원인들입니다. 죄인이기 때문에 역사를 거듭하면서 벌어진 교만의 모습들은 수없이 많습니다. 현재 우리가 안고 있는 문제는 세상에 이런 현상들을 해결할 만한 것이 하나도 없습니다. 이것이 과연 과장된 표현일까요? 하지만 그것은 사실입니다. 지금 이 순간에도 세상의 모든 현상이 이를 증명해 주고 있습니다. 세상은 결코 평화를 가져다주지 못합니다. 세상이 할 수 있는 일이란 지구의 파멸을 초래하거나 아니면 전쟁을 당분간 정지시켜 주는 일입니다. 세상이 할 수 있는 최선의 길은 고작해야 서로가 팽팽히 대립하고 있는 상태를 잠깐 동안 유지하는 것뿐입니다.

참 평화가 없다

세상이 잠깐 동안의 휴전상태를 갖는다고 해서 그것으로 평화가 이른 것일까요? 평화란 긍정적인 것이지 부정적인 것이 아닙니다. 평화란 사랑이요 동정이며, 이해와 참된 연합을 의미합니다. 그러나 세상은 평화가 무엇인지조차 이해하지 못한 채 참으로 어리석게도 휴전상태가 마치 참된 평화인 것처럼 착각하고 있습니다. 예를 들어 봅시다. 1차 세계대전 때는 독가스가 사용되었습니다. 그런데 2차 세계대전 때에는 사용되지 않았습니다.

그 이유를 아십니까? 연세가 많으신 분들은 아마 기억하실 것입니다. 독가스를 사용하게 되면 어떻게 되는지에 대해서 우리는 교육을 받았습니다. 그래서 2차 대전 때에는 독가스가 전혀 사용되지 않았습니다. 왜 그랬을까요? 세상 사람들이 이미 경험해 보았기 때문이었습니까? 아니면 인간에게 자애심이 크게 작용되었기 때문입니까? 결코 그래서가 아닙니다. 그들이 독가스를 사용하지 않은 한 가지 이유는, 양쪽이 다 독가스를 보유하고 있었기 때문이었습니다. 이쪽에서 독가스를 사용하면 저쪽에서도 사용하게 된다는 상대방의 보복을 모두가 알았기 때문입니다. 그것이 평화입니까? 우리 모두를 죽이려는 계획을 취소한 것에 불과한 것이었습니다.

세상에는 진전도 없고 향상도 없습니다. 2차 대전 이후로 소위 우리가 평화를 누리고 있다고 생각하는 이유는 세계 나라들이 전보다 더 많이 알고 있다거나 더 많이 우호적인 사랑을 베풀어서가 아니라, 양대 진영이 서로 핵무기를 보유하고 있기 때문입니다. 쿠바에 미사일기지 구축사건을 해결한 이유가 바로 이것입니다. 양쪽이 모두 핵무기를 사용하게 되면 서로가 보복하게 되어 결국은 모두 죽는다는 것을 알기 때문에 핵무기를 사용하지 않았습니다.

이것은 평화가 아닙니다. 불안의 연속입니다. 우리가 찾는 참된 의미의 평화는 이런 것이 아닙니다. 평화는 긍정적인 것이며 새로운 태도요 새로운 협정이요, 사랑입니다. 그러나 세상은 아무리 최선의 노력을 기울여도 이런 평화를 주지 못합니다. 또 다른 측면을 봅시다. 어떤 자들은 이렇게 말합니다. "죽는 것보다는 먹히는 편이 차라리 낫다. 그러니 우리만이라도 무장을 해제하자."

과연 이것이 가능합니까? 여기에도 문제의 해결점이 없습니다. 만일 여러분이 그렇게 하면 저쪽에서 여러분을 집어 삼킬 것입니다. 약자는 늘 강자에게 괴롭힘을 당합니다. 여러분이 무장을 해제하면 강자에게 괴롭힘을 당하는 것은 당연합니다. 붉은 무리들에 의해서 지배당하게 될 것입니다. 반대로 만일 그들이 무장을 해제한다고 합시다. 우리도 역시 그들을 점령하려고 덤빌 것입니다. 평화란 없습니다. 다스림이 있을 뿐입니다. 인간의 권리 중 가장 고귀한 평화란 노예와 같은 것일 뿐입니다. 노예로 묶여 있는 곳에는 전쟁이 생길 수가 없습니다. 다툼이 없습니다. 그러나 참된 평화가 아닙니다. 왜냐하면 여기엔 전적으로 부정적인 요소만이 있기 때문입니다.

그것뿐만이 아닙니다. 세상에서 벌어지는 모든 수고와 노력을 가만히 보십시오. 그 속에 도사리고 있는 것이 무엇입니까? 거기에는 증오와 적대감, 그리고 살기가 가득 차 있습니다. 케네디 대통령은 그를 미워하는 사람들로부터 많은 비난을 받았고 결국은 암살까지 당했습니다. 그에게 비난을 퍼붓는 사람 중에는 그를 반대하던 사람들도 있었고 타인의 모범이 되며 존경을 받고 있는 훌륭한 사람들도 있었습니다. 그가 비판받은 이유는 그가 펼치는 정책 때문이었습니다. 서로가 증오했고 입에 독을 품었습니다.

그러므로 여러분이 세상을 바라볼 때 비록 세상에서 가장 최선의 길이요 고귀한 것이라고 할지라도 그 속에 참된 평화가 없음을 즉시 발견할 수 있습니다. 제가 아는 어떤 평화애호가 중 한 사람이 이제까지 제가 한 번도 접해 본 적이 없는 가장 악랄한 인간으로 둔갑한 것을 본 적이 있습니다. 어떻게 평화애호가가 그럴 수 있었겠습니까? 참된 평화애호가로서 그런 일들을 자행하는 것은 도저히 있을 수 없습니다. 그들은 참된 평화애호가가 아니었습니다. 그들은 군국주의자들을 얼마나 많이 증오했는지 모릅니다. 그것은 참된 평화가 아니었습니다. 심령 속에 미워함이 가득 차 있는 한 평화는 성사되지 않습니다.

잠깐의 평화

세상은 절대로 평화를 이룩하지 못합니다. 세상은 분단의 장벽을 절대로 허물어 버리지 못합니다. 단지 세상은 평화를 조성하는 일을 시도합니다. 휴전으로 일시적이며 잠정적 평화가 오게 합니다. 왜냐하면 그렇게 함이 지혜로운 처사이고 훌륭한 정책이며 무장을 해제하는 것이기 때문입니다. 그러나 휴전은 때를 잘 기다려야 합니다. 그 어느 누가 적대감을 폭발시키기 전에 어떤 협약이라도 맺어야만 합니다. 여러분은 세상 모든 국가의 제안들을 믿습니까? 아주 엄숙히 경건한 자세로 서약된 모든 것들을 믿습니까? 세계

역사를 보십시오. 세계사는 세상 나라들의 모든 제안 속에 거짓이 들어 있었음을 증명하고 있습니다.

만일 현대 국가들이 조금의 거짓말도 하지 않았다고 해 봅시다. 그들이 하고 있는 일이 무엇인지를 보십시오. 인간이 교육을 잘 받았다고 해서 평화롭게 살 수 있는 것이 아닙니다. 이것을 입증할 수 있습니다. 인간은 친구들과 원수들을 사랑하지 못합니다. 그런데 이런 것이 가능하다고 주장하고 있습니다.

허버트 조지 웰스(H. G. Wells, 영국 소설가이자 문명비평가)와 같은 인물을 중심으로 이 같은 논쟁이 벌어지고 있습니다. 그들은 교육이 전쟁을 방지할 수 있으며 아예 전쟁을 없애버릴 수도 있다고 주장합니다. 배우지 못한 자들이 싸우며, 인간이 무지하면 무지할수록 싸움이 격심해진다고 합니다. 이런 주장은 인간이 왜 싸우는지 그 원인을 전혀 알지 못하고 하는 소리입니다. 한 번 가정해 봅시다. 사람들을 잘 교육시키고 전쟁하는 것이 얼마나 어리석은 행동인지를 주입시키며 극악무도한 것이 어떤 것인지를 홍보합니다. 세상의 사악한 모든 것을 알려 주고, 전쟁이 주는 것은 죽음과 고통이요 불구자가 되게 하며 증오를 낳게 하는 것 외에는 아무것도 없음을 인식시킵니다. 이 모든 것들을 보여 주면 인간들은 갖고 있는 무기를 불사르고, 서로가 부둥켜안은 채 다시는 전쟁을 하지 말자고 할 것입니다.

사랑하는 여러분! 과연 이것이 가능한 것입니까? 웰스씨는 지난 전쟁을 통해서 이 사실을 가슴 깊이 새기고 그의 마지막 저서 *Mind at the End of its Tether*(한계에 도달한 마음)란 책을 썼습니다. 이 책은 세상이 이미 한계에 도달했고 그 한계점을 넘어서고 있다고 지적합니다. 인간의 역사 이래 교육 수준이 가장 높아진 시대를 살고 있는 우리입니다. 그런데 우리는 여전히 피 흘리기를 좋아합니다. 세상은 전쟁과 갈등, 분쟁과 극심한 논쟁으로 가득 차 있지 않을 때가 없습니다. 인간은 평화를 이루지 못합니다. 인간은 대적하는 무리들과 서로 하나가 되지 못합니다.

제가 이제까지 설명해 드린 바와 같이, 문제는 인간의 감정적 요소에 있지 지성적 태도에 있는 것이 아닙니다. 문제의 발단은 늘 감정에서 시작되어 욕심이 일어나고 갈망하며 교만이 자랍니다. 인간의 이 교만은 자기의 이해력을 훨씬 뛰어넘습니다. 그 교만을 충족시키기 위해서 양심의 속삭임에도 아랑곳하지 않고 수행해 나갑니다. 세상에서 가장 무서운 힘이 바로 교만의 힘입니다. 이 교만한 것을 해결할 만한 것은 아무것도 없습니다. 이 세상에서 평화를 이룩하고 서로가 하나 되게 하는 일이 오직 한 가지 있다고 다시 한 번 여러분에게 강조합니다. 분단된 모든 사람들을 하나 되게 하며 참된 평화가 수립되게 하는 유일한 길은 바로 그리스도의 십자가입니다. 사도 바울이 왜 십자가만을 자랑한다고 했는지를 아시겠습니까?

간단명료한 답을 주는 십자가

이제 십자가가 이 일을 어떻게 수행하느냐란 문제를 검토해 봅시다. 이 일은 간단합니다. 복음은 원래 간단한 것이지 복잡한 것이 아닙니다. 왜냐하면 십자가는 문제의 근원이 무엇인지를 잘 알고 있기 때문입니다. 십자가를 떠나서 문제의 원인이 무엇인지를 찾으려고 애쓰는 노력은 시간만 낭비하는 것입니다. 평화를 이루는 방법은 오직 한 가지이며, 그 방법만이 우리에게 참된 평화를 안겨 줍니다. 십자가가 하는 일을 봅시다. 우선 십자가는 우리가 어떤 존재인지를 보여 줍니다. 물론 우리는 언제나 우리 자신을 숨기려고 합니다. 그렇지 않습니까?

우리는 "문제의 원인이 제게 있는 것이 아닙니다. 저 사람에게 있어요"라고 말합니다. 부부가 서로 헤어질 때 뭐라고 하는지 아십니까? 서로 "남편이 나빴다", "아내가 잘못했다"라며 책임을 전가하기에 바쁩니다. 남편이 하는 말을 들어봅시다. "이 여자는 도대체 구제불능입니다." 아내가 하는 말을 들어봅시다. "내 남편이란 작자하고는 더 이상 살 수 없어요." 언제나 문제의 발단은 상대방에게 있다는 것이 우리의 주장입니다. "내게는 잘못이 없어요. 난 착한 사람입니다. 난 법 없이도 사는 사람이입니다." 이것이 우리의 모습입니다.

문제는 내게 있는 것이 아니라 사람들이 우리를 오해하는 데 있다고 말합니다. "우리는 평화를 사랑하는 자요, 우리 중 그 어느 누구도 다투기를 좋아하지 않습니다. 그런데 늘 다른 자들이 와서 시비합니다". 이것이 우리의 모습입니다.

사랑하는 여러분! 복음이 뭐라고 알려 주는지 귀 기울이십시오. 십자가가 하는 일이 무엇입니까? 십자가는 여러분이 어떤 존재인지를 보여 줍니다. 세상의 그 어떤 것도 이 일을 할 수가 없습니다. 그러나 십자가는 여러분이 누구인지를 정확히 진단하고 있습니다. 인간을 겸손하게 하고 나라들이 평화롭게 되는 길은 이 세상의 그 무엇으로도 가능하지 못합니다. 그러나 오직 그리스도의 십자가만이 이 일을 가능하게 합니다. 십자가를 떠난 우리의 모든 노력은 헛수고에 지나지 않습니다. 실패의 연속입니다. 십자가는 우리에게 아주 간단명료한 대답을 주고 있습니다.

하나님의 아들이 이 세상에 왜 오셨는지를 생각해 봅시다. 하늘의 그 영광스러운 보좌를 버리시고 이 땅에 오신 이유가 무엇입니까? 어린아이의 모습으로 태어나신 이유가 무엇입니까? 인간의 몸을 왜 취했습니까? 오직 한 가지 대답이 있습니다. 인간이 스스로를 구원할 수 없기 때문입니다. 그분은 이렇게 말씀하셨습니다. "인자가 온 것은 잃어버린 자를 찾아 구원하려 함이니라"(눅 19:10).

제가 십자가를 생각하며 거기에서 운명하시는 그분의 모습을 생각할 때마다 그분은 늘 그렇게 말씀하십니다. "네가 자랑할 만한 것이 무엇이 있느냐? 네 자신은 언제나 실패자이니라." 내가 완전히 실패한 인간이기에 주님이 오신 것입니다. 그가 오심은 단순히 이 세상에서 가르치시고 복음을 전해 주시기 위해서가 아니라, 십자가에서 죽기 위하여 오신 것입니다.

이 세상에는 우리를 구원해 줄 것이 아무것도 없습니다. 우리는 그분의 가르침을 지키지 못하는 자입니다. 산상수훈에서 가르쳐 주신 예수 그리스도의 교훈을 어떻게 다 지킨단 말입니까? 내 자신의 뜻대로도 다른 사람을 기쁘게 못하는 내 자신이 어떻게 그 교훈에 순종하며 살 수 있습니까? 절대로 불가능합니다. 그러므로 주님은 우리가 어떤 존재인지를 밝히 드러내 주시는 것입니다.

다소의 사울이었던 사도 바울을 생각해 보십시오. 그는 팔일만에 할례를 받고 이스라엘의 족속이요 베냐민의 지파요 히브리인 중의 히브리인이요 율법으로는 바리새인이요 열심으로는 교회를 핍박하고 율법의 의로는 흠이 없는 자였습니다. 그는 정말 자기를 자랑할만 했습니다. 윤리나 도덕적, 또는 종교적으로 보아도 흠잡을 데가 하나도 없었습니다. 바리새인들 중에서도 으뜸갔습니다. 그런데 그가 그리스도를 만나게 되었습니다. 그분의 존귀하신 모습을 흘끗 한 번 바라본 그 순간, 그는 철저히 낮아져 버렸습니다. 성령으로 말미암아 비추어진 그리스도의 광채가 그의 모든 생각을 떨쳐 버리게 했습니다. 그는 즉각 자신이 율법을 지킬 수가 없는 존재임을 확신했습니다. 그는 율법 중에서 '탐심'이란 작은 낱말을 기억하지 못한 자였습니다. "탐내지 말라"는 말씀을 전혀 생각해 본 적이 없었습니다.

그는 전생애를 통해 율법 공부에 열중하여 율법에 능통한 자였습니다. 율법에 대한 그 어떤 시험에서도 늘 정상을 지켰던 그였습니다. 그런데 탐내지 말라는 말씀을 생각하지 못했습니다. 그는 "율법으로 말미암지 않고는 내가 죄를 알지 못하였으니 곧 율법이 탐내지 말라 하지 아니하였더면 내가 탐심을 알지 못하였으리라"(롬 7:7)고 했습니다. 그런 그가 그리스도를 바라본 순간 완전히 깨닫게 된 것입니다.

"전에 율법을 깨닫지 못했을 때에는 내가 살았더니"- 내가 완전한 사람이요, 하나님 앞에 흠이 없는 자로 여겼는데 - "계명이 이르매 죄는 살아나고 나는 죽었도다"(9절). 자기가 완전하다고 여겼던 바울은 "오호라 나는 곤고한 사람이로다 이 사망의 몸에서 누가 나를 건져내랴"(24절)고 외쳤습니다. 그는 정신이 없었습니다. 심령이 복잡했습니다. "내가 원하는 바 선은 행하지 아니하고 도리어 원하지 아니하는 바 악을 행하는도다 만일 내가 원하지 아니하는 그것을 하면 이를 행하는 자는 내가 아니요 내 속에 거하는 죄니라 그러므로 내가 한 법을 깨달았노니 곧 선을 행하기 원하는 나에게 악이 함께 있는 것이로다 내 속사람으로는 하나님의 법을 즐거워하되 내 지체 속에서 한 다른 법이 내 마음의 법과 싸워 내 지체 속에 있는 죄의 법으로 나를 사로잡는 것을 보는도다 오호라 나는 곤고한 사람이로다 이 사망의 몸에서 누가 나를 건져내랴"(19-24절).

이것이 그리스도의 십자가가 바울에게 보여 준 내용입니다. 그리스도의 십자가를 본 바울은 자신이 모든 언행심사에 있어서 철저하게 실패한 자였음을 깨달았습니다. 그에게 자랑할 것이라곤 아무것도 없었습니다. 철저히 부숴져 버린 곤고한 인간임을 자각했습니다. 십자가는 그를 겸손하게 했고 낮아질 대로 낮아진 인간이 되게 했습니다. 바울처럼 우리의 모습을 발견한다면 다른 사람이 어떻다고는 생각하지 않을 것입니다.

편애하는 법이 없는 십자가

십자가의 교훈은 여기에서 끝이 아닙니다. 또 다른 한 가지를 알려 주고 있습니다. 십자가는 우리에게 언제나 다른 사람들에 대해서도 참된 것을 보여 줍니다. 십자가는 양쪽을 다 새롭게 하며, 누구를 더 편애하는 법이 없이 똑같이 취급합니다. 그러니 십자가는 놀라운 것이 아닐 수 없습니다. 나 자신이 먼저 낮아져야만 합니다. 내가 낮아지지 않는 한 십자가는 무용지물입니다. "다른 사람이 문제지, 난 괜찮아"라고 말하는 한 십자가는 아무런 의미가 없습니다. 나 자신의 교만을 꺾어야 십자가가 다른 사람들에 대해서 깨닫도록 도와줍니다.

십자가는 사람들의 피부색이 어떻든지, 부자이든지 가난한 자이든지, 많이 배운 지성인이든지 무식한 사람이든지 가리지 않고 모든 사람이 영혼을 지닌 같은 인간임을 보여 줍니다. 십자가 앞에서는 강한 자나 약한 자나 모두가 다 같은 인간임을 깨닫게 해 줍니다. 다른 사람들도 나처럼 똑같이 하나님의 형상으로 지음받은 자들입니다. 우리 모두는 인간성의 숭고함과 더불어 하나님 앞에 서 있는 자들입니다. 그런데 왜 우리들은 상대방만을 비난합니까? 이것이 큰 문제입니다. 내 자신을 낮추지 않고는 그 이상을 볼 수 없습니다.

난 늘 "저들이 잘못했지. 난 잘했는데, 저들이 참 나쁘단 말이야"라고 말해 왔습니다. 그러나 지금의 저는 내 자신이 얼마나 잘못되어 있는지를 보고 있습니다. 우리 모두가 잘못되어 있음을 봅니다. 상대방을 보는 나의 태도는 새로워졌습니다. 내 자신이 그랬던 것같이 그들 모두도 사탄에게 당한 피해자들입니다. 사탄의 지배를 받고 있는 자들입니다.

저는 이 사실을 깨닫고 나서는 이제 그들에게 연민의 정을 보냅니다. 다시 말해서 십자가가 저를 이렇게 만든 것입니다. 십자가는 우리가 어떤 존재인지를 밝히 보여 줍니다. 그 순간 우리들은 다른 사람들과 조금도 다를 바가 없음을 깨닫게 됩니다.

지난 전쟁 기간 중에 적의 공습을 피하고 있던 공작부인과 한 평민이 나눈 대화를 우리는 기억합니다. 그들이 나눈 우정의 대화는 참으로 멋있습니다. 죽음 직전에 있을 때, 우리의 신분은 중요하지 않습니다. 출신이 어딘지, 족보가 어떠한지도 중요한 것이 아닙니다. 모두가 죽음의 문턱을 통과해야 할 판에 그런 것을 따질 여유도 필요도 없는 것입니다. 그러므로 내가 다른 사람들보다 특출난 신분의 사람이라는 사실을 기억하지도 않게 됩니다.

십자가가 바로 이 같은 일을 합니다. 우리 모두가 공작이든 서민이든 똑같은 인간임을 보여 줍니다. 모든 인간은 다 죄인입니다. 모든 인간은 다 실패한 자이며 비참한 처지에 빠져있는 친구들입니다. 소망도 없는 무기력한 존재입니다.

여러분이 유대인으로서 다른 이방인들과 마찬가지로 똑같이 실패한 사람이라면서 자랑할 것이 무엇입니까? 율법을 지키지도 않으면서 율법을 갖고 있는 것이 뭐가 대단합니까? 지능지수만 높고 어떻게 살아야 할지도 모르는데 뭐가 자랑스럽습니까? 여러분의 심령은 번민과 고통으로 가득 차 있고, 시기와 미움과 살기가 득실거리는데 부자라고 해서 자랑할 것이 뭐가 있습니까? 갖고 있는 부를 무엇을 위해 사용합니까? 이 모든 것의 목적이 무엇입니까? 십자가가 우리의 교만을 겸손하게 합니다.

온 세상을 품에 안은 어린양

모든 인간을 똑같은 처지로 이끄는 것은 그리스도의 십자가뿐입니다. 모든 사람이 죄를 범하였으므로 하나님의 영광에 도달하지 못합니다. 모든 국가와 그 속에 산재해 있는 분파들 또는 개개인의 다른 점이 무엇입니까? 여러분이 그리스도의 십자가를 본다면 그 모든 차이가 아무것도 아님을 깨닫게 될 것입니다. 모든 인간은 비참하기 그지없고 소망도 없는 허약한 죄인들입니다. 여러분이 자랑할 만한 것은 조금도 없습니다.

마치 바울이 빌립보서 3장 7-9절에서 고백하고 있듯이 자랑할 만한 것이 없습니다. "그러나 무엇이든지 내게 유익하던 것을 내가 그리스도를 위하여 다 해로 여길 뿐더러 또한 모든 것을 해로 여김은 내 주 그리스도 예수를 아는 지식이 가장 고상하기 때문이라 내가 그를 위하여 모든 것을 잃어버리고 배설물로 여김은 그리스도를 얻고 그 안에서 발견되려 함이니 내가 가진 의는 율법에서 난 것이 아니요 오직 그리스도를 믿음으로 말미암은 것이니 곧 믿음으로 하나님께로부터 난 의라."

십자가의 이 메시지를 깨달으면, 인생의 가장 밑바닥에 처해 있는 낙오자요 소망이 없는 죄인인 자신의 모습을 발견하게 됩니다. 이런 사람이 할 수 있는 일은 아무것도 없습니다. 여러분의 다정한 이웃도 여러분에게 해 줄 수 있는 것이 없습니다. 여러분 모두가 다 무력한 인간이요 절망의 구렁 속에 갇혀 있는 인간이기 때문입니다. 그러나 우리가 하나님께 감사하는 것은 하나님이 우리를 그런 자리에 머물러 있게 내버려 두지 않으신다는 사실입니다. 세상 죄를 지고 가는 하나님의 어린양, 우리의 구세주를 바라보십시오.

그분은 세계의 구세주일 뿐 아니라, 철의 장막 안에 갇혀 있는 모든 사람들의 구세주이십니다. 그분은 자본주의 사람들을 구원하시는 것처럼 공산주의자들도 능히 구원하실 수 있는 분입니다. 그분은 백인만 구원하시는 것이 아니라 흑인도 구원하십니다. 그분은 죄인인 모든 인간을 구원해 주시기 위해서 세상에 오셨습니다. 그는 세상의 구주로, '세상 죄를 지고 가는 하나님의 어린 양'으로 세상에 오셨습니다. "다른 이로써는 구원을 받을 수 없나니 천하 사람 중에 구원을 받을 만한 다른 이름을 우리에게 주신 일이 없음이라"(행 4:12).

온 세상을 가슴에 안고 계신 분이 여기 계십니다. 절망 가운데 헤매는 인생들이 이제 그분을 바라볼 수 있습니다. 십자가의 놀라운 점이 바로 이것입니다. 주님은 우리를 구원하십니다. 구원이란 우리가 성취하는 것이 아니라 주님이 이루시는 것입니다. 그분이 십자가를 지셨습니다. 하나님의 어린양으로서 자신을 복종시키신, 그의 아버지로 말미암아 우리의 죄악을 등에 지신 주님의 사역입니다. 우리가 받아야 할 모든 고통과 형벌을 당하신 그분이 우리를 구원하십니다. 그분만이 이 일을 이루십니다.

우리 중 그 어느 누구도 자랑할 것이 조금도 없습니다. "너희는 그 은혜에 의하여 믿음으로 말미암아 구원을 받았으니 이것은 너희에 의하여 난 것이 아니요 하나님의 선물이라 행위에서 난 것이 아니니 이는 누구든지 자랑하지 못하게 함이라"(엡 2:8-9). 우리는 구제 대상자들입니다. 주님은 우리 모두에게 평화라는 선물을 주셨습니다. 우리가 한 것은 아무것도 없으며 구원을 위해 할 수 있는 일도 없습니다. 주님께서 이 일을 성취하셨습니다. 바울은 로마서를 기록하면서 묻고 있습니다. "그런즉 자랑할 데가 어디냐 있을 수가 없느니라"(롬 3:27). 성경은 "자랑하는 자는 주 안에서 자랑하라 함과 같게 하려 함이라"(고전 1:31)고 말씀하십니다. "누가 너를 남달리 구별하였느냐 네게 있는 것 중에 받지 아니한 것이 무엇이냐"(고전 4:7)라고 반문합니다.

이와 같이 십자가는 모든 인간들을 - 그가 어떤 모습을 지녔든지 - 하나 되게 하고 있습니다. 우리는 모두 다 죄인이요 실패자입니다. 소망이 없고 연약한 인간입니다. 그러면서 우리는 오직 주님만을 믿는 하나님의 은혜로 말미암아 하나님의 영생을 함께 나누는 자이며 영광의 소망을 지닌 형제들입니다. 한결같이 한 구세주만을 바라보며 거기에서 감격합니다. 그 주님을 함께 찬양하며 즐거워합니다. 기쁜 마음으로 주님만을 사모합니다.

이것만이 우리로 하여금 이 세상에서 참된 평화를 얻게 하는 유일한 길입니다. 십자가는 유대인과 이방인 사이에 놓여진 분단의 장벽을 허물어 버렸습니다. "모든 사람이 죄를 범하였으매 하나님의 영광에 이르지" 못합니다. 국가나 개인들이 아직도 교만한 자세로 의기양양해 있는 한 증오와 악, 그리고 미움과 전쟁 및 잔인함과 무서운 공포는 끊어질 날이 없을 것입니다. 그러나 누구든지 그리스도의 십자가상의 못 박히심을 바라볼 때 그 순간 예수 그리스도 안에 있는 진리가 무엇인지를 깨닫게 되고 모든 미움은 사라지고 자랑삼아 말하던 모든 것이 배설물이 됩니다. 오늘날 세상의 소망이 여기 있습니다.

세상에 붙은 욕심을 헛된 줄 알고 버리네.

당신은 어떤 존재입니까? 어떻게 살아가고 있습니까? 지성인이라고 자처하는 여러분의 삶은 어떻습니까? 모든 문제를 알고 있다는 여러분이 자행하고 있는 것이 무엇입니까? 여러분이 처해 있는 곳이 어디입니까? 자기만족에 도취되어 사는 사람은 자신에 대해서 솔직히 말하십시오. 십자가로 나올 준비가 되었습니까? 냉철히 자신을 반문할 준비가 되었습니까? 자신에 대해서 솔직히 말하십시오. 여러분이 어떻게 살고 있는지 인정하시겠습니까?

우리들은 매우 어리석은 존재입니다. 모두가 질투와 시기와 욕정의 생각들로 가득 차 있습니다. 심령 속에 살의를 품지는 않았습니까? 텍사스 주 댈러스에서 벌어진 암살사건을 당신이 하지는 않았다고 하더라도, 당신은 심령 속에서 이미 그 일을 저지른 자입니다. 하루에도 수십 번이나 사람들을 증오함으로써 살인을 합니다. 저주받아 마땅한 우리들입니다. 미움과 증오가 섞여 분열을 조장하고 장벽을 쌓게 합니다.

이런 사실을 이야기해 주는 것은 오직 십자가뿐입니다. 십자가만이 교만한 인간들과 도도하게 구는 모든 열방들을 겸손하게 만들 수 있는 까닭은 우리 주 예수 그리스도의 십자가로 말미암아 계시되어진 이 진리 때문입니다.

십자가의 겸손

십자가가 무엇인지 그 진리를 한 번만이라도 깨달으면 우리는 겸손해질 수밖에 없습니다. 여러분에게 뽐내고 자랑할 만한 것은 전혀 없으며 미움과 질투도 사라지게 됩니다. 우리 모두가 다 죄인이지만 십자가로 말미암아 구원받게 된 사실을 하나님께 감사합시다. 십자가는 여러분을 존귀하게 만듭니다. 뿐만 아니라 다른 사람들도 존귀하게 만듭니다. 십자가는 서로를 새롭게 함으로 평화를 이룹니다.

여러분은 모든 간구와 찬양과 감사와 더불어서 하나님께 담대히 나아갈 수 있게 되었습니다! 십자가만이 분열된 모든 인간을 하나로 만들 수 있으며, 또한 복음의 진리를 고백하는 모든 사람을 한자리에 모을 수 있습니다. 이들은 주님께서 그의 피로 값을 치르고 사셔서 우리에게 선물로 준 새생명을 마음껏 즐기게 될 것입니다.

저는 여러 측면에서 케네디 대통령의 암살사건을 계기로 모든 국가가 하나 되는 일에 힘써 줄 것을 소원하고 있습니다. 그러나 그렇게 되지 못할 줄을 압니다. 그렇게 될 수가 없습니다. 어쩌면 더 많은 분쟁과 증오가 생길 것입니다. 그러나 여기 십자가를 보십시오. 살인자가 있고 죽임당하시는 분이 계십니다. 그러나 이 사건은 화해되어질 수 있는 사건입니다. 왜냐하면 십자가가 인간들을 하나님께 화목시켜 주기 때문입니다. 십자가에서의 주님의 죽으심은 우리를 화목하게 만들어 줍니다.

국가적인 차원을 생각지 말고 먼저 여러분 스스로를 점검해 봅시다. 옛 교만이 아직도 자리잡고 있습니까? 그것이 아직도 여러분을 지배하고 있습니까? 저는 하나님께서 그리스도의 광채 안에서 당신이 어떤 존재인지를 깨닫게 해 주실 것을 간절히 기도합니다. 우리의 더럽고 추악한 모든 교만함이 사라지고, 소망이 없는 가운데 방황하는 자신의 모습을 발견할 수 있기를 기도합니다. 우리를 한없이 사랑해 주시는 그 주님을 바라볼 수 있기를 바랍니다. 우리의 구원을 위해 자신의 생명을 아낌없이 주신 주님을 바라볼 수 있기를 간구합니다. 우리가 하나님과 화목하게 되도록 생명을 포기하신 주님을 바라보기를 권면합니다. 우리가 서로 화목하게 되도록 자신의 생명을 주신 주님을 바라보도록 기도합니다.

내게는 우리 주 예수 그리스도의 십자가 외에는 결코 자랑할 것이 없습니다.

PART 3

십자가,
죽음이 아닌 생명의 시작

THE CROSS

7

말하는 그리스도의 십자가

뿌려진 예수의 피, 버려진 인생들을 향한 초청

지금까지 우리는 어떤 의미에서 아이작 왓츠의 찬송과 함께 십자가를 생각해 왔다고 볼 수 있습니다. 우리가 시도해 본 모든 설명은 큰 산을 정복할 때와 같은 것이었습니다. 산을 정복하려는 사람은 먼저 정복해야 할 산을 다양한 측면에서 둘러봅니다. 그러면서 정말 이 산이 마음속에 늘 자리잡고 있던 그 산인가를 생각합니다. 산의 모습은 사실 우리가 보는 관점에 달려 있습니다. 산이 크면 클수록, 또 바라보는 위치가 많으면 많을수록 산의 아름답고 장엄한 풍경을 이번에는 이런 모습으로, 다음에는 저런 모습으로 두루 볼 수 있게 됩니다.

이처럼 우리도 십자가 주위를 걸어보며, 여러 측면으로 바라보았습니다. 그러면서 생각하고 관찰하며 십자가를 이야기했습니다. 그렇게 시도하는 것은 틀린 것이 아닙니다. 우리는 계속해서 십자가를 바라보아야 합니다.

십자가는 살아서 증언한다

지금부터는 십자가를 조금 다른 각도에서 생각하고자 합니다. 성경의 교훈에 의하면 십자가는 다음과 같은 측면에서 매우 놀라운 것입니다. 즉 십자가는 살아서 역사하며 증언합니다. 이런 관점에서 십자가를 생각해 보셨습니까?

히브리서 12장을 보면 저자는 우리가 어디로 가고 있느냐고 묻습니다. 우리가 시내산으로 되돌아가는 삶을 살아서는 안 된다는 말씀입니다. 즉 우리는 새 언약 아래 놓여 있으며 새 시대에 살고 있다는 말씀입니다. 그러면서 우리가 당면한 문제들을 열거하고 있습니다. "그러나 너희가 이른 곳은 시온산과 살아 계신 하나님의 도성인 하늘의 예루살렘과 천만 천사와 하늘에 기록된 장자들의 모임과 교회와 만민의 심판자이신 하나님과 및 온전하게 된 의인의 영들과 새 언약의 중보이신 예수와 및 아벨의 피보다 더 나은 것을 '말하는 뿌린 피'니라"(12:22-24). 십자가의 피가 말한다고 말씀합니다.

로마서 3장 24-26절 말씀 안에는 분명한 대조가 있습니다. 바울은 "그리스도 예수 안에 있는 속량으로 말미암아 하나님의 은혜로 값 없이 의롭다 하심을 얻은 자 되었느니라 이 예수를 하나님이 그의 피로써 믿음으로 말미암는 화목 제물로 세우셨으니 이는 하나님께서 길이 참으시는 중에 전에 지은 죄를 간과하심으로 자기의 의로우심을 나타내려 하심이니 곧 이 때에 자기의 의로우심을 나타내사 자기도 의로우시며 또한 예수 믿는 자를 의롭다 하려 하심이라"(자기의 의로우심을 '나타내려 하심이니'라는 우리말 성경보다 자기의 의로우심을 '선언'하려 하심이니라고 저자는 사용하였다-역주)고 말씀하셨습니다. 이 말씀에 보면 말하는 것과 선언문이 있고, 또 나타내시는 것도 있으며 선포하는 것도 있습니다. 이것은 복되신 우리 구세주의 십자가를 바라보는 방법 중에서 가장 놀라운 방법이라고 할 수 있습니다. 이 사실은 저와 여러분이 지금 함께 십자가를 생각하고자 하는 기준점에서부터 나타납니다.

말하는 그리스도의 십자가를 보신 적이 있습니까? 십자가가 증언하는 메시지를 들어보셨습니까? 그리스도의 십자가는 설교하고 있습니다. 십자가의 보혈이 말을 합니다. 십자가가 증거하는 것입니다. 그것을 들어보셨습니까?

히브리서를 쓴 저자는 바울과 마찬가지로 즐거워하고 있습니다. 그는 하나님께 감사합니다. 그는 십자가가 아벨의 피보다 낫다고 말하고 있습니다. 아담과 하와의 아들 가인과 아벨에 대한 이야기를 잘 아시리라 생각합니다. 가인이 동생 아벨을 어떻게 살해했으며 피 흘림이 어떠했는지 기억하십니까? 가인은 동생을 죽였습니다. 그래서 아벨의 피가 땅에 뿌리워졌고, 이제 복수해 달라고 호소하고 있습니다. 형벌과 보복을 위한 외침입니다.

히브리서는 저와 여러분이 만나게 될 피가 아벨의 피와 같은 것이 아님을 말씀하고 있습니다. '아벨의 피보다 낫게 말하는' 흘린 피입니다. 때문에 신약 시대의 모든 성도가 십자가의 보혈로 즐거워했던 것입니다. 앞서 간 수많은 성도가 십자가의 보혈을 즐거워했던 이유가 여기에 있습니다. 피가 말합니다. 세상이 처음 들어보는 최고의 것들을 피가 말해 줍니다.

이 시간 저는 여러분의 관심을 그리스도의 십자가로 돌렸습니다. 그 십자가의 보혈이 오늘 우리에게 말하는 것으로 이끄는 것입니다. 다시 말해서 십자가가 증언하는 말씀에 귀 기울이자는 것입니다. 그리스도의 십자가만큼이나 하나님에 관한 진리를 명확히 설명해 주는 것은 없습니다. 성경은 이 사실을 입증해 줍니다. 그리스도의 십자가는 우리 앞에 그 진리를 보여 주며 증거합니다. 십자가 메시지에 귀 기울여 보셨습니까? 십자가를 설교라고 여긴 적이 있습니까? 십자가가 여러분에게 증언하고 있는 것이 무엇인지를 귀담아 들으셨습니까? 갈보리 언덕 위의 십자가에 담긴 놀라운 진리를 들어보십시오!

십자가의 경이로운 면

지금 다른 측면에서 십자가를 바라보며 십자가의 필요성에 대해 계속적으로 전해야 할 분명한 이유가 있습니다. 그것은 십자가의 놀랍고 경이로운 면입니다. 늘 새롭게 설교하게 하는 신선한 맛이 이 십자가에 있습니다. 가장 놀랍고 핵심적인 말씀의 선포가 그 속에 있는 것입니다. 이처럼 한 가지 사실을 다양한 측면에서 관망할 수 있는 것 중에서 이것만큼 위대한 것은 없습니다. 그렇기 때문에 사도 바울이 십자가만을 자랑한다고 하는 것입니다. 바울은 십자가 자랑에는 끝이 없다고 말합니다. 혹시 여러분 중에는 십자가에 관해서 모든 것을 다 안다고 말하시는 분이 계실지도 모릅니다. 하지만 그런 분들은 곧 자신의 생각이 잘못되었음을 발견할 것입니다.

제 개인적인 이야기를 하겠습니다. 웨스트민스터의 설교단을 지켜 온 이 26년 동안 저는 철저히 저의 어리석음에 따라 의문을 갖거나, 이제 너는 가진 것을 다 설교했으니 더 이상 말할 것이 없다고 말하는 마귀에게 시달린 시기들이 있었습니다. 지금에 와 하나님께 감사드리는 것은, 저는 여전히 설교 사역의 시작점에 서 있는 것처럼 느낀다고 말할 수 있기 때문입니다. 십자가의 이 영광스러운 메시지에는 마침이 없습니다. 십자가가 선포될 때는 항상 이전에는 전혀 보지 못했던 새롭고, 신선하며, 황홀하게 하고, 감동적이며, 기쁨을 고취시키는 무언가가 있기 때문입니다. 그러므로 십자가가 말하는 것에 우리는 귀 기울여야만 합니다.

첫 번째로 십자가가 말하는 것은 한 인간이 된다는 것이 가장 중요하고 심각한 것이란 말씀입니다. 하나님의 아들이 십자가 상에서 죽으셨습니다. 바로 이 사실 속에 십자가에 대한 참된 의미가 있습니다. 그때 여러분은 "하나님의 아들이 왜 죽으셨는가?"라는 질문이 일어나는 것을 느낍니다. 하나님의 아들이 십자가에서 무엇을 했습니까? 십자가가 증언하는 진리를 들어보면 사람의 영혼이 아주 귀중한 것이기 때문이라고 합니다.

이 사실에 대한 우리 주님의 가르침을 기억하십니까? "사람이 만일 온 천하를 얻고도 제 목숨을 잃으면 무엇이 유익하리요 사람이 무엇을 주고 자기 목숨을 바꾸겠느냐"(막 8:36-37). 십자가는 인간의 영혼에 대해서 말하고 있습니다. 주님이 십자가 상에 계신 이유는 불멸하는 인간의 영혼의 귀중함 때문입니다.

그러므로 여러분은 즉시 십자가가 나에 대하여 말하는 바를 깨닫게 될 것이며, 하나님이 나에게 주신 인간성의 본질이 무엇인지를 듣게 될 것입니다. 십자가는 또한 이 세상에 있는 모든 인생들의 목적에 대해서도 말합니다. 이것은 내 영혼에 관한 것입니다. 내 몸도 역시 중요합니다. 그러므로 우리는 우리의 육체를 경시해서는 안 됩니다. 물론 이 세상에 있는 다른 것들도 중요합니다. 그러나 영혼이 더 중요합니다.

복음은 합법적인 것들에 대해서 평가절하를 하라거나 또는 배척하라고 가르치지 않습니다. 복음이 우리에게 증거하는 것은 인간의 영혼이 가장 귀중하다고 말합니다. 우리의 영혼은 우리가 죽어도 계속 존재하는 몸의 한 부분입니다. 영원히 존재하는 것이며 영원을 향해 가는 것입니다.

십자가는 이 사실을 강조하고 있습니다. 주님이 십자가에 계심은 우리의 육체가 고침받기 위함이 아닙니다. 우리가 영양 공급을 잘 받기 위함도 아닙니다. 좋은 옷을 입혀 주고 많은 정보나 지식을 전달해 주시기 위해서가 아니라 우리의 영혼을 구하시기 위함입니다. “인자의 온 것은 잃어버린 자를 찾아 구원하려 함이라.” 즉 잃어버린 영혼을 구원하려 함인 것입니다.

그러므로 십자가로부터 우리가 듣는 놀라운 진술이 여기에 있습니다. 가장 귀중한 것이 여러분의 영혼이라는 말을 들어 본 적이 있습니까? 그것을 실감해 본 적이 있습니까? 이 세상에서 가진 것이 무엇이든지 또 세상이 주는 것이 무엇이든지간에, 언젠가는 우리의 육체까지도 다 잃어버릴 날이 오기 때문에 불멸의 영혼은 매우 귀중한 것입니다. 세상에서 없어질 모든 것들을 두고 우리의 영혼은 떠나게 됩니다. 영원을 향해 가는 것입니다. 십자가가 이 모든 사실을 말하고 있습니다. 주님이 십자가 상에 계심은 인간의 영혼 위에 부여하신 귀중함 때문입니다.

이 점과 관련된 다른 것에 대해 생각해 봅시다. 십자가의 증언에 의하면, 하나님과의 관계가 매우 중요합니다. 우리가 하나님과의 관계가 바로 서 있지 않은 상태에서 갖는 대인관계는 정상적이지 않음을 알려 줍니다. 십자가가 이 사실을 계속해서 강조하는 이유는 모든 관계 개선이 십자가에 달려 있기 때문입니다.

모든 문제를 초월해서 궁극적으로 던져야 할 질문은 하나님과 나의 관계가 어디에서 있느냐는 것입니다. 하나님의 아들이 십자가 상에서 죽으신 이유가 무엇입니까? 그가 십자가에 달리심은 우리가 하나님과의 관계를 바로 정립하기를 원했기 때문이었습니다. 하나님 아버지께서 그 일을 수행하도록 아들 그리스도를 보내신 것입니다. "하나님께서 그리스도 안에 계시사 세상을 자기와 화목하게 하시고…"(고후 5:19). "그의 피를 믿음으로 말미암는 화목 제물"로 삼으신 것입니다.

죄의 본질, 하나님을 향한 반역

십자가가 말하는 그 다음 진리는 죄가 무엇인지를 말합니다. 다시 말해서 죄의 본질은 하나님께 대한 반역이며 하나님과의 관계를 깨뜨리는 것임을 말하고 있습니다. 이것이 죄에 대한 참된 개념입니다. 세상은 죄가 무엇인지 알지 못합니다. 그러나 십자가는 죄가 무엇인지를 말하고 있습니다.

우리는 주로 죄를 우리의 언행심사나 잘못된 행위와 관련해서 생각합니다. 물론 그런 것도 잘못 행한 죄이기는 합니다. 하지만 정말 문제가 되는 죄란 하나님께 대한 반역죄입니다. 하나님을 모독하고 하나님의 거룩한 법을 깨뜨리는 인간이 심각한 문제입니다. 하나님의 신성하심을 더럽히는 인간에게 문제가 있습니다. 자신을 최고의 경지에 올려놓고 하나님과 맞서서 하나님을 모독하는 인간이 정말 문제가 됩니다. 이것이 죄의 본질들입니다. 사람들이 저지르는 가장 두려운 일은 하나님과의 관계를 깨뜨리고 자신을 신의 자리에 올려놓는 것입니다.

세상에서 가장 무서운 것이 죄란 사실을 십자가가 증언합니다. 이 문제는 보다 나은 미래를 추구하는 언행심사에 관한 문제가 아닙니다. 십자가가 강조하며 지적하는 것은 하나님과의 관계를 말하는 것입니다. 나와 하나님과의 관계를 나의 중심과제로 만들어 주는 것도 역시 십자가입니다.

더 나아가서 십자가는 이 죄악에는 심판과 형벌이 따름을 증언해 줍니다. 십자가의 보혈이 말하는 것에 귀 기울여 보십시오. 죄에 대한 심판을 말하지 않습니까? 십자가는 하나님이 거룩하시고 의로우시며 공의로우신 분임을 증거합니다. 로마서 3장 25-26절 말씀에 보면 이 사실을 알 수 있습니다. 하나님이 죄를 싫어하신다는 것은 하나님이 어떤 분이시며 무엇을 하시는 분인지를 깨닫게 해 줍니다. 하나님은 거룩하시고 의로우신 분입니다. 그의 진노는 죄악을 향해 있습니다.

하나님의 아들이 그처럼 죽어야만 했던 이유가 무엇입니까? 주님은 하나님의 아들이시며 아버지의 명령을 어겨 본 적도 잘못 행한 것 또한 없으셨는데, 왜 죽어야만 했습니까? 우리가 이미 살펴본 것처럼 우리 중의 어느 누구도 그분에게 손가락질을 할 수는 없습니다. 세상의 뛰어난 재판관일지라도 그를 정죄할 죄목을 찾지 못합니다. 사탄조차도 그 일을 할 수는 없습니다.

그런데 주님이 죽으신 것입니다. 왜 죽으셨습니까? 십자가가 그 대답을 줍니다. 주님이 십자가 상에서 죽으심은 하나님께서 죄를 미워하시기 때문입니다. 그 죄악 위에 하나님의 진노가 놓여 있기 때문입니다. 죄는 하나님 보시기에 하찮은 것도 아니며 가볍게 여겨질 성질의 것도 아닙니다. 하나님의 속성이 죄를 금하십니다. 전 세계에 나타난 것 중에서 가장 심각한 문제가 죄입니다.

죄에 대한 문제는 가장 골치 아픈 것입니다. 전능하신 하나님께서도 이 문제를 처리하시는 데 고심하셨습니다. 바로 다음과 같은 문제 때문입니다. 창조의 모든 것들을 생각해 봅시다. 천지 창조는 참으로 놀랍고도 놀라운 것입니다. 아무것도 없는 상태였으나 하나님이 천지를 창조하셨습니다. 혼돈과 공허한 상태 위에 하나님의 신이 덮여 있었습니다. 하나님이 가라사대 "빛이 있으라 하매 빛이 있었다"라는 말씀입니다. 하나님은 단순히 말씀의 능력으로 빛을 창조하신 것입니다. 간단한 명령에 불과한 것이지만 하나님은 모든 만물을 이렇게 창조하셨습니다. 말씀 한마디로 충분했습니다. 이것이 하나님의 능력입니다.

그러나 인간의 문제, 즉 죄악 속에서 헤매는 인간, 하나님께 반역하여 쫓겨난 인간의 문제를 다루시기에는 그의 말씀만으로는 충분하지 못했습니다. 왜 그런지 아십니까? 십자가가 이 사실을 말합니다. 제가 이 사실을 증거함은 오로지 성경의 권위에 입각한 것이며 또 십자가가 그것을 증언하고 있기 때문입니다.

하나님은 죄 문제에 대해서는 "내가 네 죄를 용서하노라"고 말씀하심으로 죄를 용서하지는 않으십니다. 물론 하나님이 그렇게 하셨다면 죄 사함이 이루어졌을 것입니다. 만일 다른 방법으로 인간의 죄를 사해 주실 수 있었다고 하면, 어째서 하나님이 그의 독생자를 십자가에 다셨느냐라는 질문이 있을 수 있습니다. 왜 하나님께서 그의 아들을 십자가에다 내버리셨는가에 대해 생각해 보셨습니까? 어떻게 하나님이 그의 아들에게 그의 진노의 잔을 쏟아부으실 수 있었습니까? 어떻게 하나님이 그의 사랑하시는 아들이 큰 고통 가운데서 울부짖게 내버려 두실 수가 있었습니까? "나의 하나님, 나의 하나님 어찌하여 나를 버리셨나이까?" 목마름과 치욕을 참으면서 부르짖는 아들의 음성을 어찌 외면하실 수가 있습니까? 이 길 외에 다른 방법이 있었다면 하나님께서 그 방법을 허용하셨겠습니까?

그러나 다른 방법은 없었습니다. 천지를 창조하시는 데는 말씀 한마디로 충분했으나 우리의 죄는 말씀 한마디로 사해질 수 없는 것이었습니다. 하나님이 사람들의 죄를 용서하시기 위해서는, 먼저 그의 독생자를 하늘 보좌로부터 떠나 보내 세상에 내려가 인간의 몸을 입도록 해야 했던 것입니다. 인간과 같이 되어 인간처럼 살아야 했으며 최후에는 십자가에서 징벌을 받아 '하나님께 맞으셔야'(사 53:4)만 했습니다. 십자가는 하나님의 이 같은 거룩하신 속성을 선포합니다. 죄악의 가증스러움과 엄청나게 무서운 죄의 문제와 하나님께 대한 인간의 반역의 결과가 어떠한지를 선언하는 것이 십자가입니다.

나와 하나님의 관계

제가 묻고 싶은 것은 당신이 어떤 삶을 살고 있느냐 하는 것이 아닙니다. 성경이 우리에게 질문하고 또 십자가가 우리에게 물어오는 것은 어떤 삶을 살아가느냐 하는 것이 아닙니다. 그렇다고 도덕적인 사람이냐 비윤리적인 사람이냐에도 관심을 갖지 않습니다. 또는 생각하는 것이 무엇이냐라고도 묻지 않습니다. 성경이나 십자가가 던지는 질문은, 하나님과의 관계가 어떠하냐는 것입니다.

하나님은 인간을 그의 형상대로 창조하셨습니다. 그러므로 인간은 그의 영광을 위해서 살아야만 합니다. 아무리 말해도 싫증나지 않는 소요리문답 첫 번째 질문을 기억하십니까? "사람의 제일되는 목적이 무엇인가? 사람의 제일되는 목적은 하나님을 영화롭게 하고 그를 영원토록 즐거워하는 것입니다." 하나님이 인간을 만드신 목적은 바로 이것입니다.

여러분이 만일 하나님께 영광을 돌리지 않는다면 엄청난 죄인이라는 사실을 기억하십시오. 한 번도 간음을 범한 적이 없고 살인을 한 적도 없다고 자랑하겠지만, 그런 것은 저의 우선적인 관심이 아닙니다. 저의 제일되는 관심은 하나님의 영광을 위해서 살고 있느냐는 문제입니다. 삶의 최대 목적이 하나님입니까? 그분을 위해서 사는 삶입니까? 최고 관심의 대상이 하나님입니까? 하나님께 전폭적으로 복종하고 있습니까? 이것이 문제입니다.

이 질문이 궁극적으로 가장 중요한 질문입니다. 우리가 지켜야 할 명령이 있습니다. "네 마음을 다하고 목숨을 다하고 뜻을 다하고 힘을 다하여 주 너의 하나님을 사랑하라 하신 것이요"(막 12:30). 우리가 하나님께 최고의 관심을 두는 것만큼 귀중한 것은 없습니다. 우리가 가진 소량의 귀중한 것들이나 훌륭한 종교적인 자세가 하나님 앞에서는 쓸모없는 것이며 휴지 조각에 불과합니다.

주님은 충성된 태도를 원하십니다. 삶의 중심을 원하십니다. 그 외에 그 무엇을 드린다 해도 하나님을 흡족케 해 드리지 못합니다. 십자가, 십자가의 피가 이 사실을 말하고 있습니다. 그런데 인간이 하나님의 이 같은 요구에 이르지 못하기 때문에 주님이 십자가에서 죽으셨습니다. 십자가는 이 모든 사실을 상세히 설명하고 있습니다. 그러므로 우리는 십자가가 말하는 것을 귀담아 들어야만 합니다. 겉으로만 감동적인 척하지 마십시오. 자세히 십자가를 음미하십시오. 그리고 질문하십시오. 십자가가 무엇을 의미하는지 말입니다. 십자가가 여러분 개개인에게 말하고 있는 것이 무엇인지 귀 기울여 들으십시오. 뿌려진 피가 오늘 이 순간에도 여러분에게 외치는 소리를 듣게 될 것입니다.

십자가의 능력 있는 선언

이제는 그 다음 단계로 넘어가도록 하겠습니다. 십자가는 단순히 말하는 것이 아니고 선언합니다. 그곳에는 능력이 있습니다. 십자가의 선언은 능력 있는 선포입니다. 그래서 우리는 하나님께 감사드립니다.

바울 사도는 로마서 3장 말씀을 무척 소중하게 여겼습니다. 그는 "이 예수를 하나님이 그의 피로써 믿음으로 말미암는 화목 제물로 세우셨으니 이는 하나님께서 길이 참으시는 중에 전에 지은 죄를 간과하심으로 자기의 의로우심을 나타내려 하심이니…"(롬 3:25)라고 말씀하셨습니다. 이 말씀이 무엇에 대해 말하는지 이해하십니까? 사도 바울은 '조는 자여 일어나 들을지어다'라고 외칩니다. "…나타내려 하심이니…." 하나님이 나타내시고자 하신 선언문을 눈여겨 읽으셨습니까? 그 장엄한 선포를 귀담아 들으셨는지요? 그렇다면 십자가가 선언하고 있는 것은 무엇입니까?

바울은 이 사실을 고린도후서 5장 19-21절에서 다른 방법으로 설명하고 있습니다. "곧 하나님께서 그리스도 안에 계시사 세상을 자기와 화목하게 하시며 그들의 죄를 그들에게 돌리지 아니하시고 화목하게 하는 말씀을 우리에게 부탁하셨느니라 … 하나님이 죄를 알지도 못하신 자로 우리를 대신하여 죄로 삼으신 것은 우리로 하여금 그 안에서 하나님의 의가 되게 하려 하심이니라"고 했습니다. 이 모든 말씀이 무엇을 의미하는 것입니까? 십자가가 설명하고 있는 것은 인간의 죄 문제를 취급하시는 하나님의 방법입니다. 이 문제보다 더 심각한 문제는 아무것도 없습니다. 이 문제에 대한 해결점을 십자가가 설명해 주고 있습니다. 즉 십자가는 이 문제를 다루시는 하나님의 방법을 선언합니다.

우리 주님은 이 사실을 그의 가르침 속에서 이미 설명해 주었습니다. 그러나 사람들이 깨닫지를 못했습니다. 심지어 주님의 제자들도 이것을 이해하지 못했습니다. 제자들도 유대인들이 추구하는 지상 천국을 염두에 두었던 것입니다. 인간들은 하나님 나라의 놀랍고도 영광스러운 축복들을 물질화하려고 늘 애씁니다. 그들은 "이 왕국이 언제나 도래할 것인가?" 하고 의문을 품었습니다. 심지어 주님이 부활하신 이후에도 같은 질문을 했습니다. 제자들조차 주님이 죽기 위해 오셨다는 것이 무엇을 의미하는지를 깨닫지 못했습니다. 주님은 "인자가 온 것은 섬김을 받으려 함이 아니라 도리어 섬기려 하고 자기 목숨을 많은 사람의 대속물로 주려함이라"고 말씀하셨습니다. 그러나 제자들은 이 말씀을 귀담아 듣지 않았습니다. 십자가에서도 주님은 이 말씀을 다시 언급하셨습니다. 그럼에도 불구하고 제자들은 깨닫지 못했습니다. 어떤 사람들은 주님께 죄송하다고 생각했고 또 어떤 자들은 주님을 동정하며 위로했습니다.

반면에 어떤 자들은 조소를 퍼붓기도 했습니다. 그러나 이 무리들은 모두 무슨 일이 벌어졌는지를 깨닫지 못했습니다. 지금 이 시간 십자가가 선언하는 것처럼 주님이 말씀하신 것과 또 십자가가 말하는 것은 인간의 죄 문제를 해결하시는 하나님의 방도(方道)입니다. 이 놀라운 사실을 십자가가 선언합니다.

다시 말해서 십자가가 우리에게 말하는 것은 하나님의 아들을 우리의 대속물로 십자가에 달려 죽게 하신 분이 하나님이라는 사실입니다. 여기서 사용된 하나님께서 '세우셨으니'(롬 3:25)라는 말은 바로 하나님이 이 일을 세우시고 작정하셨다는 말씀입니다. 또 다른 주요한 표현은 '나타내려 하심이니'(저자는 '선언하다'라고 표현한다-역주, 롬 3:25)라는 글귀입니다. 사도 바울은 우리를 사신(使臣)이라고 했습니다. 사신으로서의 임무는 본국의 대통령으로부터 부여받은 전갈을 깊이 새기며 그 전갈을 선언하는 것입니다. 바울은 자기가 선언하도록 부여받은 이 사실을 사람들에게 선포했습니다. 이와 마찬가지로 모든 설교자들은 그리스도를 위한 사신들입니다. '그리스도를 대신하여' 여러분들에게 호소하는 것입니다. 이런 표현들이 이 말씀에 사용된 글귀들입니다.

그러므로 십자가의 선언은 그리스도의 왕국을 대표하는 공적인 선포입니다. 꾸며낸 이야기나 이론이 아닙니다. 십자가의 선언은 이천 년 전 갈보리산 십자가에서 벌어진 일을 증언하는 것입니다. 이것은 역사적인 사건이요 공적으로 이루어진 일이며 눈에 드러난 사건으로, 모든 세상이 다 아는 사실입니다. 이 일을 하나님이 나타내 보이셨습니다. 하나님이 선언문을 작성하셨고 이 선언문에 귀 기울일 것을 말씀하셨습니다.

죄 용서를 통해 보이신 확증

주님이 교훈하신 것이 무엇입니까? 그것은 사도 바울이 로마서 3장에서 잘 표현해 주고 있습니다. 그것은 가장 놀라운 것입니다.

하나님은 우리의 죄를 용서하시는 하나님으로 자신을 확증하셔야만 하셨습니다. 이런 사실을 생각해 본 적이 있습니까? 이것은 여러분에게 용서의 문제를 나타내신 것입니다.

우리 모두가 안고 있는 문제는 우리가 하나님을 모르고 있다는 것입니다. 우리는 하나님을 감상적으로 생각합니다. 사랑의 참된 뜻이 무엇인지를 정확히 알지 못합니다. 거룩하다는 것도 무슨 의미인지 잘 모릅니다. 그러나 사도 바울의 증거에 의하면 이런 요소들을 하나님이 갖고 계십니다. 그러므로 그는 죄를 사하시는 하나님이심을 확증하셔야만 합니다. 그래서 하나님이 그의 독생자를 보내시사 "그의 피로 인하여 믿음으로 말미암는 화목 제물로 세우셨으니 이는 하나님께서 길이 참으시는 중에 전에 지은 죄를 간과하심으로 자기의 의로우심을 나타내려 하심"이었습니다.

죄를 벌하신다고 말씀하시는 거룩하신 하나님이 죄를 어떻게 용서하실 수 있습니까? 하지만 하나님은 이미 구약 시대의 이스라엘 백성을 용서하지 않았습니까? 이스라엘 사람들은 매일 회개해야만 했으며 하나님께 용서를 빌어야만 했습니다. 하나님은 그들을 용서해 주셨습니다. 구약의 전 역사를 통해서, 하나님이 이스라엘 백성의 죄악을 사해 주시는 하나님이심을 어떻게 확증하셨습니까? 어떻게 하나님이 거룩하신 하나님으로, 공의로우신 하나님으로 계속 나타나실 수 있습니까? 동시에 죄를 용서해 주시는 사랑의 하나님으로 존재하심이 가능합니까?

이 문제점에 대한 해답을 하나님은 십자가에서 선언하신 것입니다. 십자가야말로 놀라운 선언문이 아닐 수 없습니다. 십자가가 말하는 것을 들어보면 하나님의 아들이 대속물이라는 사실을 알 수 있습니다. 다른 말로 하면 하나님이 십자가 상에서 죄를 벌하셨습니다. 자신이 친히 말씀하신 대로 벌하신 것입니다. 하나님은 늘 말씀하시기를, 죄는 반드시 벌 받게 되며 하나님의 불같은 진노가 그 위에 있다고 하셨습니다. 다른 어떤 방법으로도 죄를 취급하시지 않으십니다. 다만 말씀하신 그대로 십자가에서 온 백성이 알도록 실행하십니다.

역사의 중심점에 하나님이 계십니다. 그곳에서 인간의 죄악들 위에 쏟으실 진노의 대접을 단번에 모든 사람을 위해 그의 아들의 육체 위에 부으셨습니다. 하나님은 아들을 징계하셨습니다. 그를 죽음의 자리에 이르도록 정죄하셨습니다. 이것은 죄와 사탄에 대한 하나님의 징계입니다. 죄를 벌하실 것이며 죄의 값은 사망이라고 하신 그 말씀대로 이루신 하나님을 십자가가 알려 줍니다. 죄의 문제를 처리하시는 하나님의 방도가 이것이라고 십자가가 선언합니다. 저는 이 사실을 서둘러서 말씀드립니다. 십자가야말로 죄를 취급하는 유일한 길입니다. 십자가가 다음과 같이 증거합니다.

> 죄 값을 치룰 만한 것이 없네.
>
> 오직 주님만이 하늘문을 여시고

우리들을 안으로 인도하시네.

- 세실 프랜시스 알렉산더 여사(Mrs. C.F. Alexander)

십자가의 복음과 그리스도의 보혈은 세상에 알려진 가장 위대한 시들 중 상당수의 주제입니다. 성탄절에 우리는 종종 이런 찬송을 부릅니다.

천사 찬송하기를 구주 오늘 나셨네,

땅엔 평화 자비한 주님과 죄인 화목해.

- 찰스 웨슬레(C. Wesley)

이 찬송은 십자가에서 무슨 일이 발생했는지를 노래하고 있습니다. 하나님과 죄인이 화목하게 된 것입니다. 이 일이 성취될 수 있었던 유일한 방법은 이 십자가였습니다. 십자가가 그 사실을 증언합니다.

십자가의 초청

저는 여기서 십자가가 말하는 세 번째를 말하고 싶습니다. 십자가, 즉 그리스도의 피가 무엇을 의미하는지에 대한 설명이나 선포나 선언만이 전부가 아닙니다. 십자가는 또한 우리를 초대하고 있습니다. "… 아벨의 피보다 더 나은 것을 말하는 뿌린 피니라." 아벨의 피에는 초청함이 없습니다. 오히려 보복과 응징을 위한 부르짖음이기에 하나님의 진노를 부를 뿐입니다. 그러므로 거기에는 초대함이 없습니다. 그러나 아벨의 피보다 더 나은 것을 말하는 뿌린 이 피는 초청의 말씀이 있습니다.

우리는 십자가가 역사적인 사건이었음을 살펴보았습니다. 십자가는 분명 역사적인 사건이며 하나님의 놀라운 사역을 세상에 드러내는 것입니다. 하나님은 여기에서만 머무르지 않으십니다. 십자가의 피는 호소이며 권유(勸誘)입니다. 우리가 불멸의 영혼을 존귀히 여기듯 우리에게 귀 기울이라고 요구합니다.

우리는 구약시대 선지자들이 이 사실을 일부분이나마 발견했음을 알 것입니다. 물론 그들은 그리스도의 고난과 고난 후의 영광을 들었지만 십자가를 직접 발견하지는 못했습니다. 그들 중 한 선지자가 깊은 영적 차원에서 장차 오실 메시아의 입에서 발하시는 것을 보고 다음과 같이 기록했습니다. "땅의 모든 끝이여 내게로 돌이켜 구원을 받으라"(사 45:22). 복되신 우리 주님도 그와 비슷한 말씀을 하셨습니다. "수고하고 무거운 짐 진 자들아 다 내게로 오라 내가 너희를 쉬게 하리라"(마 11:28). 주님은 우리에게 오라고 초대하십니다. 여기에 엄청난 보화가 숨겨 있습니다.

우리는 지금 그리스도의 피에 대한 말씀을 듣고 있습니다. 이 말씀을 들으면 두려워 떨 수밖에 없습니다. 절망적인 우리의 모습을 보기 때문입니다. 그렇지만 주님은 거기에서 끝내지 않으십니다. 이제 오라고 부르시는 음성이 있습니다. 저는 사도 바울이 에베소서 2장에서 언급한 말씀이 많은 은혜와 참된 감동을 준다고 믿습니다. 사도 바울은 말하기를 "그는 우리의 화평이신지라 둘로 하나를 만드사 원수 된 것 곧 중간에 막힌 담을 자기 육체로 허시고 법조문으로 된 계명의 율법을 폐하셨으니 이는 이 둘로 자기 안에서 한 새 사람을 지어 화평하게 하시고 또 십자가로 이 둘을 한 몸으로 하나님과 화목하게 하려 하심이라 원수 된 것을 십자가로 소멸하시고 또 오셔서 먼 데 있는 너희에게 평안을 전하시고 가까운 데 있는 자들에게 평안을 전하셨으니"(엡 2:14-17)라고 했습니다. 그리스도는 십자가의 피로 말미암아 우리에게 평안을 선물하셨습니다.

버려진 인생을 향한 초청

주님은 가까운 데 있는 자들에게만 평안을 전하신 것이 아니라 먼 데 있는 자들에게도 평안을 전하십니다. 전 이 사실에 중심을 두고 말씀을 증거하려고 합니다. 이것이 십자가에 관한 가장 영광스러운 것 중 한 가지이기 때문입니다. 십자가가 누구를 초대하고 있습니까? 십자가에서 벌어진 일이 누구를 위한 것이었습니까? 뿌려진 피가 '오라'고 부르는 음성은 누구를 향한 것입니까? 주의해서 귀 기울이십시오.

이 초청은 먼 곳에 있는 자들을 위한 초청입니다. 유대인들이나 종교적인 사람들만을 위한 것이 아니라 율법 밖에 버림당한 이방인들도 위함입니다. 이스라엘 백성이 아닌 사람들도 위함입니다. 가까이 있는 자들뿐 아니라 이 진리를 전혀 듣지 못했던 멀리 떨어져 있는 사람들도 위함이었습니다. 우리 주님이 이 사실에 대하여 아주 잘 말씀해 주셨습니다. "건강한 자에게는 의사가 쓸데없고 병든 자에게는 쓸데 있느니라 나는 의인을 부르러 온 것이 아니요 죄인을 부르러 왔노라"(막 2:17). 이 말씀은 주님이 오신 목적을 분명히 보여 줍니다. 그리고 주님이 부르시는 초청의 대상이 누구인지도 밝힙니다.

저는 이 말씀이 십자가와 관련된 가장 은혜로운 말씀 중 하나라고 생각합니다. 십자가가 품고 있는 독특한 진리 중 하나입니다. 뿌려진 십자가의 피는 온 세상이 아무런 관심을 보내지 않는 버려진 인생을 향하고 있습니다.

"지금 무슨 말씀을 하시는 것입니까?"라고 반문할 수도 있습니다. 이 말이 무슨 뜻인지 설명하겠습니다. 철학이 말하는 대상은 주로 어떤 사람들입니까? 철학에 관한 귀한 책들 가운데 아무것이나 떠올려 보십시오. 그 책이 말하고 있는 상대가 누구입니까? 무슨 말을 하는지 충분히 이해가 됩니까? 무신론주의 철학자들이 누구를 상대로 말합니까? 그들이 말하는 대상은 자기들이 말하는 사고와 논리정연한 것들이나 철학적 용어들을 잘 이해하는 두뇌와 이해력을 지닌 철인(哲人)들뿐입니다.

윤리 도덕은 어떻습니까? 그들의 관심은 선한 삶을 추구하는 사람들뿐입니다. 이 나라에는 높은 도덕법을 바로 세우려고 애쓰는 자들뿐입니다. 그들이 내세우는 고상한 윤리 도덕적 가르침으로 사람들에게 접근합니다. 그러나 그들이 말하는 대상은 이미 선한 삶을 영위하고 있는 자들입니다. 악하게 살아가는 자들을 위한 것은 아무것도 없습니다. 오직 높은 수준의 윤리 도덕에 치중하는 무리에게만 통할 뿐입니다.

그 밖의 사람들에게는 침묵뿐입니다. 좀 더 생각해 봅시다. 종교가 말하고 있는 대상은 누구입니까? 제가 말하는 종교란 기독교를 가르키는 것이 아닙니다. 제가 말하는 종교란 단순히 예배당에 나와서 예배에 참석하는 행위, 또는 예배당에서 뭔가를 하고 있는 행위, 그리고 여러분이 속해 있는 교파를 자랑하는 행위 등 종교적인 문제에 관심이 많은 사람을 가리켜서 하는 말입니다. 이런 종교는 오직 그 안에서 헌신하는 유용한 존재들에게만 관계하고 있을 뿐 그 일에 관심이 없는 자들에게는 무관한 것입니다. 그러나 이 모든 것을 뛰어넘어서 모든 사람을 대상으로 말하는 것이 여기에 있습니다. "아벨의 피보다 더 나은 것을 말하는 뿌려진 피." 이 피가 그 어떤 것도 관계하지 않는 모든 족속에게 증언하고 있습니다.

이 피가 초청하는 대상은 분명합니다. 다시 말하면 아벨의 피가 관계하고 있는 것보다 낫게 뿌려진 피가 상대하지 않는 무리가 있음을 함축하고 있습니다. 그들이 누구입니까? 그들은 소위 똑똑하다고 자처하는 지성인들입니다. 독선적인 무리들입니다. 자기만족에 빠져 사는 하늘 높은 줄 모르는 사람들입니다. 이런 자들을 십자가는 초청하지 않습니다.

지금 우리 앞에 서 계신 주님께 가진 지식을 자랑해 보십시오. 얼마나 많이 배운 지성인인지, 적어도 20세기를 살아가는 인물이라고 자랑해 보십시오. 윤리 도덕적으로 흠이 없는 자라고 뽐내 보십시오. 이 세상에 전쟁을 종식시키려고 부단히 노력하는 이상주의자라고, 자기의 수고와 노력으로 인류를 더 아름답게 만들 수 있다고 자랑해 보십시오. 이러한 태도를 내동댕이쳐 버리지 않는 한 뿌려진 피가 전하는 복음의 메시지는 결코 우리를 위한 것이 될 수 없습니다. 오히려 그 피는 우리를 정죄할 것입니다.

이미 살펴본 것처럼 이 피는 우리가 어떠한 존재인지를 밝게 드러내 줍니다. 이 피는 우리가 자랑하는 모든 의로움이 휴지 조각에 불과함을 증거해 줍니다. 이 피는 여러분을 겸손하게 하며 저 밑바닥으로 떨어뜨리고, 그리고 먼지만도 못한 존재로 몰아부칠 것입니다.

바닥에 꿇어 엎드려 자복하는 자세가 준비된 자라면, 감히 고개를 쳐들지 못하고 멀리 서서 가슴을 치는 자라면, 십자가의 뿌려진 피의 조청은 바로 당신의 것입니다. 이 사실을 하나님께 감사드립니다. 이 십자가의 초청이 누구를 위한 것입니까? 이 초청은 실패한 인간들을 위한 것입니다. 자기가 죽을 수밖에 없는 죄인임을 아는 사람들, 부끄럽고 수치스러워 고개조차도 들지 못하는 자들을 위한 초청입니다. 세상 풍파에 시달려 기진맥진한 사람들을 위한 것입니다. 세상에서 버림받은 자들을 위한 초청입니다.

제가 이미 인용해 드린 말씀처럼 "수고하고 무거운 짐 진 자들아 다 내게로 오라 내가 너희를 쉬게 하리라." 이런 사람들을 위한 초청입니다. 주님이 여기에서 말씀하시는 대상은 선하고 착하게 깨끗한 양심을 갖고 바르게 살려고 노력하는 사람들입니다. 이것이 주님이 의미하시는 수고하고 무거운 짐 진 자들입니다. "하나님의 율법과 계명을 지키려고 수고하는 자들아, 바르게 살려고 애쓰는 자들아, 다 내게로 오라. 내가 너희를 쉬게 하리라"고 주님은 부르십니다.

여러분들 중 많은 분이 금식하면서 사서 고생을 합니다. 수고하며 애씁니다. 진리를 발견하기 전의 마르틴 루터가 그랬던 것처럼, 주님을 만나기 전의 존 웨슬리가 그랬던 것처럼 여러분들도 수고에 수고를 다하고 있습니다. 진리를 발견하기 전에 수고하고 애쓰던 이 모든 사람들과 마찬가지로 애씁니다. 그러나 결과는 늘 실패입니다. 그래서 지치고 지친 모습입니다.

우리가 부르는 찬송이 있습니다.

> 내게로 와서 쉬어라.
>
> 너 곤한 이들아
>
> 내 품에 와서 안기라 주 말씀하셨네.

곤하고 슬픈 죄인이 주 앞에 나온 후

주 안에 편히 쉴 곳과 큰 기쁨 얻었네.

- 호라티우스 보너(H. Bonar)

이 찬송은 수고하고 무겁고 곤한 심령이 어떻게 주님 앞에 나오게 되었는지를 증거하는 노래입니다. 주님은 피곤해 기진맥진한 인간들, 찢길 데로 찢겨진 인생들을 부르십니다. 혹시 이런 고통 가운데 젖어 본 적이 있습니까? 철저히 실패한 인생이라고 느끼십니까? 모든 수고와 노력이 헛되다고 생각됩니까? 이제 자신을 경멸하고 내동댕이칠 준비가 되었습니까? 여러분이 선한 인간이 아니라고 말할 수 있습니까? 이제는 곤하고 슬픈 죄인이요, 버려진 인생이요, 가슴을 치며 애통하고 자복하는 무리들 가운데에서도 더 심한 존재로 여기십니까? 이런 인생들을 누가 위로해 줍니까?

눈에 보이는 세상의 쾌락들은 우리를 기만하는 것뿐입니다. 세상의 삶은 우리를 실망시킵니다. 우리를 슬픔에 젖게 합니다. 비참함에 빠지게 합니다. 불행을 안겨다 줍니다. 이런 속에서 방황하는 여러분이여, 죄의식에 사로잡혀 양심의 가책을 느끼게 되면, 양심이 고발하는 소리를 듣게 되며 과거의 일들이 떠오르게 됩니다. 얼마나 불결한 자신인지를 보게 됩니다. 실패한 자신의 모습을 보게 됩니다. 도저히 용서받을 수 없는 죄인인 것을 깨닫게 됩니다. 그런데 문제는 여기에서 끝나는 것이 아닙니다. 부정한 인간임이 드러납니다.

정결하지 못한 심령이 드러납니다. 악하고 추한 생각들이 자꾸 일어납니다. 남을 죽이고 간음하던 추잡한 것들이 자꾸만 떠오릅니다.

이런 마음을 건잡을 길이 없습니다. 썩어 부패할 대로 부패한 우리의 모습입니다. 우리 속에 선한 것이라고는 아무것도 없습니다. "오호라 나는 곤고한 사람이로다 누가 사망의 몸에서 나를 건져 줄 것인가" 하며 외칩니다. 죄를 범한 것뿐 아니라 불결하기 짝이 없는 여러분의 모습이 드러납니다. 사악하고 어리석은 자신의 모습이 여기에 있습니다.

이 모든 것들은 두려움에 사로잡히게 만듭니다. 인생을, 자신과 연약함을 두려워하게 됩니다. 내일 일을 두려워하고 죽음을 무서워합니다. 죽음이 엄습해 온다는 것을 알지만 죽음을 피하기 위하여 할 수 있는 것이 아무것도 없음을 두려워합니다. 두려움에 떠는 가련한 인생이여! 죽음 뒤에 무엇이 있습니까? 한 번 가면 다시는 돌아오지 않는 저곳, 알려지지 않은 그곳에 대한 생각들이 엄습해 옵니다. 마침내 죽음은 찾아오고, 그 자리에 서 있게 된 우리는 아무것도 할 수 없는 무력한 인간임을 절실히 느끼게 됩니다. 죄 의식에 사로잡혀 하나님과 심판과 지옥을 두려워합니다. 무서운 공포와 경고가 마음을 사로잡게 됩니다.

거기에는 절망뿐입니다. 망가진 모습만 남습니다. 매번 시도하지만 실패만 거듭합니다. 문제의 해결점을 찾았다고 하더라도 끝까지 지키지 못하는 인생입니다. 아주 고상한 생각을 갖고 있기는 하지만 결코 실천하지 못하는 가련한 인생입니다. 때로는 금식도 하고 때로는 고행을 시도하며, 또 철야를 해 보거나 서적을 뒤적거리는 등 할 수 있는 일들을 시도합니다. 그러나 애써 노력하면 할수록 더욱 수치스러움과 절망적인 자신의 모습만 드러날 뿐입니다. 결국 "나는 구제불능이야, 버린 몸이야, 추악한 인생이야, 소망이 없어"라고 고백하게 됩니다. "오호라 나는 곤고한 사람이로다." "내 속 곧 내 육신에 선한 것이 거하지 아니하는" 도다(롬 7:24, 18).

십자가의 놀라운 점이 바로 이것입니다. 십자가는 이 같은 인생을 부르십니다. 절망 중에 있는 이런 인생에게 뿌려진 십자가의 피가 초청장을 보냅니다. 저는 독선과 교만에 사로잡혀 있는 자들을 향해서 설교하지 않습니다. 이미 언급한 바와 같이 자기기만이 얼마나 소름끼치는 일인지를 여러분 모두가 깨달으셨으리라 믿습니다. 저는 지금 인생의 가장 밑바닥에 처해 있는 사람, 연약하기 짝이 없는 인생, 죄악과 온갖 더러움과 수치스러움에서 허우적거리는 인생들을 향해 설교하고 있습니다. 순수하고 청결한 모든 것을 상실한 무리를 향해 외칩니다. 이런 사람들이 멀리 있는 자들이요, 십자가의 피가 깊은 사랑으로 초대하는 대상입니다.

십자가에서 죽으신 주님은 가난한 자들과 죄인들의 친구였습니다. 주님은 소위 선하다고 자랑하던 종교적인 사람들에게 비난을 받으셨습니다. 그 이유는 주님이 바로 죄인들과 가난한 자들과 함께 둘러앉아 식사를 나누었기 때문이었습니다. 주님은 뜨거운 열정을 가지셨습니다. 한 번은 사람들이 도저히 당해낼 수가 없었던 귀신들린 사람을 주님께서 만나셨습니다. 그의 몸에 감긴 쇠고랑과 족쇄까지도 그를 가만히 붙들어매 둘 수가 없었습니다. 그 귀신들린 자가 주님을 바라보는 순간 주님께로 달려왔습니다. 다시 말해서 모든 죄인이 그들을 향한 뜨거운 마음을 가진 주님께로 달려옵니다.

이것뿐만이 아닙니다. 주님은 내가 지금 너를 영접할 준비가 됐다고 말씀하십니다. 세상은 찢기고 상하고 멍들어 버려진 인생들을 외면합니다. 그 누구도 인생 밑바닥에서 비참하게 쓰러져 있는 사람들을 거들떠보지도 않습니다. 그러나 이런 처지에 빠져 사는 인생들을 영접해 주는 분이 있습니다. 안아 주실 뿐 아니라 쉼을 주십니다. “수고하고 무거운 짐 진 자들아 다 내게로 오라 내가 너희를 쉬게 하리라.” 공허하고 무익하며 처절한 싸움은 여기서 끝이 납니다. “자, 여기 앉으라!”고 주님은 말씀하십니다. 여기 앉아서 뿌려진 피가 말하는 것을 들으라고 말씀하십니다. “기다려라! 네가 하려던 것을 포기하고 기다려라. 네 가진 모습 그대로 받을 준비가 됐다. 너의 더럽고 추한 모든 것을 내가 받으마. 이제는 안식하라”고 말씀하십니다.

죄 사함의 축복

이 외에 무엇이 또 있습니까? 죄 사함이 있습니다. 십자가의 피는 죄 사함의 축복을 말해 줍니다. 이제 하나님 아버지와 함께 누리는 기쁨과 평강에 대하여 말해 보겠습니다. 십자가의 피는 하나님이 네 죄를 용서해 줄 준비가 이미 되었다고 알려 줍니다.

뿌려진 피가 이것을 증명합니다. "너의 죄 값이 이미 치루어졌노라. 내 말에 귀 기울이라. 내가 십자가에 달림은 바로 죄에 대한 형벌 때문이다. 뿌려진 피가 말하는 것이 네 죄가 사함받아야만 하며 하나님과 화목하게 되기 위해서라고 증언한다"라고 말합니다. 죄 씻음이 여기에 있습니다. 우리의 수치가 드러나고 잘못과 허물이 발견되고 또 사악한 모습이 보여질 때, 다음과 같은 교훈을 얻게 됩니다.

> 샘물과 같은 보혈은 임마누엘 피로다.
> 이 샘에 죄를 씻으면 정하게 되겠네.
> 저 도적 회개하고서 이 샘에 씻었네.
> 저 도적같은 이 몸도 죄 씻음 받았네.
> - 윌리엄 쿠퍼(W. Cowper)

뿌려진 피가 이 사실을 증언합니다. 그러므로 보혈은 여러분에게 말하기를 "너의 모든 비참한 처지에서 나와 즐거워하라. 잿더미

같은 인생을 벗어나 좋은 것을 취하라"고 합니다.

십자가는 우리에게 인생의 새로운 출발을 선물하며 새 능력을 입혀 줍니 다. 우리를 파멸케 하는 모든 역경을 이기도록 능력을 부여해 줍니다. 영원한 소망을 갖게 합니다. 뿌려진 피가 우리 모두가 받아야 할 모든 형벌을 하나님의 아들이 지셨다고 증언합니다. 하나님과 우리 사이에 가로막혀 있는 담을 허물어 버렸음을 말하고 있습니다. 하나님은 우리의 모든 허물과 죄악을 값없이 단번에 용서해 주십니다.

> 양심에 묶이거나 헛된 꿈도 꾸지 말라.
> 주님이 소원하는 아름다운 모든 것은
> 주님 예수뿐이네.
> 우리에게 주신 은혜
> 샘솟듯 일어나는 성령의 광채이네.
> - 조셉 하트(J. Hart)

십자가의 증언은 우리에게 절대로 필요한 하나님의 값없이 주시는 죄 용서함과 화평함, 그리고 새롭게 하시는 하나님의 은혜입니다. 그리스도 안에서 새생명을 얻으며 영생의 소망을 갖게 됩니다. 모든 것이 즉각적으로 달성됩니다. 이 모든 은혜는 복되신 주님, 십자가에 몸을 던지시고 피를 쏟아부어 주신 주님으로부터 오는 것입니다. 그 주님이 여러분을 부르십니다. 부르시는 그 음성이 들립니까? 부르심에 대답할 준비가 되었습니까?

어떤 사람들은 말하기를 "목사님은 내가 어떤 사람인지, 내가 무엇을 했는지, 또 내가 어떻게 살아왔는지에 대하여 알고 계신 것이 하나도 없군요"라고 합니다. 그러나 사랑하는 형제여! 그런 말을 하는 자가 당신이 처음이 아닙니다. 우리가 자주 부르는 찬송 중에 이런 글귀가 있습니다.

> 날 받으소서 아뢴다면 거절하시는 주님이신가?

내가 주님께 날 받으소서 요청할 때, 정말 주님이 영접하십니까? 아니면 거절하십니까? 이 찬송시의 작가는 이렇게 대답합니다.

> 천지가 없어질 때까지

우리는 다시 물을 것입니다.

> 찾아라, 좇으라, 지켜라, 애써라, 그러면 진정 그가 축복하시는가?

다시 이렇게 대답합니다.

앞서간 성도들, 사도들, 선지자들, 순교자들 모두가 대답합니다.

네, 그렇습니다 !

- 사바의 스테반(Stephen of Saba)

기독교의 역사를 보면 위대한 성자들 중에 과거에는 무지막지한 죄인이었지만, 뿌려진 피가 부르는 음성을 들은 후에 새사람이 된 자들이었습니다. 그러므로 "찾고, 좇고, 지키고, 애쓰면 정말 그분이 축복하십니까?"란 질문에 십자가의 보혈이 답해 주는 것은 단지 말로만 보증하는 것이 아닙니다. 뿌려진 피가 그렇게 증거할 뿐만 아니라 앞서간 성도들과 사도들, 선지자들, 순교자들 모두가 확실히 그렇다고 증언하고 있습니다.

주님을 신뢰하십시오. 그는 결코 식언치 않으시며 그 말씀하신 것을 실행치 않는 분이 아닙니다. 앞서간 허다한 증인들이 우리에게 대답하는 말, "믿으라! 뿌려진 피의 증언을 믿으라! 그러면 그 증언이 참된 것임을 발견하리라." 그러므로 우리는 다음과 같은 찬송을 힘껏 부르길 원합니다.

내 주의 보혈은 정하고 정하다.

내 죄를 정케 하신 주 날 오라 하신다 .

내가 주께로 지금 가오니

골고다의 보혈로 날 씻어 주소서.

- 루이스 하트서(L. Hartsough)

주님께 나오십시오. 그러면 이 은혜가 참된 것임을 발견할 것입니다.

8

새로운 피조물

율법이 아닌 은혜 안에 거하다

지금쯤이면 우리가 바울이 십자가에서 발견한 모든 것을 다 고찰했다고 생각할지 모르겠지만, 사실은 아직도 많이 남았습니다. 바울은 십자가를 계속해서 자랑하고 있습니다. 그 이유는 바울이 이제 신자로서 이전에 한 번도 누리지 못한 신령한 모든 축복들을 누리고 있는 밑거름이 바로 십자가이기 때문입니다. 저는 이 점을 여기서 강조하려고 합니다. 십자가를 떠나서는 우리 인생은 궁극적으로 복된 삶을 살지 못합니다. 십자가는 모든 복의 근원이요 원천이기 때문입니다.

예수의 가르침인가, 십자가인가

십자가로부터 멀어진 사람은 누구든지 성도가 누리는 참된 복을 소유할 수 없습니다. 이 점이 매우 중요합니다. 사도 바울이 왜 "내게는 오직 우리 주 예수 그리스도의 '가르침' 외에는 결코 자랑할 것이 없으니"라고 말하지 않았는지를 아십니까? 어떤 사람들은 바울이 그렇게 말한 것이라고 주장합니다. 현대인들은 그렇게 말하는 것을 무척 좋아합니다. 그들은 산상수훈의 교훈에 매우 감격해 하며, 이것이야말로 우리에게 절실히 필요한 것이라고 합니다. 이 교훈이야말로 윤리와 도덕의 최상의 수준이라고 감탄합니다. 누구든지 이 교훈을 실천하면 인생의 모든 문제가 해결될 것이라고 여깁니다. 비록 하나님을 경외하지 않는 자들이라도 이 가르침을 매우 높이 평가하고 있습니다.

힌두교 신봉자였던 간디가 그런 무리 중 한 사람이었습니다. 수많은 사람이 산상수훈을 감탄합니다. 귀하게 여깁니다. 그들은 예수님이야말로 위대한 스승이요 종교 지도자이며 정치적 선동가라고 하면서 매우 그분을 좋아합니다. 그들은 주님의 산상수훈의 가르침에 힘찬 박수를 보냅니다. 이것이 우리에게 꼭 있어야 할 것이라고 거듭 강조합니다. 누구든지 이 교훈을 실천하면 인생의 모든 문제가 다 해결될 것이라고 말합니다.

그렇다면 왜 바울이 "내게는 오직 우리 주 예수 그리스도의 '산상수훈' 외에는 결코 자랑할 것이 없느니라"고 말하지 않았습니까? 내게는 전혀 모순점이 없는 하나님 아들의 가르침 외에는 자랑할 것이 없다고 왜 말하지 않았습니까?

이미 우리가 살펴본 것처럼 바울이 십자가만을 자랑하겠다고 한 이유는 하나님의 아들이 가르치신 교훈이 우리를 구원하는 것이 아니기 때문입니다. 예수 그리스도의 가르침은 인간을 구원하는 일에 완전히 실패했습니다. 그의 귀한 가르침은 누구도 변화시키지 못했습니다. 심지어 제자들의 심령 속에도 그의 가르침은 새겨지지 못했습니다. 그들은 주님의 가르침을 전혀 이해하지 못했던 자들입니다. 복음서를 읽어 보십시오. 제자들이 전혀 깨닫지 못하고 있음을 발견할 수 있습니다. 그들은 주님의 가르침을 마음에 새기지 못했습니다.

현대인들이 그토록 좋아하는 산상수훈 자체를 검토해 봅시다. 산상수훈의 가르침대로 실천하며 사는 사람이 있습니까? 이 세상에서 산상수훈을 높이 사는 사람과 실천하며 사는 사람, 그 교훈에 뜨거운 성원을 보내는 사람과 적용하며 사는 사람 사이에는 늘 커다란 차이점이 있습니다. 자기 힘으로 이 교훈을 그대로 실천한다는 것은 역부족입니다. 십계명조차도 다 못 지키는 인간입니다. 그러면서도 인간들은 산상수훈을 지키자고 합니다. 그리스도를 본받아 살자고 열심히 외칩니다.

산상수훈이나 주 예수 그리스도의 삶처럼 우리의 헛점을 잘 드러내는 것은 하나도 없습니다. 유대인은 하나님의 종 모세를 통해서 하나님의 법을 이미 받았지만 십계명을 지키는 일에는 실패했습니다. 누구도 다 지킬 수가 없습니다. 왜냐하면 십계명 속에는 탐내지 말라는 교훈이 있기 때문입니다. 즉 욕심부리지 말라는 말씀에 걸리지 않을 사람이 누가 있겠습니까? 인간이 이해할 수 있는 한도에서 십계명조차도 다 지킬 수가 없다면, 무슨 재주로 주 예수 그리스도께서 설명해 주신 십계명을 다 지킬 수가 있으며 지킨다는 소망을 두겠습니까?

이것이 예수님을 그토록 증오하고 최후에는 십자가에 못 박기까지 한 바리새인들이 지닌 문제점이었습니다. 그들은 십계명이나 하나님의 법들을 잘 준수하고 있다고 생각했습니다. 우리 주님은 그들의 잘못된 점들을 지적하셨을 뿐 아니라 지키지 못하고 있는 점들을 확인시키셨습니다.

그들이 살인한 적이 한 번도 없다고 했을 때, 주님은 "잠깐 기다려라. 너희 형제에게 라가('어리석은 놈아'란 의미입니다-역주)라고 말한 적이 한 번도 없느냐? 만일 있다면 너희는 살인한 자니라"고 하셨습니다. 여기에서 보면 살인이란 오로지 육체적인 죽임을 의미하는 것이 아닙니다. 이것은 우리 심령 속에 자리잡고 있는 증오와 미움을 의미합니다. '이 어리석은 녀석아'라고 말한다면 우리 입으로 형제를 살인하는 죄를 범하는 것입니다. 이것은 모두가 살인죄에 해당됩니다.

또한 주님은 간음죄와 관련해서도 똑같은 견해를 말씀하셨습니다. 바리새인들은 그 점에 있어서는 깨끗하다고 주장합니다. 그러나 주님은 "나는 너희에게 이르노니 음욕을 품고 여자를 보는 자마다 마음에 이미 간음하였느니라"(마 5:28)고 말씀하셨습니다. 인간은 죄인입니다. 욕심이 가득 차 있는 욕심꾸러기입니다. 주님께서 율법을 해석하셨을 때 사악한 욕망이 지독한 행위나 다름없음을 언급한 말씀을 기억하십니까? 하나님 앞에서는 인간의 모든 악한 생각과 속에 품은 모든 욕망들조차도 이미 실행해 버린 것이나 다름없다고 성경은 말합니다. 그런데 감히 누가 산상수훈을 다 지킬 수 있다는 말입니까?

이런 이유 때문에 사도 바울은 "오직 내게는 우리 주 예수 그리스도의 가르침이나 혹은 산상수훈 외에는 결코 자랑할 것이 없다" 라고 말하지 않은 것입니다. 그리스도의 가르침들은 모든 인간의 죄악들을 고발합니다. 바리새인들을 포함해서 완전한 의인이 되어 보겠다고 꿈꾸는 모든 인간에게 주님의 교훈은 전적으로 소망이 없는 처절한 낙오자의 모습을 드러내 줍니다. 그러므로 여러분은 주님의 가르침에 찬사를 보낼 수가 없습니다.

십자가를 통해서 얻은 축복

바울은 십자가만을 자랑했는데 그 이유는 십자가를 통해서 인생의 모든 문제를 해결할 수 있기 때문입니다. 또한 십자가가 내포하는 모든 축복은 십자가로 말미암아 얻게 됩니다. 십자가는 우리를 모든 신령한 축복으로 이끌어 갑니다. 십자가 없이는 아무것도 없습니다. 십자가 없이는 하나님께 받기를 기대하는 우리의 축복은 전혀 기대할 수 없습니다. 그러나 십자가는 영광스러운 하나님의 모든 축복을 무궁히 누리도록 길을 열어 줍니다.

이 축복들이 도대체 어떤 것들입니까? 사도 바울은 이런 축복들을 이야기하는 데 전혀 싫증내지 않았습니다. 로마서의 첫 부분에서 언급하고 있는 사실들을 보면, 그는 "그러므로 우리가 믿음으로 의롭다 하심을 받았으니 우리 주 예수 그리스도로 말미암아 하나님과 화평을 누리자"(롬 5:1)라고 말씀했습니다. 믿음으로 의롭다 하심을 얻었다는 말씀은 십자가 상에서 무슨 일이 벌어졌는지를 믿는 그 순간 얻어집니다. 하나님과 화목하게 하는 하나님의 방도를 발견하게 되는 순간, 믿음으로 즉각 여러분의 모든 죄악이 용서받았음을 가르쳐 주는 말씀입니다. 모든 죄악이 깨끗이 씻음을 받아 이제는 그리스도의 의로움으로 옷 입게 된 것을 의미합니다. 그래서 바울은 "우리가 믿음으로 의롭다 하심을 얻었은즉 하나님으로 더불어 화평을 누리자"라고 말씀하신 것입니다. 이 사실이 우리가 믿음으로 받게 될 첫 번째 축복입니다.

사도 바울의 이 로마서 서신 속에서 '그러므로'라는 단어만큼 주요한 뜻을 품고 있는 단어가 없음을 강조합니다. 주의 깊게 이 단어를 살펴보십시오. 사도 바울은 이 같은 교리, 즉 특별히 십자가에 관한 교리를 설명할 때마다 '그러므로'라는 접속사를 즐겨 사용하고 있습니다. 이 말의 의미는 '이 같은 의미로' 또는 '바로 그것 때문에'라는 말로, 앞에서 언급한 것에 수반되는 결과를 늘 보여 주는 단어입니다.

여기에 수반되는 첫 번째가 축복입니다. "믿음으로 의롭다 하심을 얻었은즉 … 하나님으로 더불어 화평을 누리자"라는 말씀이 의미하는 것이 무엇입니까? 평강을 얻게 되며 하나님과 화평케 되는 축복을 받게 되는 것이야말로 가장 복되다고 생각하십니까? 우리 삶 속에서 벌어지는 모든 문제들이 어떠한 것인지를 살펴본 결과,

그 모든 문제의 원인은 하나님과의 관계가 잘못되어 있기 때문에 발생합니다. 대답하기 곤란한 것이 아닙니다. 역사가 증명하듯이 오늘날 모든 족속의 복잡한 많은 문제는 오직 한 가지 원인, 즉 인간과 하나님과의 관계가 올바르게 형성되어 있지 않기 때문에 생깁니다. 인간은 하나님께로부터 멀리 떨어져 있습니다. 문제의 원인이 바로 여기에 있습니다. 하나님을 대적하는 반역죄의 결과로 즉시 이 세상에 고통이 생겼습니다. 이런 일은 지금도 계속되고 있습니다.

우리는 문제들을 해결하기 위해 부단히 노력하고 있습니다. 혼란한 사회 구석구석에 질서를 찾으려고 모든 단체나 기관들이 분주하게 노력합니다. 평화를 정착시키려고 애씁니다. 모두가 평화를 원하나 평화는 우리 손에 쥐어지지 않습니다. 왜 그렇습니까? 하나님과의 관계가 바로 서 있지 않기 때문입니다. 우리가 하나님과 화목하게 되지 않는 한 평화는 우리의 것이 아닙니다. 이사야 선지자를 통해서 하나님이 친히 이렇게 말씀하십니다. "내 하나님의 말씀에 악인에게는 평강이 없다 하셨느니라"(사 57:21).

평강이 없는 세상을 역사가 증명합니다. 현재 우리의 역사도 이것을 뒷받침해 줍니다. 우리가 얼마나 많은 돈을 가졌느냐가 중요한 것이 아닙니다. 얼마나 많이 배운 지성인이냐도 중요한 것이 아닙니다. 얼마나 권세와 영화를 누리는지 아닌지 그런 것이 중요한 문제점이 아닙니다. 문제는 여러분이 악한 자리에 머물러 있는 한, 다시 말해서 여러분이 하나님께 복종하지 않고 그의 영광과 존귀하심을 찬양하는 삶을 살지 않고는 평화가 무엇인지도 결코 알 수 없다는 말입니다. 물론 여러분은 이 세상의 부귀영화를 모두 누릴 수 있습니다. 그러나 오갈 데 없는 거리의 고아만큼이나 불행한 자입니다. 안식이 없는 자가 악인의 자리에 처해 있는 자입니다.

"악인에게는 평강이 없다"고 하나님이 말씀하셨습니다. 하나님과 화평을 누리지 않고는 그 누구도 소망이 없습니다. 하나님과 화평케 되는 것이 중요합니다. 화평케 하는 사역은 하나님의 손에 달려있습니다. 이 점을 조금 더 설명하겠습니다. 인간은 본래 천성적으로 타고난 모습으로 삽니다. 그리스도의 십자가를 믿지도 않고 자랑도 하지 않는 불신자들의 현 위치가 여기에 잘 설명되어 있습니다. 본질상 우리는 하나님 마음을 상하게 해 드렸고, 그의 진노의 대접은 우리의 머리에 놓여 있습니다. 그래서 우리는 하나님께 영광을 돌리며 살아야 하는 것입니다. 그러나 우리들은 그 일을 성사시킬 수가 없습니다. 우리는 하나님이 원하시는 대로 실천하지 못했으며 순종하지 못했습니다. 그러므로 우리는 하나님을 노엽게 했습니다.

이는 어쩔 수 없는 상황입니다. 모든 공의와 사랑과 자비하심이 풍성한 하나님이 이 세상과 사람들을 창조하셨습니다. 지금 세상은 원래 하나님이 만드신 세상과는 다른 모습입니다. 하나님이 지으신 이 세상을 이처럼 비참한 세상이 되게 한 장본인은 바로 우리입니다. 세상은 하나님을 기쁘시게 못합니다. 태초에 그는 오직 말씀으로 모든 것을 창조하셨습니다. 완전한 태초였습니다. 하나님은 자신이 이룩한 세상을 보고 흡족해 하셨습니다. 그러나 오늘날의 우리의 세계는 하나님을 욕되게 하는 것으로 가득합니다. 따라서 그의 진노가 머리말에 놓여 있습니다. 이 세상을 마침내는 심판하실 것입니다. 이 심판은 하나님이 작정하신 것 그 이상으로 임하게 될지 모릅니다.

신약성경에 보면 큰 논쟁거리가 있습니다. 인류 역사의 현시점에서 이 점을 생각하는 것은 아주 흥미로운 일입니다. 지금 그 문제를 거론하는 것은 좋지 않다고 생각됩니다만 이 문제가 주는 영향을 거론하는 논쟁이 있습니다. 하나님은 사람이 무엇을 심든지 그대로 거두게 된다고 말씀하심으로써 인간의 죄악을 향한 하나님의 진노를 나타내십니다. 이 결과를 놓고서 여러 가지 말이 오고 갑니다. 하나님은 인간이 죄를 범할 때마다 즉시 형벌을 가하지 않으십니다. 때때로 간접적인 방법으로 벌하시기도 하는데 이런 것은 우리가 흔히 경험하는 일이기도 합니다.

우리는 자녀에게 어떤 일을 바르게 하도록 훈계합니다. 예를 들어, 아이가 손가락을 대면 즉각 큰 충격을 받게 되는 전기 제품을 만진다고 합시다. 이때 여러분은 만지지 말라고 타이를 것입니다. 그런데 하지 말라고 하면 할수록 아이는 더 만지려고 합니다. 여러분은 그 아이에게 또다시 타이릅니다. "만지지 말아라. 만일 또 만지면 이번에는 혼날 줄 알아라." 그제야 아이는 혼날 것이 무서워서 만지지 않으려고 결심합니다. 그러나 부모님이 보지 않는 틈을 타서 그 아이는 얼른 손을 갖다댑니다. 그리고는 충격에 놀라 웁니다. 하나님도 때때로 인간을 다루실 때 이처럼 하십니다.

이것은 두 번에 걸쳐서 일어난 세계대전 및 혼란과 무질서로 채워진 오늘날 세상의 한 단면입니다. 하나님은 인간에게 이렇게 말씀하십니다. "그래 너희가 무엇이든지 할 수 있다고 하는데, 한 번 해 봐라. 그러나 사람들이 결혼 서약에 충실할 것을 기대하지는 말아라. 사람들이 서로 싸우지 않을 것이며 무기를 생산하지 않을 것이라고 기대하지는 말아라. 사람들은 너희의 말에 귀 기울이지 않을 것이다. 왜냐하면, 그들은 나를 저버렸고 이제는 자기들의 정욕과 욕심과 욕망에 이끌려 살기 때문입니다. 자기 멋대로 사는 결과가 이런 것이니라."

그 위에 하나님의 진노가 놓여 있습니다. 이런 세상을 하나님이 좋아하실리가 없고 축복하시지도 않을 것입니다. 세상은 하나님을 싫어하며 반역 행위를 일삼아 그분을 모독합니다. 결국 하나님은 그의 모든 축복들을 거두어 가십니다. 여러분은 하나님의 축복을 받지 못하는 세상을 직시하고 있습니다. 그것이 바로 하나님의 진노입니다.

이제 인간의 입장에서 이 문제를 생각해 봅시다. 어떻게 참된 평화를 소유합니까? 어디에서 이 평화를 구하겠습니까? 어디에서 마음의 참된 평화를 얻겠습니까? 우리의 심령 속에 이 평화를 어떻게 채우시겠습니까? 조금도 걱정이나 근심이 없이 원만하게 살아갈 수 있다는 것을 어디에서 찾을 수 있겠습니까? 그런 것이 있을 수 있습니까? 세상 어디에서도 참된 안식을 얻을 수 없습니다. 하나님 없이 사는 인간은 참된 안식을 누리지 못합니다. 우리는 모두가 편히 잠을 청하지 못합니다. 늘 잠을 설치는 피곤한 인생입니다.

왜 그렇습니까? 이미 답변이 주어졌습니다. 인간이 하나님의 형상대로 지음받은 것을 알지 못한다 하더라도 인간은 하나님의 형상대로 지음받은 존재입니다. 하나님을 의지하며 살도록 창조된 인간입니다. 그러므로 인간에게는 하나님만 채워 주실 수 있는 가장 귀중한 것이 있습니다. 하나님 외에는 누구도 그것을 만족시킬 수가 없습니다.

그런데 인간은 만족을 주지 못할 곳을 기웃거립니다. 전도서를 읽어 보십시오. 전도서는 인간의 모든 노력과 수고가 헛된 것임을 샅샅이 파헤쳤습니다. 부자가 되면 만족하겠습니까? 춤을 추며 즐겨 보자, 마시자, 향락에 젖어 보자, 주색을 일삼아 보지만 거기에 평화가 있는 것이 아닙니다. 그런 곳에서 참된 안식을 얻는 것은 불가능합니다. 인간에게는 평강을 소유하기에는 욕심이 너무 많습니다. 어떤 사람은 집이 없는 사람에게 집을 마련해 주면 행복하게 된다며 주택난의 심각함을 해결하는 것이 시급하다고 합니다. 또 어떤 사람은 교육제도의 개선책이 필요하다고 합니다. 우리는 이 모든 것을 시도했습니다. 그런데도 평강은 없습니다. 우리는 우리 조상들이 갖지 못한 멋진 집을 갖고 있습니다. 좋은 교육을 받고 있습니다. 모든 것이 옛날보다 훨씬 좋아졌습니다. 그러나 아직도 잠 못 이루는 밤이 계속되고 있습니다. 평화가 없는 세상입니다.

왜 그렇습니까? 너무나 욕심이 많기 때문입니다. 새 집을 갖는다고 해서 인간이 변화되는 것이 아닙니다. 새로운 정보나 지식을 알았다고 해서 인간이 변화되는 것이 아니며 좋은 교육을 받는다고 해서 개선되는 것이 아닙니다. 그렇게 할지라도 인간은 여전히 그대로입니다. 물론 사람의 직함이 그 사람의 됨됨이가 어떠한지를 말해 줄 수도 있지만 직함이 중요한 것이 아닙니다. 직위가 높다고 하더라도 여전히 잘못을 행하고 있는 죄인입니다. 어떤 옷을 입었느냐가 중요한 것이 아닙니다. 화려한 옷을 입고 다닌다고 해서 행복한 사람이라고 말할 수 없습니다. 여전히 불안한 가운데서 지내고 있습니다.

인간이 평화롭게 살 수 있는 유일한 길은 하나님의 법에 순종할 때입니다. 인간은 그 길을 통해서 평강을 누리도록 지음 받은 존재입니다. 그런데 인간은 늘 실패합니다. 법에 순종하는 것을 원하지 않습니다. 그러므로 불안은 끊임없이 따라다니며 늘 불만족한 삶을 삽니다. 하나님의 이름조차 생각하기를 싫어합니다.

그러나 인간의 속에는 알지 못하는 어떤 것에 대한 두려움이 가득 차 있습니다. 건강을 염려합니다. 죽음을 겁내고 있습니다. 한번 가면 영영 돌아오지 못할 강 건너편에 있는, 보이지 않고 알려지지 않은 그곳에 대해 무척 두려워 떱니다. 온갖 두려움 속에 잠식되어 인생을 소비하면서도 두려운 것이 하나도 없다고 입버릇처럼 말합니다. 두렵지 않은 척할 뿐이지 내면의 속삭임은 누구도 속일 수가 없습니다. 불안이 계속 거주하고 있습니다. 그러니 기쁨이 없는 삶입니다.

인간이 이것들을 그처럼 두려워하는 이유가 무엇입니까? 성경에 보면 한 가지 대답이 있습니다. "사망의 쏘는 것은 죄요 죄의 권능은 율법이라"(고전 15:56). 인간이 비록 하나님을 부인한다고 할지라도 죄의식에 사로잡혀 있습니다. 죄의식을 떨쳐 버리지 못합니다. 심리학자들조차도 이 문제를 없애 주지 못하는 것은 그들 역시 죄의식에 사로잡힌 자들이기 때문입니다. 그들도 이 문제로 고민합니다. 모든 인간은 죄의식 속에 살고 있습니다. 비록 하나님을 믿지 않는다고 하더라도 하나님 앞에 선 모든 인간은 죄의식으로 가득 채워져 있습니다.

참된 평화가 무엇인지를 바로 깨닫기 전, 특별히 하나님과 화목하게 되는 것이 무엇인지를 바로 이해하기 전에 인간이 생각해야 할 것이 두 가지 있습니다. 먼저는 인간이 하나님과는 불화한 입장에 처해 있다는 것과 다른 하나는 하나님의 진노가 인간에게 임한다는 것입니다. 그렇기 때문에 하나님 쪽에서 뭔가가 먼저 발생해야만 하는데 그것이 바로 십자가의 복음입니다.

우리 주님이 십자가에서 죽으셨을 때, 거룩하신 하나님의 법이 요구한 모든 것을 다 이루었습니다. 하나님의 의로우심과 공의하심 및 거룩하심이 전적으로 충족된 것입니다. 하나님은 그의 불같은 진노를 자기 독생자의 몸 위에 쏟으셨습니다. 그래서 주님의 생명은 죄악을 사하는 희생제물로 바쳐진 것입니다. 거룩하신 하나님이 요구하시는 모든 것이 십자가에서 완전히 처리된 것입니다. 하나님께 더욱 감사한 일은 그 효력이 우리에게 나타났다는 것입니다.

그런데 우리는 하나님을 적대시합니다. 때로는 우리를 공포의 도가니로 몰아넣는 유령 정도로 여기기도 합니다. 우리를 단번에 형장의 이슬로 사라지게 하는 분으로, 또는 우리의 삶을 파멸에 빠뜨리는 분으로 생각하기도 합니다. 그래서 이런 하나님으로부터 우리의 인생이 방해당하지 않기를 원하며 우리 멋대로 살려고 애씁니다.

그런데 우리에게 십자가를 쳐다보는 순간이 주어집니다. 하나님이 자기의 사랑하시는 독생자를 세상에서 죽으시게 하려고 이 땅에 보내신 것을 바라보는 순간이 찾아옵니다. 그때 그 독생자를 세상에 보내신 분이 바로 하나님이라는 사실을 발견하게 됩니다. "하나님께서 그리스도 안에 계시며 세상을 자기와 화목하게 하시며…." 우리의 모든 죄를 그리스도에게 짊어지우신 분이 하나님입니다. 우리 인간이 마땅히 받아야 할 형벌과 곤욕을 주님이 당하게 하신 분이 하나님입니다.

다시 한 번 말씀드립니다. 여러분이 십자가를 바라보는 그 순간, 하나님께 대한 모든 선입관이 완전히 뒤바뀌어집니다. 십자가를 통해 우리는 사랑과 은혜와 자비가 풍성하신 하나님임을 깨닫게 됩니다. 하나님은 그 영원하신 사랑으로 우리를 사랑하십니다. 그러므로 우리는 십자가에 의해 하나님의 진노가 충족하게 되었으며 인간의 어리석은 반역 행위가 용서받게 되었음을 깨닫게 됩니다. 그리하여 인간과 하나님이 함께하고 하나님과 더불어 평강을 이루게 된 것입니다. 이 놀라운 역사가 바로 십자가를 통해서 성취된 것입니다.

어거스틴(Augustine)은 고백록에서 이렇게 고백합니다. "주님은 우리를 당신을 향해서 살도록 창조하셨습니다. 그러므로 우리 마음이 당신 안에서 안식할 때까지는 평안할 수 없습니다." 인간이 화평을 누리는 유일한 길은 하나님과 화목하게 되는 것입니다. 우리에게 향했던 하나님의 불같은 진노와 형벌을 십자가에서 그리스도의 죽으심으로 면하게 되었습니다. 이제는 주님이 인자하신 모습으로 우리를 보십니다. 용서하시는 하나님, 우리에게 늘 웃음을 선사하시는 하나님으로 우리를 지켜보십니다.

이것이 십자가를 통해서 얻은 첫 번째 축복입니다. 이 십자가를 통해서 얻어지는 축복들이 많이 있음에도 불구하고, 먼저 하나님과 화목하게 된 사실을 말씀드리는 것은 이것이 다른 모든 축복들보다도 제일 중요한 것이기 때문입니다.

은혜 아래에 거하다

이제 두 번째 우리가 받는 축복이 무엇인지를 살펴봅시다. 로마서 5-6장 중간까지 기록된 말씀이 무슨 뜻인지 아십니까? 여러분을 모욕하려는 것이 전혀 아님을 양해 바랍니다. 여기에 있는 이 말씀은 지금으로부터 1900년 전에 로마에 있는 성도들을 향한 말씀입니다. 당시 로마교회의 성도들 중 대부분이 가이사의 집 사람들로 노예나 종들이었습니다. 바울 사도가 이 말씀을 기록했을 때에 그들이 이 말씀을 충분히 이해할 것이라고 생각했음이 틀림없습니다. 그러나 제가 지금 질문하는 대상은 궤변과 사색하기를 좋아하고 많이 배운 지식을 자랑하는 20세기를 사는 모든 사람에게 하는 질문입니다. 여기에 적힌 말씀들을 충분히 이해하십니까? 1세기 종의 신분이었던 그들은 이 말씀을 잘 이해했습니다. 그런데 오늘 우리는 어떻습니까? 이해가 됩니까?

사도 바울이 의미하는 바는 다음과 같습니다. 하나님의 아들이 십자가에서 죽으셨기 때문에 그분을 믿는 모든 사람, 주님과 함께 십자가에 못 박힌 모든 사람이 이 십자가만을 자랑해야 한다는 것입니다. 로마서 6장 6절을 봅시다. "우리가 알거니와 우리 옛 사람이 예수와 함께 십자가에 못 박힌" 것을 기억하라고 합니다. 또 말씀하기를 "만일 우리가 그의 죽으심과 같은 모양으로 연합한 자가 되었으면 또한 그의 부활과 같은 모양으로 연합한 자도 되리라"(롬 6:5)고 했습니다. 이 말씀들이 말하는 바가 무엇입니까?

로마서 5장 12절부터 8장 앞부분에 이르기까지 계속 이어지는 말씀에서 사도 바울이 논의하는 강조점은, 이 세상에서 우리에 관해 가장 잘 이해할 수 있는 것은 우리의 존재가 무엇이냐를 아는가 입니다. 즉, 우리는 모두 아담의 후손임을 명심해야 합니다. 하나님이 사람을 만드시고 그를 아담이라고 부르셨습니다. 모든 인류 족속은 이 첫째 남성인 아담과 최초의 여성인 하와로부터 시작되었습니다. 성경의 진술에 따르면, 모든 인간은 아담과 하와의 원죄(原罪)와 인간의 타락성에 관련되어 있음을 봅니다.

어떤 사람들은 이것을 믿지 않습니다. 그러나 이것을 떠나 죄에 대해 보편타당하게 설명할 수 있습니까? 도저히 설명할 수가 없습니다. 방법이 있다면 오직 한 가지뿐입니다. 아담은 인간을 대표한 사람입니다. 그는 모든 족속 중 첫 번째 인간이었습니다. 하나님이 그를 모든 인류 족속의 대표자로 만들었기 때문에 그가 행한 모든 것들은 그의 후손인 모든 사람과 연관됩니다. 우리는 아담이 무엇을 행했는지 잘 압니다. 그는 죄를 범하였으며 타락해서 결국은 죽음에 이르게 되었습니다. 그렇기 때문에 바울은 우리 모두가 죽은 자라고 말씀하는 것입니다. "이러므로 한 사람으로 말미암아 죄가 세상에 들어오고 죄로 말미암아 사망이 들어왔나니 이와 같이 모든 사람이 죄를 지었으므로 사망이 모든 사람에게 이르렀느니라"(롬 5:12).

다시 말해서 우리 모두는 아담이 저지른 행위와 연관되어 있다는 말씀입니다. 우리는 아담 안에 있었습니다. 그러므로 그가 타락하게 되었을 때에 우리도 그와 더불어 타락하게 된 것입니다. 죄의 삯은 사망입니다. 그는 죽었고 그 이후로 우리도 죽게 되었습니다. 모든 인간이 다 죽었습니다. 세상에 사망이 임하였고 아담의 범죄한 것 때문에 모든 사람이 죽음에 이르게 된 것입니다. 그의 범죄로 인해 모든 인류는 타락하게 되었습니다. 그래서 우리 모두는 날 때부터 타락한 심령의 소유자로 비뚤어진 심령을 지닌 죄인으로 태어난 것입니다.

그런데도 우리는 잠시나마 행복해 보려고 여러 가지 헛된 망상을 합니다. 헛된 공상과 더불어 상상의 날개를 활짝 펴 만족한 삶을 얻어 보려고 열심을 다 기울입니다. 우리가 상상한 것을 종이에 그려 보지만 모두가 진짜가 아닙니다. 죄 없는 어린아이란 있을 수 없습니다. 우리 모두가 하기 좋아하는 것은, 하지 말라는 것을 하려고 시도하는 것입니다. 이는 우리 모두가 아담의 후손들로 태어났기 때문입니다. 우리는 아담 안에 거하며 그와 함께 생활하는 자들입니다. 본질상 모든 인간은 아담 안에 있습니다. 아담의 타락 이후의 모습을 보십시오. 비참하기 그지없는 인생입니다. 우리 역시 마찬가지입니다. 어쩔 도리가 없습니다.

여기에 복음이 증거하는 메시지가 있습니다. 그리스도는 어떤 분입니까? 하나님의 아들입니다. 그런데 왜 세상에 오셨습니까? 세상에 오심은 새로운 인류 족속을 낳기 위함이었습니다. 그분은 두 번째 아담입니다. 두 번째 사람입니다. 첫 사람은 아담이었지만 둘째 사람은 주 예수 그리스도입니다. "첫 사람은 땅에서 났으니 흙에 속한 자이거니와 둘째 사람은 하늘에서 나셨느니라"(고전 15:47).

여기서 우리가 깨닫게 되는 놀라운 진리는 우리가 주 예수 그리스도를 믿으면 주님이 우리의 대표자가 되신다는 것입니다. 주님께서 하신 모든 것은 우리를 위해서 하신 것이므로 주님 안에서 우리가 행한 것과 동일합니다. 비록 아담 안에서 우리가 타락했으나 타락한 죄인들이 그리스도 안에서 다시 소생함을 얻게 되는 것입니다.

주님을 믿는다는 것은 그와 함께 죽었음을 의미하며, 당해야 할 형벌이 치루어졌음을 의미합니다. 또한 옛 사람으로 지낸 이전의 모든 것이 깨끗이 제거되었음을 의미하는 것입니다. 이제는 더 이상 아담에게 속한 자가 아닙니다. 그리스도에게 속한 자입니다. 새로운 인간이 되었습니다. 정말 놀라운 축복이 아닐 수 없습니다. 어느 누구도 이해할 수 없는 너무나도 의아스러운 사건입니다. 이 진리를 이미 파악한 자들은 신앙의 연수가 깊다 하더라도 심령이 늘 새로운 것입니다. 이것이야말로 놀라운 축복이 아닙니까?

여기서부터 복음의 찬란한 빛이 세상에 비추는 것입니다. "구스인이 그 피부를, 표범이 그 반점을 변혁시킬 수 있느냐?" 세상은 할 수 없다고 대답합니다. 인간은 언제나 인간으로 남아 있습니다. 그런데 어떻게 새 출발을 합니까? 언제나 옛 성품 그대로 지니고 있다고 말합니다. 우리는 새로운 모습이 된 것처럼 나타날 수가 없습니다. 도저히 불가능합니다. 그 모습 그대로 존재하는 것입니다. 그러나 복음은 옛 모습이 죽는 것입니다. 아담에게 속한 것으로부터 벗어나 그리스도 안에 속하게 됩니다. 죽음을 경험할 수도 있고 또 전적으로 거듭난 것을 경험할 수도 있습니다. 비록 아담 안에 있다 하더라도 새 출발, 새생명을 얻게 됩니다. 이제는 그리스도와 함께 죽은 자이고, 그리스도와 함께 부활할 것이며, 그리스도 안에 있는 자들입니다. 그러므로 그리스도 안에서만이 새사람이 될 수 있습니다.

이 같은 축복이 사도 바울에게 일어났습니다. 바울은 옛사람의 삶에서 자기만족에 젖어 있었던 사람입니다. 바리새인인 것을 자랑삼아 말했고 종교적으로나 도덕적으로 흠이 없는 자신이 유대인으로 훌륭한 민족주의자임을 자랑했습니다. 그러나 그도 자신의 비참한 처지에서는 헤어날 수가 없었습니다. 늘 혼란한 가운데 머문 곤고한 심령이었습니다. 그가 십자가에서 주 예수 그리스도의 죽으심이 무엇을 의미하는지를 깨닫게 되었을 때에 그는 전적으로 다른 사람이 된 것입니다. 다소의 사울은 죽었고 사도 바울의 삶이 시작된 것입니다.

그는 말하기를 "그런즉 누구든지 그리스도 안에 있으면 새로운 피조물이라 이전 것은 지나갔으니 보라 새 것이 되었도다"(고후 5:17)

라고 했습니다. 이제 그는 구속함을 받아 그리스도 안에 있게 되었습니다. 이제는 하나님께 대하여 산 자가 된 것입니다. 이 일이 가능하게 된 것은 십자가로 말미암은 것입니다. 본질상 우리가 가진 옛 모습을 송두리째 뽑아 버릴 수 있는 것이란 아무것도 없고, 오직 십자가 상에서 죽으신 그리스도만이 하실 수 있는 일입니다.

그러므로 여러분이 주님의 죽으심과 그리스도이심을 믿는다면, 그리고 그의 죽으심이 성취한 것이 무엇인지를 믿는다면 여러분이 지닌 아담의 옛 성품은 진실로 죽은 것입니다. 여러분의 옛사람은 그리스도와 함께 죽었고 이제 그 모습은 영원히 사라져 버렸음을 깨닫는 것입니다. 그 결과로 우리의 모든 현 위치와 상태가 전혀 다른 것이 된 것입니다. “죄가 너희를 주관치 못하리니 이는 너희가 법 아래 있지 아니하고 은혜 아래에 있음이니라”(롬 6:14). 우리는 이 말씀이 무엇을 의미하는지 이해하여야 합니다.

사람들이 기독교에 대해서 어떻게 생각합니까? 그들은 기독교가 단순히 인간의 죄 사함을 제공하는 종교라고 생각합니다. 하나님을 “네 죄를 용서하노라”라고 말하시는 분으로 간주합니다. 그러나 그렇게 믿는 사람들 역시 여전히 옛 관습에 머물러 옛 성품을 가지고 옛 세계로 되돌아갑니다. 그 속에서 실패를 거듭하고 또 죄를 지으며 교회에 다시 나와 회개하는 일을 계속 반복합니다. 그러나 이것은 기독교의 가르침이 아닙니다. 어쩌면 그것이 기독교의 초보 단계이며 본질이라고 말씀하실지 모릅니다만 그것은 시작에 불과한 것이지 아무것도 아닙니다. 기독교의 본질적인 가르침은 나의 모든 위치와 하나님께 대한 모든 관계가 완전히 변화된 것, 우리가 그분과 함께 화평을 누릴 뿐 아니라 전적으로 새로운 관계 속에 거하는 것입니다.

사도 바울은 "그런즉 어찌하리요 우리가 법 아래에 있지 아니하고 은혜 아래 있으니"(롬 6:15)라고 말씀합니다. 이 말씀의 의미는 본질상 우리가 율법 아래에 있는 자, 즉 하나님의 법 아래에 있다는 것입니다. 여러분이 만일 하나님과 화목하게 되지 않고, 또 그리스도와 십자가에서 그의 죽으심을 믿지 않는 불신앙으로 인하여 용서받지 못한 사람이라면, 우리의 현 상태가 무엇인지를 정확히 말씀드리겠습니다. 먼저 여러분은 하나님의 법 아래에 있는 자들입니다. 하나님은 이 법을 제정하신 분으로서 법에 따라 처리하실 것입니다. 그분은 "자 여기에 나의 십계명이 있다. 그러니 이를 지킬지니라"고 명령하십니다. 이것은 우리가 법 아래에 있다는 의미입니다. 우리 모두는 각 나라의 헌법 아래에 있습니다. 우리는 이 법에 따라 죄목이 발견되면 즉각 적절한 형벌에 처하게 됩니다. 우리가 법 아래에 있기 때문입니다. 마찬가지로 그리스도 밖에 있는 모든 자들은 법 아래에 놓여 있는 존재입니다.

하나님은 우리에게 십계명을 지키라고 하십니다. 나 외에는 신을 두지 말며 자기를 위하여 새긴 우상을 만들지도 말고 어떤 형상이든지 만들지 말며 그것들에게 절하지 말며 그것들의 이름도 부르지 말라. 살인하지 말라. 도적질하지 말라. 간음하지 말라. 거짓 증거하지 말라. 네 이웃의 아내나 집이나 그의 밭이나 그의 남종이나 그의 여종이나 네 이웃의 소유를 탐내지도 말라. 이것이 하나님의 법이 요구하는 것들입니다. 이 외에도 하나님의 법이 요구하는 것은 많이 있습니다. 하지만 그 모든 것들을 주님께서 이렇게 요약하셨습니다. "네 마음을 다하며 목숨을 다하며 힘을 다하며 뜻을 다하여 주 너의 하나님을 사랑하고 또한 네 이웃을 네 자신과 같이 사랑하라"(눅 10:27).

이것이 여러분과 제가 지켜야만 하는 하나님의 법입니다. 하나님은 "내가 너희를 심판하게 될 나의 법이 있으며 만일 너희가 지키지 않으면 그 법에 따라 너희에게 형벌을 내릴 것이니라"고 말씀하십니다. 이것이 법 아래에 있다는 뜻입니다. 그러므로 우리는 이 법들을 지켜야만 합니다. 그러나 이 법은 우리가 어떤 법을 지키든지 잘 지키도록 도와주는 법이 아닙니다. 물론 무엇이든지 할 수 있다는 자신감과 지혜를 신뢰하고 여러분이 배운 학문과 최상의 도덕적인 삶을 의지하실 것이기에 도움이 필요없다고 말할지도 모릅니다. 그러나 도와주는 사람이 아무도 없다는 사실을 아셔야만 합니다. 아무도 도와주는 사람 없이 여러분의 삶을 지탱해 나가야 합니다. 외롭게 홀로 수고해야 하는 인생입니다. 그 결과가 어떤지 아십니까? 지탱할 수 없다는 고백뿐입니다. "율법이 육신으로 말미암아 할 수 없다"라고 사도 바울은 말합니다. 율법을 다 지킨다는 것은 불가능합니다.

인류 역사 이래 하나님이 요구하시는 법을 다 지킨 사람은 아무도 없습니다. 의인은 없나니 하나도 없으며 모두가 죄를 범하여 하나님의 영광에 이르지 못합니다. 절망뿐입니다. 한숨이 절로 나옵니다. 가슴을 쳐 봅니다. 나이는 점점 들어가고 이제 곧 죽음이 눈앞에 닥쳐 오고, 죽게 되면 하나님의 심판대 앞에 서게 되는데, 하나님의 법을 지킬 수가 없으니 … 절망뿐입니다. 이것이 하나님의 법 아래에서 하나님을 떠나 사는 자들의 모습입니다. 그 속에는 소망이 없습니다.

가끔 어떤 사람은 이를 악물고 "그래, 좋다! 이미 버린 몸, 어차피 죽을 바에야 제일 악질이 되어 보자. 죽기 전에 죄나 실컷 짓자!"라고 말합니다. 그래서 못된 짓만 일삼습니다. 죄목만 불어날 뿐 여전히 법 아래에 놓여 소망이 없을 뿐입니다. 그러나 우리 주 예수 그리스도의 십자가는 이런 우리의 현 위치를 전적으로 바꾸어 놓습니다. 주님은 우리가 더 이상 율법 아래에 있지 않고 은혜 아래에 있다고 말씀하십니다.

만일 여러분이 주 예수 그리스도를 믿으며 십자가에서 그의 죽으심을 믿는다면 법에 얽매인 위치에서 해방된 것입니다. 이제는 새 자리에 앉게 되었습니다. 은혜 아래에 있습니다. 은혜란 값없이 베푸는 사랑입니다. 은혜란 죽어야 마땅한 자들에게 베푸는 하나님의 사랑이요 자비입니다. 은혜의 하나님입니다. 은혜가 바로 하나님 자체입니다. 우리가 이 은혜를 받기에 합당치 못한 자리에 처했을 때에도 하나님은 사랑의 눈으로 우리를 응시하십니다.

이제 하나님은 우리에게 율법을 제정하신 하나님이 더 이상 아닙니다. 영원하신 사랑으로 변함없이 우리를 사랑하시는 아버지 되십니다. 우리에게 얼굴을 드사 늘 우리를 축복하시기 원하시는 우리 하나님 아버지입니다. '너는 내 아들이며 나는 네 아버지니라. 내가 너에게 나의 성품을 주노라. 나는 네 머리털까지도 셀 수 있느니라. 이제 내 곁을 떠나는 불상사가 결코 일어나지 않을 것이니라'고 말씀하시는 우리 하나님 아버지입니다. 이것이 은혜 아래에 있다는 의미입니다.

너무 다르지 않습니까? 율법에 매여 사는 자와 사랑에 붙들려 사는 자 사이에는 엄청난 차이가 있습니다. 이제 여러분은 전적으로 다른 새 세계에 있습니다. 이 일을 십자가가 이루어 놓았습니다. 이제 은혜 아래에 있어 더 이상 하나님 앞에서 두려워 떠는 인생이 아닙니다. 비록 여러분이 합당하지 못한 자라 하더라도 하나님은 우리 아버지이심을 기억하십시오. 우리는 이제 "하늘에 계신 우리 아버지 이름이 거룩히 여김을 받으시오며 나라에 임하옵시며"라고 고백합니다. 우리에게 환한 웃음을 선사하시는 하나님입니다. 그분은 오래 참으십니다. 처음 우리를 만드신 그 상태로 우리를 이끄시려고 작정하신 분입니다. 그분의 모든 사랑과 은혜와 뜨거운 열정이 우리 안에서 우리의 유익을 위하여 작용하고 있습니다.

부르짖을 권리를 받은 축복

마지막 요지를 말씀드리겠습니다. 우리가 이 세상에 살고 있는 동안 인생의 모든 제반사를 십자가가 변형시켜 주는 것입니다. 하나님의 아들을 믿고 그의 십자가의 죽으심을 믿게 되면, 우리 심령 속에 성령이 충만됨을 느끼게 됩니다. 성령은 전능하신 하나님의 영입니다. 능력의 영입니다. 어떻게 우리가 이 세상을 살아갑니까? 비록 우리가 예수를 믿는다 하더라도 세상과 우리의 육체와 사탄도 그대로 남아 있습니다. 그래서 어떤 이들은 "복음을 믿는다는 것이 도대체 뭡니까? 교회에 오지만 전과 똑같은 세상에 살고 있지 않소? 사탄의 강압과 지옥에 대한 공포가 아직도 우리를 대적하지 않느냐 말이오. 여전히 우리는 똑같은 인간이오!"라고 항의하실 것입니다. 그러나 그것은 사실이 아닙니다. 진실로 주 예수 그리스도를 믿으면 여러분은 새로운 피조물입니다. 더 이상 율법 아래에 있지 않고 은혜 아래에 있습니다. 아담의 품 안에 있지 않고 이제는 그리스도의 품 안에 있습니다. 이것들 외에 받는 축복은 하나님의 능력의 영이 우리 안에 내주하는 것입니다. 바울은 빌립보 교인들에게 "그러므로 나의 사랑하는 자들아 … 항상 복종하여 두렵고 떨림으로 너희 구원을 이루라 너희 안에서 행하시는 이는 하나님이시니 자기의 기쁘신 뜻을 위하여 너희로 소원을 두고 행하게 하시나니"(빌 2:12-13)라고 말했습니다.

사실 이것은 여러 측면에서 아주 놀라운 축복 중 하나입니다. 다시 말해서 우리가 하나님의 자녀가 되는 순간, 또 우리가 아담 안에 더 이상 있지 않고 그리스도 안에 있음을 발견하는 순간과 우리가 더 이상 율법 아래에 있지 않고 은혜 아래에 있음을 깨닫는 순간, 십자가가 우리를 위해서 이룬 것이 무엇인지를 아십니까? 이것을 아시면 무엇이 귀한 축복인지를 인정하게 됩니다. 십자가가 이룬 것을 보면 우리를 위하여 하늘문을 열고 우리로 기도하게 해 줍니다.

우리는 기도하지 않는 자신을 잘 압니다. 그런데 우리를 하나님께 기도하도록 만드는 것이 무엇입니까? 혹시 여러 분들 중에 지난 1차 세계대전을 기억하십니까? 1914년부터 1918년까지 벌어진 전쟁 기간 동안 바다 속에 어뢰장치를 한 사람들의 경험담을 들어보셨습니까? 그들은 작전 계획이 끝날 때까지 소형 보트 안에 머물러야만 했습니다. 음식이 바닥났습니다. 마실 물도 떨어졌습니다. 배는 물결에 따라 요동합니다. 어느 누구도 그들을 구출하러 오지 않았습니다. 이제는 마지막이라고 생각했습니다. 그들은 어찌할 바를 몰랐습니다. 그때 누군가가 하나님께 기도드리는 것이 어떠냐고 제안했습니다. 그 배 안에 있는 사람 중에 기도해 본 적이 있는 사람은 아무도 없었습니다. 하나님에 대해서 생각해 본 적도 없었습니다. 그러나 그들은 죽음을 눈앞에 둔 순간에서야 하나님을 기억했습니다.

이것과 같은 상황이 1912년 4월, 대서양을 항해하고 있던 비운의 여객선 타이타닉 호에서도 일어났습니다. 너무나 거대해서, 이 배는 '침몰하지 않는 배'(unsinkable ship)라는 별명이 붙여지기도 했습니다. 주일 오후에 음악과 함께 모든 승객들은 흥겨운 시간을 보내고 있었습니다. 갑자기 '쾅' 하는 소리가 들려왔습니다. 그 배가 빙산과 충돌한 것입니다. 그 순간 신나게 음악을 연주하여 사람들의 흥을 돋우던 밴드가 음악을 멈추고 "내 주를 가까이 하게 함은"이라는 찬송가를 연주하기 시작했습니다. 이들에 대한 이야기는 언제나 생각만 해도 감동적입니다. 무엇이 우리로 하여금 기도하게 하는지를 아시겠습니까?

그러나 여기에서 우리가 생각해 볼 문제는 우리가 정말로 기도할 수 있는 사람인가입니다. 우리가 기도할 권리를 갖고 있습니까? 기도가 무엇입니까? 기도란 하나님의 존전으로 들어가는 행위입니다. 우리가 세상에 살면서 거들떠보지도 않은 그 하나님, 경멸하고 거절한 그 하나님, 하늘에 계시고 거룩하시며 전능하신 그 하나님께 아뢰는 것이 기도하는 것입니다. 문제는 이런 하나님의 존전에 우리가 어떻게 들어갈 수 있느냐 하는 것입니다. 우리의 추악한 모습으로는 하나님의 존전으로 들어갈 수 없습니다.

"하나님이 죄인의 말을 듣지 아니"하십니다(요 9:31). 죄인인 인간이 안심하고 담대히 하나님께 기도할 수 있는 한 가지 방법이 있습니다. 그 방법은 오직 우리 주 예수 그리스도의 십자가만을 믿는 것입니다. 사도 바울이 뭐라고 하는지 들어봅시다. "그러므로 우리가 믿음으로 의롭다 하심을 받았으니 우리 주 예수 그리스도로 말미암아 하나님으로 화평을 누리자 또한 그로 말미암아 우리가 믿음으로서 있는 이 은혜에 들어감을 얻었으며…"(롬 5:1-2).

바울 사도는 이 같은 말씀을 즐겨하였습니다. 에베소서에 보면 바울 사도는 "이는 저로 말미암아" 즉, 그리스도로 말미암아 "우리 둘이 한 성령 안에서 아버지께 나아감을 얻게 하려 하심이라"(2:18)고 말합니다. 예수 그리스도를 통하지 않고는 아버지께로 갈 자가 없습니다. 주님이 친히 이것을 언급하셨습니다. "내가 곧 길이요 진리요 생명이니 나로 말미암지 않고는 아버지께로 올 자가 없느니라"(요 14:6).

하나님이 어떤 분이든지 간에 어둠 속에서 부르짖는 우리의 외침을 들어주시기를 간절히 소망하며 부르짖을 것입니다. 그러나 그것은 기도가 아닙니다. 기도란 하늘에 계셔서 우리의 부르짖음을 들으시고 능히 축복하시는 살아 계신 하나님께 부르짖는 것을 말합니다. 그런데 우리가 어떻게 이 하나님께 기도합니까? 결론은 오직 한 가지 길뿐이다.

히브리서를 읽어 봅시다. 아주 놀라운 고백을 하고 있습니다. "그러므로 우리에게 큰 대제사장이 계시니 승천하신 이 곧 하나님의 아들 예수시라 우리가 믿는 도리를 굳게 잡을지어다 우리에게 있는 대제사장은 우리의 연약함을 동정하지 못하실 이가 아니요 모든 일에 우리와 똑같이 시험을 받으신 이로되 죄는 없으시니라 그러므로 우리가 긍휼하심을 받고 때를 따라 돕는 은혜를 얻기 위하여 은혜의 보좌 앞에 담대히 나아갈 것이니라"(히 4:14-16).

문제는 우리가 도움이 필요할 때, 우리가 무엇을 어떻게 하느냐입니다. 우리가 실패할 때 무엇을 할 수 있습니까? 내가 고통과 위기에 빠져 있을 때 어떻게 하겠습니까? 할 수 있는 한 가지는, 도움이 필요한 나를 도와주는 은혜를 간구하는 것입니다. 이 은혜를 어떻게 얻습니까? 우리가 무슨 권리로 하나님께 부르짖을 수 있습니까? 우리가 하나님께 아뢸 수 있는 한 가지 권리는, 그리스도께서 우리가 받을 형벌을 대신 해 주셨다는 것입니다. 이로 인하여 우리는 하나님과 화목하게 되었고 하나님과 함께 평강을 누리게 되었습니다.

히브리서 10장 19-22절 말씀을 보면 이렇게 말씀합니다. "그러므로 형제들아 우리가 예수의 피를 힘입어 성소에 들어갈 담력을 얻었나니 그 길은 우리를 위하여 휘장 가운데로 열어 놓으신 새로운 살 길이요 휘장은 곧 그의 육체니라 또 하나님의 집 다스리는 큰 제사장이 계시매 우리가 마음에 뿌림을 받아 악한 양심으로부터 벗어나고 몸은 맑은 물로 씻음을 받았으니 참 마음과 온전한 믿음으로 하나님께 나아가자." 그리스도께서 우리로 하여금 담대히 하나님께 부르짖도록 하늘문을 열어 주셨습니다.

또한 주님은 우리를 고소하는 모든 고소자에 대해서도 확실히 변호하여 주십니다. 우리가 하나님께 무릎 꿇고 기도하며, 전능하신 하나님께 간구하기 시작하면 여러분을 고소하는 자가 귀에다 속삭입니다. "네 주제에 거룩하신 하나님께 감히 어떻게 기도한다는 말이냐?" 이 비난의 소리에 뭐라고 대답하시겠습니까? 하나님의 법이 요구하는 것을 모두 성취한 십자가를 떠올립시다. 이 대답이 가장 만족스러운 대답입니다.

그런데도 여러분의 양심이 "십자가는 너의 못된 것을 들춘다"라고 속삭입니다. 우리의 기억력이 작동해 옛날에 저지른 못된 것들이 화면에 나타납니다. 그러면 또 낙심에 빠져 두려움에 사로잡힙니다. 우리를 고소하는 자는 쉬지 않고 괴롭힙니다. 이 문제를 처리하는 방법은 우리가 즐겨 부르는 찬송 속에서도 찾아볼 수 있습니다.

> 내 맘의 주여 방패되소서,
> 나의 안식처 주님 곁이네.
> 날 고소코자 애쓰는 사탄에게
> 날 위해 죽으신 주님 증거해.
> - 존 뉴튼(J. Newton)

이 말씀에 사탄은 할 말이 없습니다. 하나님의 아들 예수 그리스도의 보혈이 우리를 모든 죄와 불의에서 깨끗이 씻어 주셨기 때문입니다.

또 다른 문제가 생기는 것은 여러분의 불결함과 부적격함이 하나님 앞에서 수치스럽게 할 때 어떻게 하겠는가 하는 문제입니다. 이때는 다음과 같은 기도를 할 수 있습니다.

날 지키시는 하나님의 어린양이시여
당신의 못 자국으로 날 이끄소서
그곳만이 내가 누릴 평화가 깃든 곳
가장 안전한 처소니이다.
원수가 에워싼들 무엇이 두려우리이까?
세상의 욕망도 두려움도 날 붙들지 못하나이다.
날 구하시고 품어 주신 당신의 은혜만이
날 정결케 보호하나이다.
- 제임스 조지 덱(James George Deck)

영원한 빛이라네, 영원한 빛이라네.
한없이 순결한 영혼이어라.
돌보시는 당신의 품 안에 안기어
움추린 나의 영혼 고요히 활개치네.
당신의 얼굴 바라보나이다.

보좌 주위에 둘러선 성도들이

뜨거운 주님의 사랑 증거하는 도다.
타락한 세상이 결코 알지 못하는
이 귀한 사랑은 성도들의 것이라네.

죄악 중에 출생한 인간이여 !
저 영원한 빛 어떻게 손에 쥘 것인가?
형언할 수 없는 주님 존전에서
벌거벗은 내 영혼 증거하네.

저 영원한 빛을

어떻게 이것을 소유할 수 있습니까? 여기에 그 한 가지 답이 있습니다.

장엄한 그곳으로 인도하는 유일한 길은
몸 바쳐 희생 제물된 주님입니다.
우리가 하나님 보좌 앞에
담대히 나가 섬은 이뿐이네.

우리를 은혜의 보좌 앞에 나가도록 준비하도다.
무지와 어둠의 자녀가

저 영원한 빛 속에 거하는도다.

영원한 우리의 사랑 오직·예수이어라.

- 토머스 비니(T. Binney)

주님이 우리가 하나님과 화목하게 되도록 만드셨습니다. 우리를 새로운 피조물이 되게 하셨습니다. 이제 우리는 그리스도 안에 있고 더 이상 율법 아래에 있지 않습니다. 은혜 안에 거하는 것입니다. 주님께서 우리로 영원히 살도록 만드셨습니다. 그러므로 이제 우리는 하나님께 기도할 수 있게 되었습니다. 우리를 고소하는 모든 대적에게 분명히 대답해 줄 말이 있습니다. 하늘에 계신 거룩하신 하나님께 부르짖는 특권을 누리게 되었습니다.

그런데 여러분은 아직도 "그러나 내게는 우리 주 예수 그리스도의 십자가 외에 결코 자랑할 것이 없으니"라고 말할 준비가 되어 있지 않습니까?

9

구속과 자유

십자가로 받은 축복을 누린 온전한 삶

복의 근원 강림하사 찬송하게 하소서
한량없이 자비하심 측량할 길 없도다.
천사들의 찬송가로 나를 가르치소서
구속하신 그 사랑을 항상 찬송합니다.
- 로버트 로빈슨(R. Robinson)

이 찬송은 지금까지 갈라디아서에서 말씀하는 바울 사도의 놀라운 고백과 일치합니다. 주님의 무한하신 은혜를 찬미하는 가사입니다. 이 은혜는 너무나 크고 놀랍습니다. 우리의 모든 노력과 수고는 필연적으로 실패하지만 우리가 끊임없이 해야 할 일은 이 은혜를 사모하고 음미하며 측량하는 것입니다. 그럴 때에 무궁무진한 은혜가 우리 심령 속에 가득 넘치게 됩니다.

옛사람이 새사람이 되어

전에는 십자가가 바울을 걸려 넘어지게 하는 것이었습니다. 인류의 구세주가 십자가에서 무력하게 죽어가는 모습은 상상조차 못했습니다. 그에게 있어서 구세주는 능력과 권세가 있는 위대한 독립투사로 온 국민의 환성을 사는 그런 사람이어야만 했습니다. 그런데 베들레헴의 구유에서 태어나 목수의 일을 했던, 더군다나 바리새인의 훈련도 받지 못한 이 사람이 그렇게도 오랫동안 기다린 그 메시아라는 생각은 그가 십자가에서 죽음으로 완전히 무너졌습니다. 그리고 이 죽음이야말로 자신의 삶의 최고 영광이며, 자신이 이 땅에 온 목적이라고 했을 때, 바울이 기대했던 모든 것은 하루아침에 물거품이 됩니다. 이런 일은 생각조차도 할 수 없었고 하나님을 모욕하는 것으로 여겼습니다. 그래서 바울은 그리스도의 교회를 핍박했던 것입니다. 그런 바울이 로마의 총독 베스도와 아그립바 왕 앞에서 자기에게 무슨 일이 벌어졌는지를 설명함으로 자기가 어떤 사람이었는지를 나타내고 있습니다. "나도 나사렛 예수의 이름을 대적하여 많은 일을 행하여야 될 줄 스스로 생각하고"(행 26:9). 이것이 바울의 옛 모습입니다.

바울이 유난히 불편해 한 것은 메시아가 십자가에서 죽은 것이었습니다. 그랬던 그가 지금 고백하는 말을 보십시오. "그러나 내게는 우리 주 예수 그리스도의 십자가 외에 결코 자랑할 것이 없으니 그리스도로 말미암아 세상이 나를 대하여 십자가에 못 박히고 내가 또한 세상을 대하여 그러하니라." 얼마나 놀라운 변화입니까? 이 고백은 바울의 삶 전부였습니다. 십자가가 삶의 중심이 된 것입니다. 이 말씀이야말로 이 세상에서 가장 귀한 축복의 말씀이며 온 인류가 알아야만 하는 역사 이래 없었던 놀라운 사건의 말씀입니다.

바울의 이 고백에서 우리가 주의 깊게 볼 것은 바울이 이 십자가의 사건에 감탄을 금치 못한다거나, 우리에게 십자가를 본받아 살라고 강조하는 것이 아니라는 사실입니다. 많은 사람이 그렇게 말합니다만 바울이 말하고자 하는 의도는 단지 이 사건이 고귀한 삶을 사신 주님에게 일어난 비참한 사건이요, 매우 유감스러운 사건이라는 것이 아닙니다. 그렇다고 성도로서 새 출발을 할 때 십자가와 함께 출발하라고도 말하는 것도 아닙니다. 어떤 자들은 "십자가와 함께 출발하라. 가다 보면 보다 깊은 신앙의 바다에 이르게 될 것이다"라고 말합니다. 그들은 십자가를 오직 회개와 죄 사함을 위해서만 필요한 것이라고 생각하는 자들입니다. 첫 발을 십자가에서 시작하나 두 번 다시 십자가로 되돌아오지 않습니다. 출발은 십자가에서 했지만 영원히 십자가를 등지고 삽니다. 그들은 십자가를 떠나서도 깊은 은혜의 자리에 이를 수 있다고 생각합니다.

그러나 바울은 그렇게 말하지 않습니다. 바울은 한 기독 신앙인으로서 이방인의 사도가 되어 그의 풍성한 믿음 안에서 갈라디아서의 이 말씀을 기록한 것입니다. 그의 신앙적 체험의 절정에서 고백하는 것이 바로 이것입니다. "그러나 내게는 우리 주 예수 그리스도의 십자가 외에 결코 자랑할 것이 없으니." 바울이 계속해서 더 깊은 믿음의 경지에 도달했어도 그는 십자가를 떠나지 않고 있습니다. 왜 그렇습니까? 십자가는 성도로서 바울이 얻은 모든 것의 근원이요 원천이었고, 그가 '그' 되게 한 이유였습니다. 십자가는 바울이 소망하는 모든 것의 근원입니다.

제가 여러분에게 설교하려는 것이 바로 이 점입니다. 사도 바울이 십자가에서 발견한 여러 가지 다른 양상의 진리들을 증거코자 합니다. 십자가가 바울을 전적으로 새 사람되게 했습니다. 다시 말해서 바울은 그리스도와 함께 십자가에 못 박혔고 그리스도께서 죽으셨을 때 함께 죽었습니다. 이것은 그리스도를 따르는 모든 성도가 경험하는 것으로 신앙인은 그리스도와 함께 죽은 자이며, 율법 문제와는 더 이상 거론하지 않는 은혜 아래에 있는 자입니다. 그러므로 모든 신자들은 그리스도 안에서 새 생명을 얻어 새 출발을 하게 됩니다.

이 점과 관련해서 제가 조금 더 설명하고자 함은 십자가로부터 모든 것들이 어떻게 전개되어가는지를 살펴보는 것입니다. 어떻게 성도가 십자가만을 자랑하는 사람이 되었는지를 말씀드리려고 합니다. 만일 십자가가 여러분의 삶 중심부에 자리잡고 있지 않다면 참 성도가 아닙니다. "나는 예수님을 존경해 마지아니하며 그의 가르침에 탄복합니다"라고 말한다고 해서 성도라고 불리워지는 것이 아닙니다. 우리가 그런 식으로 말한다면 아직도 전통 유대교에 빠져 있는 사람이거나 또는 도덕주의자들로 심취해 사는 자들입니다. 그러나 십자가는 그런것이 아니라, 생명을 싹트게 하는 것이며 삶의 핵심입니다. 모든 것이 이로 말미암아 전개되며, 자기 자신에 대한 모든 생각을 십자가가 주관한다는 것입니다. 십자가가 자기 자신에 대한 생각을 새롭게 한다는 것입니다.

물론 이 문제들은 이미 여러 번 살펴본 것입니다. 그러나 여러분과 함께 좀 더 생각하려는 것은 이 점이 그리스도의 십자가에 관한 진리 중 십자가가 안고 있는 가장 고귀한 양상 중 하나이기 때문입니다. 십자가는 인간으로 하여금 자기 자신에 대한 입장을 새롭게 만듭니다. 어떻게 이 일이 이루어집니까?

고린도후서 5장을 읽어 보시면 그 이유를 발견하게 될 것입니다. 바울은 두 가지 놀라운 진리를 말하며 이 문제를 아주 분명하게 다루고 있습니다. 먼저 16절의 말씀을 보면 다음과 같습니다. "그러므로 우리가 이제부터는 어떤 사람도 육신을 따라 알지 아니하노라 비록 우리가 그리스도도 육신을 따라 알았으나 이제부터는 그같이 알지 아니하노라." 이것이 첫 번째 진리입니다.

그 다음은 14-15절에서 말씀합니다. "그리스도의 사랑이 우리를 강권하시는도다 우리가 생각건대 한 사람이 모든 사람을 대신하여 죽었은즉 모든 사람이 죽은 것이라 그가 모든 사람을 대신하여 죽으심은 살아 있는 자들로 하여금 다시는 그들 자신을 위하여 살지 않고 오직 그들을 대신하여 죽었다가 다시 살아나신 이를 위하여 살게 하려 함이라."

바울 사도가 고린도후서 5장 전체에서 교훈하고자 하는 모든 내용이 17절에 요약되어 있습니다. 여기서 바울은 우리에게 매우 놀라운 진술을 하고 있습니다. "그런즉 누구든지 그리스도 안에 있으면 새로운 피조물이라 이전 것은 지나갔으니 보라 새 것이 되었도다." 새 것이 된 모든 것이 인간 본래의 모습을 이제는 새로운 각도로 바라보게 된 것입니다. 인간은 자신에 대한 개념을 새롭게 가지게 되었습니다. 그리스도의 십자가가 성취한 가장 찬란한 것들 중 하나는, 십자가가 의미하는 것이 무엇인지를 알고 십자가 상에서 무슨 일이 벌어졌는지를 충분히 깨달은 사람들입니다. 즉, 인간을 자기 자신으로부터 십자가가 구원한 사실입니다. 인간 스스로가 결코 할 수 없는 자기 속박으로부터의 해방을 십자가가 이룬 것입니다.

본질상 인간은 육체를 따라 살며

이 점에 대해서 좀 더 살펴봅시다. 본래 인간은 성도가 아닙니다. 십자가에 관한 메시지를 한 번도 들은 적이 없는 자들입니다. 그래서 자신의 생각대로 삽니다. 사도 바울에 의하면 본질상 인간이 지닌 견해는 모두 다 육체를 따라 난 것이라 말합니다. 바울의 서신들을 잘 알고 있다면, 바울은 언제나 그의 서신들 속에서 인간의 육체와 영을 대조하며 서술하고 있음을 금방 알아차립니다. '육체를 따라' 모든 것을 바라본다는 것은 성령으로 말미암아 예수 그리스도를 전적으로 의존하지 않고 살아가는 태도를 의미합니다. 그리스도의 조명함이 없이 혼자서 모든 것을 다루어야만 합니다. 이것이 '육신를 따라' 한다는 의미입니다. 물론 인간은 늘 자기가 옳다고 여기는 측면에서 모든 것을 관찰하는 능력이 있습니다.

출생신고는 한 인간의 출생을 증명해 주는 것입니다. 이것은 아이가 태어난 곳, 부모, 조부모, 가문의 조상, 혈통 등 아이와 관계된 모든 것을 말해 주는 것입니다. 바울은 이런 세상적인 것을 언급하는 일에 애쓰지 않습니다. 왜냐하면 바울의 심령 속에서 일어난 놀라운 변화 때문입니다. 그러나 그 전에는 이 변화를 소유하지 못한 바울이었습니다. 그래서 바울은 빌립보서 3장에서 이렇게 말씀합니다. "그러나 나도 육체를 신뢰할 만하며 만일 누구든지 다른 이가 육체를 신뢰할 것이 있는 줄로 생각하면 나는 더욱 그러하리니 내가 팔일만에 할례를 받고 이스라엘 족속이요 베냐민 지파요 히브리인 중의 히브리인이요 율법으로는 바리새인이요 열심으로는 교회를 박해하고 율법의 의로는 흠이 없는자라"(4-6절). 이것은 바울이 자신에 대하여 품은 생각들입니다. 본능적으로 인간은 이와 같은 일에 심혈을 기울입니다. 어디 출신이냐가 중요합니다.

이것뿐이 아닙니다. 현재 우리의 삶 속에서 본인이 처해 있는 직함에 따라서 자기의 지위를 스스로 높이 치켜세우는 자가 인간입니다. 어느 계급이냐, 네 직분이 무엇이냐에 따라서 세상은 우리를 판단합니다. 더 나아가면 항상 돈 문제와 관련되어 있어 세상은 부잣집 출신이냐 가난한 집 출신이냐를 보고 우리를 판단합니다. 이런 것들을 가지고 세상은 우리를 갈라 놓습니다. 오늘날 우리 사회를 보십시오. 서로 갈라진 가지들이 얼마나 많은지 모릅니다. 질투, 경쟁, 시기, 멸시 등 이 모든 것들에 대하여 우리는 너무나 잘 알고 있습니다. 이것들과 더불어 인간은 살아갑니다. 우리의 인생에는 이런 것들이 끊어지질 않습니다. 이런 것이 그리스도 없이 사는 모습입니다.

이런 사람들은 이것들 외에도 자신들이 가진 천부적인 재질이나 능력을 자랑하고 그보다 못한 상대방을 멸시합니다. 인간의 지능지수가 얼마나 높으냐에 따라 쉽게 판단합니다. 사고력이 어떠한지, 이해력이 얼마나 풍부한지를 살핍니다. 무슨 야망이 있느냐? 아니면 꿈 없이 사는 짐승이냐? 이 같은 문제에 관심을 갖고서 여기에 따라 서로를 규명하여 단정을 내리는 것이 이 세상의 삶입니다. 지능지수, 잠재력, 이해력, 학위 등에 따라서 선불리 결정하는 세상의 삶입니다.

이것 말고 또 있습니다. 세상은 인간의 심성이 선하냐, 악하냐에 따라 구분짓습니다. 바울이 빌립보서 3장에서 고백한 말씀은 오늘날 우리 사회에 보편화된 현상들입니다. 국가와 국가 사이에 벌어지는 사건들, 강한 민족주의 운동이 일고 있는 원인들이 다 이것 때문입니다. 오늘날 우리 사회를 좀먹게 하는 사악하며 잔인한 모든 것들의 원인도 여기에 있습니다. 인종 차별 문제, 반유대주의 사상 등 인간의 삶을 어둡게 만드는 요인들이 여기에 함축되어 있습니다.

이런 문제들이 생기는 근본 이유는, 인간 스스로가 육체를 따라 자랑하려는 데서 싹트는 것입니다. 그러다 보니 악을 대항하는 선이 일어나고, 자연히 종교가 부상되는 것입니다. 그래서 사람들은 자신이 종교적인 사람이 된 것을 매우 큰 특권으로 여기며 그 자체를 자랑삼아 말합니다. 종교적인 고상한 전통의식을 주장합니다.

이런 것들이 인간을 교만하게 만드는 요소들입니다. 그래서 인간은 자기를 과시할 수 있는 기회를 찾기만 하면 즉각 시도합니다.

인간이 자기를 나타내는 길을 유심히 살피는 것은 자기 스스로가 자신의 출생이나 부모를 미리 결정할 수가 없기 때문입니다. 우리는 우리의 족보를 마음대로 선택할 수가 없습니다. 뛰어난 천부적인 자질들도 내가 갖고 싶다고 해서 얻게 되는 것이 아닙니다. 우리가 자랑할 만한 것을 갖고 싶다고 해서 얻어지는 것이 아닙니다. 셰익스피어가 그의 재능을 산출해 낸 것이 아닙니다. 그는 그런 재능을 타고난 사람입니다. 천부적인 재능이 우리에게 있다면 우리는 그것을 사용할 수 있고 또 계발할 수가 있습니다. 그러나 결코 창조할 수는 없습니다. 온갖 교만을 산출하는 이런 것들은 매우 가증스러운 일입니다. 그리스도의 십자가가 비추어 주는 빛이 없이 살아가는 인간의 모습이 어떠한 것인지를 사도 바울은 잘 반영하고 있습니다.

본질상 인간은 자신을 위해서만 살며

둘째로 그가 우리에게 교훈하는 것은 인간이 너무나 자기중심적이란 것입니다. 그는 "그가 (그리스도) 모든 사람을 대신하여 죽으심은 살아있는 자들로 하여금 다시는 그들 자신을 위하여 살지 않고 오직 그들을 대신하여 죽었다가 다시 살아나신 이를 위하여 살게 하려 함이라"(고후 5:15)고 말씀하셨습니다. 원래 인간은 자신을 위해서 살고 있습니다. 바울도 마찬가지였습니다. 그는 다소의 사울로 자신만을 위하여 산 사람이었습니다. 우리도 다를 바가 없습니다. 인생의 모든 방면에서 인간들이 하고 있는 일은 자기 자신을 위한 삶입니다. 그 속에는 온갖 자만심으로 가득 차 있습니다. 자기 자신만을 생각합니다. 이것이 인간을 더욱 교만하게 하는 요인입니다.

모든 비극적인 문제 중에서도 가장 문제시되는 것은 아마도 자기중심적 삶일 것입니다. 이것은 인간의 타락 이후 모든 인간의 가장 큰 불행이 아닐 수 없습니다. 오늘날 우리에게 절실히 요구되는 것은 자기중심적인 삶을 탈피하는 것입니다. 그러나 우리는 늘 우리 주위만 맴돌 뿐 탈피하지 못하고 있습니다. 우물 안의 개구리처럼 자기가 최고이고 자기만을 위해 삽니다. 모든 것을 자기 자신의 위치에서 판단하고 평가해 버립니다. 내가 이것을 함으로 내게 유익이 되는 것이 무엇인지를 늘 생각합니다. 우리의 모든 경쟁심, 비웃음 및 멸시함이 여기에서부터 출발합니다. 개개인을 보아도, 각 나라들을 보아도 각자의 이익만을 추구할 뿐입니다.

여기에 덧붙여, 또 하나의 문제는 이기주의가 팽창해 있는 것입니다. 모든 것이 자기를 위해서 있는 것이기를 소망합니다. 사도 바울의 고백, 즉 "더 이상 우리 자신을 위해서 살지 않고 이제는 나를 위해 죽으셨다가 다시 산 자를 위해서 산다"는 말씀은 전혀 관심이 없습니다. 자기중심적인 모든 인간은 이기적인 사람입니다. 자기를 위해서라면 나쁜 짓도 서슴지 않고 행합니다. 다른 사람이 갖고 있지 않은 것을 원합니다. 아무리 채워도 끝이 없는 자기 자신을 위해 필사적으로 행동합니다. 모든 것을 자신을 위하여 이룩하려고 합니다. 자신을 다스리고 지배하는 무섭기 그지없는 자기 자신을 늘 만족케 하려고 애씁니다.

그래서 모든 것에 매우 민감한 반응을 보입니다. 자기를 알아 주지 않을 때는 모욕당하는 것으로 간주하며, 자기 존재를 의식해 주지 않을 때는 수치감이 치밀어 옵니다. 누군가가 행여나 자신을 모독하지는 않는지 늘 염려합니다. 자꾸만 누군가가 그렇게 한다고 느껴집니다. 그래서 마음의 상처를 받기 쉽습니다. 자기방어에 몰두하게 됩니다. 자기 보호주의자가 되는 것입니다. 자기 자신을 보호하는 데 많은 정력을 소모합니다. 자신을 해 칠 우려가 있는 것은 무엇이든지 피해 버립니다. 자신을 보호하는 데 과잉반응이 생깁니다. 극도로 민감해진 자신의 초라한 모습이 온 몸을 휘감아 버립니다.

제가 인간의 모습이 어떠한 것인지를 이처럼 설명해도, 참으로 미묘한 것은 본능적으로 인간은 대개 자기 신뢰와 자기 과신에 사로잡혀 있다는 것입니다. "나는 내 운명을 내 스스로가 결정지을 수 있어. 내 영혼을 주관하는 주인은 바로, 나 자신이야"라고 말합니다. 이런 사람은 특히 기독교를 몹시 싫어합니다. 왜냐하면 기독교는 스스로가 자신을 구원할 수 없다고 말하기 때문입니다. 그래서 기독교를 거절합니다. 인간은 스스로 자신을 구원한다고 믿습니다.

자기에게 그런 능력이 충분히 있다고 확신합니다. “불가능은 없다. 네 자신을 믿으라.” 이런 신념에 사로잡혀 자신의 삶을 영위합니다. 인간은 자신을 신뢰하며 자신에 의하여 지배당하며 삽니다. 그 자신이 자칭 신이요 처음이요 나중이며 모든 것을 다할 수 있다고 믿는 자입니다. 자기 과신과 자기만족 및 지극히 독립적인 존재로서 살아가는 인간은 이 세상의 어떤 신도 부정합니다. 그에게는 신이 필요없습니다. 자신만이 특별한 존재이기 때문입니다.

그러나 사랑하는 여러분! 이처럼 자신만 만한 인간의 전생애가 온갖 두려움과 걱정 근심에 싸여 있는 이유가 무엇입니까? 극도로 민감한 신경과민 증세가 늘어남이 웬일입니까? 사도 바울도 바울이기 전에는 이 같은 인간이었습니다. 다메섹 도상에서 하나님을 만나기 전에는 다소의 사울도 이런 인간이었습니다. 십자가 상에서 그리스도의 죽음이 무엇을 의미하는지 바로 깨닫기 전에는 바울도 하나님을 부정하고 하나님이 필요 없다고 생각하였습니다.

그런데 무엇이 사울을 바울이 되게 했습니까? “그런즉 누구든지 그리스도 안에 있으면 새로운 피조물이라 이전 것은 지나갔으니 보라 새 것이 되었도다”(고후 5:17). 바울에게는 새사람이 되는 것 이상 더 좋은 것은 아무것도 없었습니다. 그는 그의 옛 구습으로부터 벗어났습니다. 바울은 자신의 옛 모습이 어떠했는지를 분명히 깨달았을 때 소스라쳐 놀란 것입니다. 우리의 옛 모습은 허상에 불과한 거짓된 인생이었습니다. 늘 불안해 하고 한 번도 마음에 참된 평화와 기쁨이나 만족이 없었던 삶이었습니다. 그러나 이제는 다릅니다.

그리스도의 십자가를 통해서 자신의 모습을 바로 보게 되었습니다. 자신의 참된 모습을 십자가가 바로 보여 줍니다. 다른 사람들과 마찬가지로 자기도 똑같이 추악한 죄인임을 깨닫게 되고, 죄악으로 가득 차 있어 은혜를 받을 만한 자격이 없는 악독한 인생임을 깨닫게 됩니다. 십자가를 통해서 자신의 모습을 바라본 자는 자기중심적인 사고가 얼마나 가증스러운 것인지를 발견합니다. 모든 것이 비정상이고 진실이 아님이 드러납니다. 우리 중의 그 누구도 세상이 다툼과 긴장, 적대감과 절망, 비참함으로 가득 차 있다는 것을 바르게 보지 못하기 때문에 자기 중심적인 삶에는 허상만이 있을 뿐입니다. 모든 문제의 출처는 자신입니다.

의인은 없나니 하나도 없으며

사도 바울은 우리를 일반적인 측면에서 "의인은 없나니 하나도 없으며"(롬 3:10)라고 기술하고 있습니다. 우리는 바울이 율법의 의를 다루기 전에 그가 율법에 흠이 없는 자로 여겼음을 잘 압니다. 왜냐하면 바울도 다른 바리새인들과 마찬가지로 율법을 자기 자신의 입장에서 해석했기 때문입니다. 율법은 "탐내지 말라"고 말합니다. 이 말씀을 읽거나 듣는 자는 즉각 탐심이 죄라는 사실을 발견합니다. 모든 사람이 죄를 범하였고 인간이 죄인임이 드러납니다. 어쩌면 여러분은 그런 일을 하지 않았는지 모릅니다. 그러나 여러분이 그렇게 하기를 원했거나, 또는 설사 그렇게 하지 않았다고 하더라도 그 이유는 욕심을 부리도록 장려받지 않았을 뿐입니다. 다른 이유는 없습니다. 어쨌든 우리는 엄청난 죄인입니다. 욕심이 있습니다. 악독합니다. 율법이 살아납니다. 죄가 드러납니다. 죽음뿐입니다.

온 세상이 하나님 앞에 죄를 범했습니다. 의인은 없나니 한 사람도 없습니다. "모든 사람이 죄를 범하였으매 하나님의 영광에 이르지" 못합니다. 바울도 이 같은 무리 속에 섞여 살아온 자였습니다. 언제나 자신만만했고 자기기만에 사로잡혀 있었습니다. 높은 윤리적 종교적 삶, 율법에 대한 박식함을 늘 자랑해 온 바울이었습니다. 그러한 그가 고통 중에 부르짖는 소리를 들어 보십시오. "오호라 나는 곤고한 사람이로다 이 사망의 몸에서 누가 나를 건져내랴"(롬 7:24). 죄는 그와 함께 존재하고 몸의 한 지체처럼 붙어 다니고 있습니다. 무엇을 해야 하는지 알았지만 할 수가 없었습니다. 율법은 선하고 공의한 것이며 신성한 것임을 믿었습니다만 그 자신이 죄 아래에 팔린 자임을 고백하고 있습니다. 선을 행하려는 욕망이 내게 있으나 원치 않는 바를 행하게 하는 다른 것이 내 안에 있음을 말합니다. "내가 원하는 바 선은 행하지 아니하고 도리어 원하지 아니하는 바 악을 행하는도다"(롬 7:19). "여기에 서 있는 나를 보라. 하나님의 법을 지키려는 소원이 내게 있도다. 그러나 내 지체 속에 한 다른 법이 있어 나를 죄 아래로 사로잡아 오는 도다." 이것이 바울이 깨달은 모든 것입니다.

여기서 우리는 바울이 자신을 보는 견해가 전적으로 새로워진 것임을 볼 수 있습니다. 바울은 새로운 피조물이 되지 않고는 전적으로 아무것도 아니라는 것을 발견한 것입니다. 바울은 다음과 같이 말하므로 로마 교인들에게 그리스도 안에 있는 하나님의 사랑을 찬양하고 있습니다. "우리가 아직 연약할 때에 기약대로 그리스도께서 경건하지 않은 자를 위하여 죽으셨도다"(롬 5:6). "곧 우리가 원수 되었을 때에 그의 아들의 죽으심으로 말미암아 하나님과 화목하게 되었은즉…"(10절).

전에는 자기 자신이 하나님을 잘 섬기는 자로, 하나님을 가장 많이 기쁘게 해 드리는 자로 여겼던 바울이 이곳에서 고백함은, 내가 하나님을 대적하는 자였고 하나님을 섬기지도 못했을 뿐 아니라 경외하지도 않았으며 반면에 나 자신을 섬기고 의존해 왔노라는 것입니다. 그것 때문에 바울이 고결한 삶과 숭고한 종교적 뜨거운 열정 그리고 많이 배운 자신의 학문을 자랑하게 되었습니다. 비록 하나님을 기쁘시게 한다고 여겼으나 하나님을 섬기지 않고 자기 자신을 하나님으로 여겼다는 그의 신앙고백입니다.

이런 사실을 깨닫게 해 준 것이 바로 십자가였습니다. 십자가에 계신 우리 주 예수 그리스도께서 바울에게 증거해 주신 것이며, 오늘날 우리 모두에게 주님이 이 세상에 오셨고 십자가에서 죽으셔야만 했음을 증거하는 것입니다. 우리 인간이 모두가 죄인이기 때문에 주님은 세상에 오셨고 십자가에서 죽으셨습니다. 모든 인간이 소망도 없이 살아가는 잃어버린 영혼들이기에, 선함도 없고 영적으로는 이미 죽은 자들이기에 주님이 세상에 오셔서 죽으신 것입니다.

영적으로 죽었다는 의미는 하나님을 알지 못한다는 뜻입니다. 우리는 때때로 우리 대화 속에 하나님을 이야기하나 그분에 대해서 모르는 것이 너무나 많이 있습니다. 이것이 영적 사망입니다. 주님이 친히 말씀하셨습니다. "영생은 곧 유일하신 참 하나님과 그가 보내신 자 예수 그리스도를 아는 것이니이다"(요 17:3). 이 말씀에 비추어 보면, 우리가 죽게 되는 이유는 유일하신 참 하나님과 그가 보내신 자 예수 그리스도를 알지 못하기 때문입니다. 다시 말해서 여러분이 하나님을 알지 못하고 또 예수 그리스도를 알지 못하기 때문에 사망이 찾아오는 것입니다.

하나님은 살아 계십니다. 모두가 그에 대해서 알기를 원합니다. 하나님이 인간을 창조하신 것은 인간이 하나님을 알게 하기 위함이었고, 하나님과 더불어 좋은 교제를 갖게 하기 위함이었습니다. 인간은 하나님의 좋은 동반자가 되도록 계획되었습니다. 하나님은 마치 우리가 철학적인 어떤 문제를 논의하듯 우리의 단순한 토론의 대상으로 여길 수 있는 분이 아닙니다. 하나님은 스스로를 계시하십니다. 아브라함이 하나님을 알았듯이 이삭도 야곱도 하나님을 잘 알았습니다. 족장과 구약 시대의 모든 성도는 하나님을 알았고 다윗은 하나님과 깊은 교제를 나누며 친밀한 관계를 나누었습니다.

여러분은 어떻습니까? 하나님을 아십니까? 만약 그렇지 않다면, 여러분은 영적으로 죽은 자입니다. 사도 바울은 자기가 하나님을 알지 못했던 이유가 여기에 있었음을 다음과 같이 기술하고 있습니다. 그가 에베소 교인들에게 말하기를 "그는 허물과 죄로 죽었던 너희"(엡 2:1)라고 했습니다. 바울 자신이 그런 사람이었습니다. 그는 또 말하기를 "전에는 우리도 다 … 다른 이들과 같이 본질상 진노의 자녀"(엡 2:3)였다고 했습니다.

이 모든 진리를 바울은 십자가에서 깨달았습니다. 십자가가 이 사실을 보여 주었습니다. 하나님의 아들이 십자가에서 죽으실 이유가 결코 없음에도 불구하고 그가 죽으신 이유는 절망의 자리에서 죄와 허물로 짓눌려 허우적거리는 절망과 탄식 뿐인 우리 인간들 때문이었음을 십자가가 바울에게 알려 준 것입니다. 우리가 살펴보았던 것처럼 주 예수 그리스도께서 죄인을 건지시려고 십자가 상에서 못 박혀 죽으신 그 사실을 바울이 깨닫게 된 것입니다.

너희는 값으로 산 것이 되었으니

이 진리를 설명할 수 있는 측면이 많이 있습니다만 한마디로 집약할 수 있는 말은 "값을 주고 샀다"는 표현입니다. 인간은 죄와 사탄의 종이었습니다. 그러나 이제 몸값을 치르고 구속함을 받은 자가 된 것입니다. 바울이 증거함이 바로 이것입니다. 십자가 상에서 벌어진 사건이 주 예수 그리스도께서 그의 몸값을 지불하여 구원해 주었음을 증거한 것입니다. 그래서 바울은 고린도 교인들에게 생활 원리를 말하면서 다음과 같이 말씀합니다. "너희 몸은 너희가 하나님께로부터 받은 바 너희 가운데 계신 성령의 전인 줄을 알지 못하느냐 너희는 너희 자신의 것이 아니라 값으로 산 것이 되었으니 그런즉 너희 몸으로 하나님께 영광을 돌리라"(고전 6:19-20).

이제 완전히 새로운 견해가 주어집니다. 인간은 사탄의 노예였고 세상의 종이었습니다. 자유함이 없이 종노릇만 하다가 죽어야 할 뿐입니다. 그런데 이제는 값으로 산 것이 되어 속박으로부터 벗어나게 된 것입니다. 어두운 나라에서 하나님의 아들의 나라로 이사했습니다. 구속받은 자가 되었습니다. 그러므로 우리는 자신을 저울질하는 새로운 척도를 갖게 되었습니다. 이제는 내가 더 이상 나의 것이 아닙니다. 더 이상 내 자신에게 속한 것이 아닙니다. 전에는 자신을 위해서만 살았으나 이제는 다릅니다. 값을 주고 산 몸이 되었기 때문입니다. 새생명을 찾았습니다. 새로운 왕국에 거하게 되었습니다. 이 사실은 너무나 귀한 축복이 아닐 수 없습니다. 매우 감격적인 말씀입니다.

그래서 바울은 이 진리를 끊임없이 증거하는 것입니다. 그가 어디로 가든지 이것만을 증거했습니다. 제가 이미 고린도전서 6장 19-20절 말씀을 인용했습니다만 우리가 지금까지 공부하고 있는 갈라디아서 2장 20절 말씀도 읽어 봅시다. "내가 그리스도와 함께 십자가에 못 박혔나니 그런즉 이제는 내가 산 것이 아니요 오직 내 안에 그리스도께서 사신 것이라 이제 내가 육체 가운데 사는 것은 나를 사랑하사 나를 위하여 자기 몸을 버리신 하나님의 아들을 믿는 믿음 안에서 사는 것이라."

바울의 이 고백이 이전의 바울의 삶과 비교할 때에 얼마나 다른 고백입니까! "내가 사는 것이 이제는 내가 아니다"라고 말합니다. 다른 말로 하면 "이제 나는 이전의 내가 아니다. 전에는 나 자신을 위해서 살아온 나였으나 이제는 나를 위해 사는 것이 아니다. 더 이상 내 안에 내가 사는 것이 아니라 그리스도께서 사신다"라는 뜻입니다. "내가 육체 가운데 사는 것은 나를 사랑하사 나를 위하여 십자가 상에서 자기 몸을 버리신 하나님의 아들을 믿는 믿음 안에서 사는 것이라!" 이 얼마나 멋있는 간증입니까?

이 말씀은 전적으로 새로운 형태의 삶을 보여 줍니다. 바울은 전에 자신이 살아온 사울이 아닙니다. 십자가가 그를 전적으로 변화시킨 것입니다. 그의 삶은 자신을 위한 것이 아니라 자기를 사랑하사 자기 몸을 버리신 하나님의 아들을 믿는 믿음 안에서 사는 것입니다. 그는 이 사실을 로마서 8장 서두에서도 언급하고 있습니다. "그러므로 이제 그리스도 예수 안에 있는 자에게는 결코 정죄함이 없나니 이는 그리스도 예수 안에 있는 생명의 성령의 법이 죄와 사망의 법에서 너를 해방하였음이라."

바울은 전에 죄와 사망의 법에 따라 살았습니다. 죄를 지어 정죄받아 죽음을 무서워하며 살았습니다. 율법에 얽매여 속박받는 삶을 살았습니다. 그러나 이제는 "그리스도 예수 안에 있는 생명의 성령의 법이 나를 해방하였음이라"고 고백합니다. 그는 더 이상 사망의 법에 매여 살지 않고 이제는 생명의 법 안에서 새사람이 되었습니다. 이에 그는 "이제는 내가 산 것이 아니요 오직 내 안에 그리스도께서 사신 것이라"고 집약한 것입니다. 다시는 자기 자신을 위하여 살지 않고, 자기를 위해 몸을 버리사 죽으시고 다시 사신 주님을 위해 사는 것입니다.

이러한 사실을 고린도후서 5장에서도 바울은 진술하고 있습니다. 그는 "우리가 생각건대 한 사람이 모든 사람을 대신하여 죽었은즉 모든 사람이 죽은 것이라 그가 모든 사람을 대신하여 죽으심은 살아 있는 자들로 하여금 다시는 그들 자신을 위하여 살지 않고 오직 그들을 대신하여 죽었다가 다시 살아나신 이를 위하여 살게 하려 함이라"(14-15절)고 말씀했습니다. 이 말씀은 자신이 누구이며 어떤 사람이 되어야 하는지를 전적으로 새로운 관점에서 측량하는 바울의 새 모습을 확증해 주는 말씀입니다. "이전 것은 지나갔으니 보라 새 것이 되었도다." "이제는 내가 사는 것이 아니요 나를 사랑하사 나를 위하여 몸을 버리신 하나님의 아들을 믿는 믿음 안에서 사는 것이니라." 이 얼마나 놀라운 변화입니까?

바울이 십자가만을 자랑하는 것이 이상한 일입니까? 사람들이 자신의 변화된 삶에 대해서 그리고 그가 증거하는 사실에 대해서 문제 삼는 줄을 알고 그는 고린도전서에서 이렇게 말씀합니다. "사람이 마땅히 우리를 그리스도의 일꾼이요 하나님의 비밀을 맡은 자로 여길지어다"(4:1). 그가 여기서 말하는 것은 '너희가 나를 생각할 때에 바울로 여기지 말고 하나님의 일꾼으로 생각하라. 왜냐하면 나를 바울로 생각하면 나를 생각하는 순간 너희는 아볼로와 게바를 생각하게 될 것이고 결국 너희는 우리 셋 중에 누가 더 큰 사람인가 하고 시비가 붙어 서로 판단하게 되기 때문이니'라는 의미입니다.

그러나 "우리를 그리스도의 일꾼으로 그리고 하나님의 비밀을 맡은 자"로 여기길 바라며, "그리고 맡은 자들에게 구할 것은 충성이니라"고 바울은 교훈합니다. 계속해서 "너희에게나 다른 사람에게나 판단받는 것이 내게는 매우 작은 일이라 나도 나를 판단치 아니하노니 내가 자책할 아무것도 깨닫지' 못하나 그러나 이를 인하여 의롭다 함을 얻지 못하노라 다만 나를 판단하실 이는 주시니라"(고전 4:3-4).

얼마나 놀라운 진술입니까! 바울은 "너희가 능히 나를 괴롭히지 못한다. 나에 대해서 말하고 싶은 대로 해 보라. 하지만 더 이상 나를 동요시키지 못한다는 것을 기억하라. 너희에게나 다른 사람에게나 판단받는 것은 내게 매우 작은 일이니라"고 말하는 것입니다. 여러분은 이런 경험을 이해하십니까? 여러분도 이 같은 입장입니까? 비난받는 것을 아무렇지 않게 여깁니까? 사람들이 여러분을 어떻게 생각하는지에 대해서 전혀 관심이 없다고 말할 수 있습니까? 그렇게 말할 수 있다면 그곳이 곧 천국이라고 생각하십니까? 사람들이 여러분에 대해서 뭐라고 말하는지에 대한 염려 때문에 여러분에게 임박해 오는 고통과 불행을 생각해 보십시오. 그러나 자신으로부터 탈퇴한 이 사람을 보십시오. 그는 "너희에게나 다른 사람에게나 판단받은 것이 내게는 매우 작은 일이라 나도 너를 판단치 아니하노니"라고 말합니다. 여기서 그는 다른 사람이 자기를 어떻게 생각하든지 전혀 걱정하지 않을뿐더러 스스로를 판단하는 것조차도 하지 않는다는 말씀입니다.

여러분은 자신에 대해서 관심을 갖는다는 것이 얼마나 큰 시간 낭비인지 생각해 본 적이 있습니까? 자신을 관망하며, 자신을 내세우고, 자신을 돌아보고, 상 받는 일에만 집착하는 등 자신만을 생각하는 그런 일에 한치라도 자신의 시간을 보내고 싶지는 않을 것입니다. 바울이 교훈하는 이 말씀은 다른 사람들이 자기를 어떻게 생각하든지간에 관심 밖의 일이며, 또한 자기 자신을 판단하지조차 않는다는 말입니다. "나 자신과는 이제 종을 쳤다. 이제 나를 심판하시는 분은 주님이시다. 나는 주님을 위해서 살고 그분을 높이는 일에만 전력을 다할 뿐이다. 내 안에 사는 것이 내가 아니다. 이제 내가 육체 가운데 사는 것은 나를 사랑하사 나를 위하여 자기 몸을 버리신 하나님의 아들을 믿는 믿음 안에서 사는 것이니라." 이것이 바울의 고백입니다. 얼마나 놀라운 대변혁입니까? 이 모든 사실이 가능케 된 것은 바로 십자가입니다. 이제 여러분은 여러분의 것이 아닙니다. 왜냐하면 값으로 산 것이 되었기 때문입니다. 그 값은 그리스도의 보배로우신 보혈입니다. 한 점 흠도 없는 어린양으로서 흘리신 보혈이 그 값입니다.

자신을 관망하는 이 새로운 관점을 통해서, 사도 바울은 인생의 모든 제반사에 대하여 점검하는 태도가 완전히 새로워졌습니다. 우리 모두가 그것을 배워야만 합니다. 어떻게 사느냐의 문제는 앞에서 이미 언급한 윤리적인 문제입니다. 늘 헛수고만 하는 인생에 대한 문제로, 즉 착한 인간이 되겠다는 것이요, 율법에 충실하겠다는 것, 공자 선생처럼 되겠고 종교적으로 훌륭한 인간이 되겠다는 문제입니다. 바울 역시 이 모든 일들에 집착했던 자들로 자신을 위해 부단히 노력했지만 결국에는 모두가 완전히 실패한 것뿐이었습니다. 실패의 연속, 이 결과는 우리가 시도해 본 것으로 충분히 이해될 수 있습니다. 그리스도의 십자가를 통해서 우리가 받게 되는 놀라운 축복 중 또 다른 한 가지는, 십자가의 참된 의미가 무엇인지를 이해할 때에 십자가가 모든 것을 변화시켜 준다는 것입니다. 십자가는 우리로 하여금 전적으로 새로운 태도로 인생을 살도록 합니다.

바울 사도는 로마서에서 이렇게 기록하고 있습니다. 로마서 8장을 다시 한 번 읽어 봅시다. 이미 1절과 2절을 인용했습니다. 이제는 3절과 4절 말씀을 읽도록 하겠습니다. "율법이 육신으로 말미암아 연약하여 할 수 없는 그것을 하나님은 하시나니 곧 죄로 말미암아 자기 아들을 죄 있는 육신의 모양으로 보내어 육신에 죄를 정하사 육신을 따르지 않고 그 영을 따라 행하는 우리에게 율법의 요구를 이루어지게 하려 하심이니라." 이 말씀이 십자가에 대한 모든 설명입니다. 육신을 따르지 않고 영을 따르는 우리에게 율법이 요구하는 의를 이루시기 위하여 하나님은 십자가 상에서 죄를 정죄하신 것입니다. 다시 말하면 십자가는 이 세상에서 어떻게 삶을 영위해 갈 것인지를 깨닫게 해 주었습니다.

십자가는 어떻게 살아야 할지 보여 준다

이제는 이 십자가가 과연 어떻게 그 일을 이루어 가는지 살펴보겠습니다. 인간은 십자가의 메시지가 주는 의미가 무엇인지를 깨닫기 전에는 주로 선과 악이란 개념으로 인생을 측량합니다. 늘 어떤 행동을 하느냐만을 생각하지 그 이상의 전진은 없습니다. 하고자 하는 일을 전혀 할 수가 없습니다. 그러나 십자가는 우리에게 죄를 관망하는 새로운 눈을 주었고, 죄가 우리의 제일 큰 원수임을 깨닫게 해 줍니다. 십자가는 우리가 좋아하는 것이 무엇인지를 드러내 줍니다. 세상이 우리를 유혹하는 것들은 우리를 위험 속으로 떨어뜨리는 것들임을, 세상이 자랑하는 모든 것들이 우리를 비참한 곳으로 몰아넣는 것임을 십자가가 보여 줍니다. 우리를 불행하게 하고 모든 문제를 야기시키는 것이 세상의 것들입니다. 매우 아름답게 보이는 것이 우리를 죽음의 공포로 빠뜨리는 것이며 하나님을 두려워하도록 만듭니다. 그러나 십자가는 겉모습만 번지르한 세상의 모든 것들을 밝히 드러내 보여 주며 이것들이 얼마나 허황한 것이며 어리석은 것인지를 깨닫게 해 줍니다.

이 같은 일을 십자가는 다음과 같은 방법으로 합니다. 하나님의 아들이 십자가에 달리신 이유가 무엇입니까? 그것은 인간이 지은 하나님께 대한 반역 죄였습니다. 이런 죄는 사탄이 하는 주된 죄목입니다. 이기적인 인간의 모든 생각들이 주님을 십자가에 못 박은 것입니다. 죄란 그리스도 안에 있는 하나님의 모든 뜻과는 정반대되는 것입니다. 십자가를 지시고 잔인하게 죽임을 당하시며 온갖 치욕을 당하신 하나님의 아들의 뜻과도 정반대되는 것입니다.

바울은 디도에게 이 사실을 아주 분명하게 설명하고 있습니다. 바울은 "모든 사람에게 구원을 주시는 하나님의 은혜가 나타나 우리를 양육하시되 경건하지 않은 것과 이 세상의 정욕을 다 버리고 소중함과 의로움과 경건함으로 이 세상에 살고 복스러운 소망과 우리의 크신 하나님 구주 예수 그리스도의 영광이 나타나심을 기다리게 하셨으니 그가 우리를 대신하여 자신을 주심은…"(딛 2:11-14)라고 말했습니다. 무엇을 위해서입니까? 지옥으로부터 우리를 구원하시기 위해서입니까? 계속해서 읽어 봅시다. "모든 불법에서 우리를 속량하시고 우리를 깨끗하게 하사 선한 일에 열심히 하는 자기 백성이 되게 하려 하심이니라"(딛 2:14)고 했습니다.

주님이 십자가 상에서 우리에게 그의 몸을 주심은 모든 불법에서 우리를 구속하시기 위함이었고, 자신을 위하여 특별한 사람들을 예비하시기 위함이며, 우리를 모든 불법에서 구속하여 선한 일에 열심히 노력하는 자신의 백성이 되게 하려 하심이었습니다. 그러므로 만일 우리가 자기중심적인 삶을 영위한다면, 우리는 그리스도를 십자가에 오게 한 모든 것들을 부인하는 것입니다. 뿐만 아니라 한 기독교 신자로서 믿는다고 하는 모든 것을 부인하게 되는 것입니다.

십자가의 메시지를 깨달은 사람이 아직도 죄를 범하는 자리에서 떠나지 못하고 있다면 그리스도의 뜻과는 상반되는 삶을 사는 자입니다. "그런즉 우리가 무슨 말을 하리요 은혜를 더하게 하려고 죄에 거하겠느냐 그럴 수 없느니라 죄에 대하여 죽은 우리가 어찌 그 가운데 더 살리요"(롬 6:1-2). 만일 여러분이 계속 죄를 짓고 있다면 여러분이 깨달아 믿은 모든 것을 부정하는 것입니다. "이와 같이 너희도 너희 자신을 죄에 대하여는 죽은 자요 그리스도 예수 안에서 하나님께 대하여는 살아 있는 자로 여길지어다 그러므로 너희는 죄로 너희 죽을 몸을 지배하지 못하게 하여 몸의 사욕에 순종하지 말고 또한 너희 지체를 불의의 무기로 죄에게 내주지 말고 오직 너희 자신을 죽은 자 가운데서 다시 살아난 자 같이 하나님께 드리며 너희 지체를 의의 무기로 하나님께 드리라"(롬 6:11-13). 이 말씀은 여러분의 거룩한 생활이 십자가에 대한 여러분의 태도 여하에 달려 있다는 것입니다.

여러분은 십자가가 오직 칭의에만 필요한 것이라고 말할 수 없습니다. 그렇다고 오직 회심에만 필요한 것이라고도 말할 수 없습니다. 또한 보다 높은 차원의 삶을 추구하여 오직 성령이 지배하는 4차원의 세계에 사는 것에만 필요한 것이라고 말할 수 있는 것도 아닙니다. 십자가는 우리의 성결한 삶을 주관합니다. 십자가는 우리의 경건생활을 가늠하는 최고의 척도입니다. 그런데 여러분이 아직도 계속해서 죄 짓는 자리에 있다면, 여러분이 처음에 믿은 것과는 아주 모순된 삶이며 결코 경건한 삶을 사는 것이라고 말할 수 없습니다. 사도 요한이 기록한 말씀을 읽도록 합시다. 그는 말하기를 "사랑하는 자들아 우리가 지금은 하나님의 자녀라 장래에 어떻게 될지는 아직 나타나지 아니하였으나 그가 나타나시면 우리가 그와 같을 줄을 아는 것은 그의 참모습 그대로 볼 것이기 때문이니 주를 향하여 이 소망을 가진 자마다 그의 깨끗하심과 같이 자기를 깨끗하게 하느니라"(요일 3:2-3)고 했습니다.

십자가의 메시지를 한 번 깨달은 사람은 모든 사물을 대하는 데 있어서 전적으로 새로운 눈을 갖게 됩니다. 이런 사람은 단순하게 선한 삶을 영위하려고 애쓰는 자가 아닙니다. 그렇다고 다른 사람을 해치지 않으려고 조심하는 사람도 아닙니다. 또 율법의 올무에 걸려 넘어지지 않으려고 하면서 '이 정도면 안심이야' 하며 기회만

엿보는 자는 더욱 아닙니다. 그런 일들은 이미 다 지나간 옛날 일들입니다. 이제는 새로운 피조물입니다. 값 주고 산 몸이 되어 이제는 하나님의 자녀가 된 것입니다. 이제는 주님을 위해 예비된 백성입니다. 새로운 눈을 부여 받았습니다. 이제 그에게 있어서 죄란 그리스도의 사랑에 상처를 주는 것이지 율법을 어기는 것으로 생각하지 않습니다. 자기를 사랑하사 몸을 내어 주기까지 사랑해 주신 주님의 고귀한 사랑에 상처를 주는 것이 죄를 짓는다는 뜻입니다. 그런 사람은 '이제 나는 죄를 범할 수가 없습니다. 죄를 범할 권리가 제게는 없습니다. 나는 나 자신의 것이 더 이상 아닙니다. 나는 주님에게 속한 자이며, 전에는 내가 사탄과 죄의 종살이를 했지만 이젠 그리스도의 일꾼이 된 것입니다. 죄를 범하는 것은 생각할 수도 없습니다'라고 생각합니다. 그러므로 십자가의 증거를 깨달은 사람은 죄에 대한 생각도 전혀 다른 차원에서 이해하는 것입니다. 성결한 삶을 이룩하기 위하여 새로운 동인(動因)을 갖게 된 것입니다. 이 모든 것들로 인하여 우리는 하나님께 감사드립니다. 우리가 이 모든 일을 감당해 가도록 하나님이 능력을 부여해 주셨습니다.

살든지 죽든지 오직 주를 위해

그리스도께서 죽으심은 우리가 용서함을 받기 위해서만이 아니라 성령의 은사와 하나님의 능력을 부여하기 위한 것입니다. 우리가 어떻게 살아야 할지 또한 우리가 어떻게 고난받아야 할지 성령께서 가르쳐 주십니다. 왜냐하면 우리가 고난이 끊이지 않는 이 세상에 살고 있기 때문입니다. 그러므로 우리는 이 고난을 어떻게 잘 견딜 것인지를 배워야만 합니다. 성령께서 우리에게 고난당할 때 승리하는 방법을 가르쳐 주십니다. 십자가가 이 사실을 잘 설명하고 있습니다. 십자가는 도덕적으로 고상한 삶을 살도록 가르쳐 주는 것만이 아니라 어떻게 고난을 잘 이겨 낼지에 대해서도 가르쳐 주는 것입니다. 뜻하지 않는 운명의 화살들이 날아올 때 방어하는 유일한 승리의 무기를 가르쳐 줍니다. 육체적 정신적 고통들이 수없이 몰려옵니다. 오해, 배신, 불공평과 절망, 좌절 그리고 고립 …. 이 모든 일들을 어떻게 감당하십니까? 모두가 겪는 이 일을 어떻게 이겨야 합니까?

베드로는 다음과 같이 말합니다. "사환들아 범사에 두려워함으로 주인들에게 순종하되 선하고 관용하는 자들에게만 아니라 또한 까다로운 자들에게도 그리하라 부당하게 고난을 받아도 하나님을 생각함으로 슬픔을 참으면 이는 아름다우나 죄가 있어 매를 맞고 참으면 무슨 칭찬이 있으리요 그러나 선을 행함으로 고난을 받고 참으면 이는 하나님 앞에 아름다우니라 이를 위하여 너희가 부르심을 받았으니 그리스도도 너희를 위하여 고난을 받으사 너희에게 본을 끼쳐 그 자취를 따라오게 하려 하셨느니라 그는 죄를 범하지 아니하시고 그 입에 거짓도 없으시며 욕을 당하시되 맞대어 욕하지 아니하시고 고난을 당하시되 위협하지 아니하시고 오직 공의로 심판하시는 이에게 부탁하시며 친히 나무에 달려 그 몸으로 우리 죄를 담당하셨으니 이는 우리로 죄에 대하여 죽고 의에 대하여 살게 하려 하심이라 그가 채찍에 맞음으로 너희는 나음을 얻었나니 너희가 전에는 양과 같이 길을 잃었더니 이제는 너희 영혼의 목자와 감독 되신 이에게 돌아왔느니라"(벧전 2:18-25).

우리 가운데 일어나는 오해나 불공평함, 친구들의 배신, 고독함을 이겨 내게 하신 것은 오직 십자가뿐이었습니다. 밤중에 예수님의 제자들은 모두 주님을 버리고 도망쳤고 주님은 홀로 남게 되었습니다. 그러나 주님은 이런 일이 올 것을 알고 계셨고 제자들에게 그 사실을 이미 말씀하셨습니다. "보라 너희가 각각 제 곳으로 흩어지고 나를 혼자 둘 때가 오나니 벌써 왔도다 그러나 내가 혼자 있는 것이 아니라 아버지께서 나와 함께 계시느니라"(요 16:32).

우리가 겪는 모든 역경과 고통을 주님이 모르시는 것이 아닙니다. 주님은 이 모든 것들을 다 겪으셨습니다. 배반도 당하시고 오해도 받으셨으며, 비난과 부당한 대우를 받으셨습니다. 고독하셨고 고통과 고역을 겪으셨습니다.

심장이 찢어지는 듯한 모든 고통 가운데서도

고난의 종이 계셔 함께 져 주시네.

- 마이클 부르스(M. Bruce)

바로 이것입니다. 죄인의 몸을 입으시고 "모든 일에 우리와 한결같이 시험을 받은 자로되 죄는 없으시니라." 그러시기에 주님은 우리를 능히 도와주시는 것입니다.

그러므로 십자가는 우리가 어떻게 살아야 하는지 뿐만 아니라 어떻게 고난받을 것인가도 가르쳐 주십니다. 어떻게 주님의 발자취를 따를 것인지도 가르쳐 줍니다. 또한 어떻게 죽어야 하는지도 교훈하십니다. 우리 모두는 언젠가 죽게 됩니다. 그러나 십자가만이 우리가 어떻게 죽어야 하는지를 가르쳐 줄 수가 있습니다. 주님은 사망을 무력화했습니다. 사실, 죽음 자체가 문제시되는 것이 아닙니다. 문제는 죽음 이후에 따라오는 것입니다. 죽음 이후에 무슨 일이 벌어지는지에 대해서는 아무것도 이야기할 수가 없습니다. 왜냐하면 거기에 대해서 전혀 아는 바가 없기 때문입니다. 그래서 죽음 이후에 무엇이 어떻게 존재하는지는 증명할 수가 없습니다. 우리의 마지막 원수는 사망입니다. 마지막 순간이 우리 모두를 기다리고 있습니다. 죽음을 두려워하지만 죽음은 반드시 찾아옵니다. 이것을 어떻게 피하겠습니까?

사도 바울이 고린도 교인들에게 보낸 서신을 다시 한 번 봅시다. 그는 썩을 것이 썩지 아니함을 입어야만 하고 이 죽을 것이 죽지 아니함을 입어야만 함을 언급하면서 이렇게 말했습니다. "이 썩을 것이 썩지 아니함을 입고 이 죽을 것이 죽지 아니함을 입을 때에는 사망을 삼키고 이기리라고 기록된 말씀이 이루어지리라 사망아 너의 승리가 어디 있느냐 사망아 네가 쏘는 것이 어디 있느냐 사망이 쏘는 것은 죄요 죄의 권능은 율법이라 우리 주 예수 그리스도로 말미암아 우리에게 승리를 주시는 하나님께 감사하노니"(고전 15:54-57).

십자가 상에서 죽으심으로 말미암아 주님은 율법의 요구를 만족시켰으며, 이제 주님을 믿으며 그의 구속의 제물로 바쳐진 효능을 믿는 모든 자에게는 죽음으로부터 찾아오는 모든 고통을 제거한 것입니다. 주님이 죽음과 음부를 정복하신 것입니다. 이에 더하여서 주님이 십자가 상에서 죽음을 정복하셨으므로 이제 우리가 어떻게 살아야 할 것인지를 보여 주는 것입니다.

히브리서 저자가 이 사실을 잘 기록하고 있습니다. 그는 말하기를 "이러므로 우리에게 구름같이 둘러싼 허다한 증인들이 있으니 모든 무거운 것과 얽매이기 쉬운 죄를 벗어버리고 인내로써 우리 앞에 당한 경주를 경주하며 믿음의 주요 또 온전케 하시는 이인 예수를 바라보자 저는 그 앞에 있는 즐거움을 인하여 십자가를 참으사 부끄러움을 개의치 아니하시더니…"라고 하셨습니다. 주님에게 십자가는 소름끼치는 것이었습니다. 그렇기 때문에 겟세마네 동산에서 피땀을 흘리시며 기도하신 것입니다. 인간들의 죄악을 자기가 감당해야 될 때, 하나님의 인자하신 얼굴을 뵙지 못하게 되며 그의 영혼이 고독하게 죽음을 맛보아야 함을 아셨습니다. 생명의 주님께서 죽으셔야 함을 그는 원치 않았습니다.

정말 견디기 어려운 고통을 주님은 잘 인내하셨습니다. 어떻게 인내하셨다고 히브리서 기자가 말합니까? "믿음의 주요 또 온전하게 하시는 이인 예수를 바라보자 그는 그 앞에 있는 기쁨을 위하여 십자가를 참으사 부끄러움을 개의치 아니하시더니 하나님 보좌 우편에 앉으셨느니라 너희가 피곤하여 낙심하지 않기 위하여 죄인들이 이같이 자기에게 거역한 일을 참으신 이를 생각하라 너희가 죄와 싸우되 아직 피흘리기까지는 대항하지 아니하고"(히 12:2-4). 우리가 아직도 피 흘리기까지 대항치 아니하였습니다만 주님은 그렇게 하셨습니다. 주님은 우리가 어떻게 죽어야 할지를 가르쳐 주십니다.

여러분은 십자가 상에서 죽으신 예수님을 보며 사망의 쏘는 것이 사라졌음을 깨닫게 되었습니다. 주님은 사망의 쏘는 것을 제거해 주셨을 뿐 아니라, 생전에 우리에게 "너희를 위하여 한 처소를 예비하러 가노라"고 하신 것처럼 이 일을 위하여 십자가에서 죽으신 것입니다. 주님은 "너희는 마음에 근심하지 말라 하나님을 믿으니 또 나를 믿으라 내 아버지 집에 거할 곳이 많도다 그렇지 않으면 너희에게 일렀으리라 내가 너희를 위하여 처소를 예비하러 가노니 가서 너희를 위하여 처소를 예비하면 내가 다시 와서 너희를 내게로 영접하여 나 있는 곳에 너희도 있게 하리라"(요 14:1-3)고 말씀하셨습니다.

로마의 감옥에 죄수로 갇히게 되었던 사도 바울의 후반기 인생을 생각해 보십시오. 그를 체포한 자는 부도덕하고 사악하며 불공정한 폭군 네로 황제나 다를 바가 없는 자였습니다. 바울은 날마다 자신의 죽음에 대한 소문을 듣곤 했습니다. '그날이 곧 오리라.' 지금이라도 당장 사형당할 것 같았습니다. 이런 상황에서 그가 그의 죽음을 어떻게 맞이하고 있는지 보십시오. "나의 간절한 기대와 소망을 따라 아무 일에든지 부끄러워하지 아니하고 지금도 전과 같이 온전히 담대하여 살든지 죽든지 내 몸에서 그리스도가 존귀하게 되게 하려 하나니 이는 내게 사는 것이 그리스도니 죽는 것도 유익함이라 그러나 만일 육신으로 사는 이것이 내 일의 열매일진대 무엇을 택해야 할는지 나는 알지 못하노라 내가 그 둘 사이에 끼었으니 차라리 세상을 떠나서 그리스도와 함께 있는 것이 훨씬 더 좋은 일이라 그렇게 하고 싶으나 내가 육신으로 있는 것이 너희를 위하여 더 유익하리라"(빌 1:20-24). 이것이 죽음을 맞이하는 성도의 자세입니다.

죽음이 가져다 주는 것이 무엇인지를 바울은 증거합니다. 즉, 사망이란 가장 아름다운 곳에서 그리스도와 함께 거하게 되는 것을 의미합니다. 사망이 더 이상 공포의 이유가 아닙니다. 하나님의 아들이 십자가 상에서 죽으신 이후에는 사망이 더 이상 두려운 것이 아닙니다. 바울은 십자가에서 하늘 가는 길을, 그리고 죽는 것이 어떤 것인지를 본 것입니다. 여러분이 만일 주님과 그의 죽으심을 믿으신다면, 죽는다는 것은 그분과 함께 거하게 되는 것을 의미합니다. 이것은 십자가를 통해서만 얻는 것입니다.

십자가를 통해서만 얻는 축복

여러분은 이제 이 놀라운 축복들이 십자가를 통해서 획득하게 된다는 것을 깨달으셨으리라 믿습니다. 인간은 자기 배만을 위하는 것으로부터 벗어나게 되었고 어떻게 살아야 할 것인지를 배우게 되었습니다. 또 그렇게 살아가도록 능력을 부여받게 됩니다. 이제는 어떤 고난이 닥쳐와도 능히 감당하는 비결을 배우게 되었습니다. 승리의 죽음이란 어떤 것인지도 배웠습니다. 주님은 죽으심으로 말미암아 사망을 정복하셨고 부활과 승천하심의 영광으로 하나님 보좌 우편에 앉게 되셨습니다. 그래서 바울은 자랑스럽게 죽는 법을 습득한 것입니다.

그러므로 사도 바울이 "내게는 우리 주 예수 그리스도의 십자가 외에 결코 자랑할 것이 없으니"라고 말한 것은 결코 이상한 것이 아닙니다. 그 밖에 자랑할 것이 무엇이 또 있겠습니까? 십자가가 전부입니다. 모든 좋은 것들이 다 십자가로부터 나옵니다. 십자가 없이는 아무것도 아닙니다. 십자가와 함께라면 이 세상에서, 생명과 죽음 안에서 그리고 하나님의 자녀가 소망하는 영원한 영광 안에의 모든 것을 다 이룰 것입니다. 십자가는 우리의 모든 것입니다.

여러분은 그리스도의 이 십자가를 자랑합니까? 아니면 아직도 여러분 자신을 자랑합니까? 여러분 자신이 어떤 존재인지를 아십니까? 십자가를 바라보십시오. 그러면 여러분 자신이 어떤 존재인지를 발견할 것입니다.

그 다음엔 여러분은 자신을 증오할 것이며 사망의 몸에서 구원받도록 기도할 것입니다. 주님은 "내가 너를 구원했도다"라고 말씀하실 것입니다. 그가 죽으심은 우리로 하여금 "이제는 내가 산 것이 아니요 오직 내 안에 그리스도께서 사신 것이라 이제 내가 육체 가운데 사는 것은 나를 사랑하사 나를 위하여 자기 몸을 버리신 하나님의 아들을 믿는 믿음 안에서 사는 것이라"고 고백하게 하기 위함이었습니다. 우리는 더 이상 우리 자신의 것이 아닙니다. 우리는 값을 주고 산 몸이 되었습니다.

그러므로 우리는 우리를 극진히 사랑하사 우리를 위하여 죽으신 주님에게 속한 자들입니다. 또한 우리를 위해 중보기도를 하시며 다시 오셔서 우리를 자기에게로 영접하시는 예수 그리스도에게 속한 우리들입니다.

구속해 주신 불변의 주님
무궁무진한 사랑과 은혜를 찬송하나이다.

- 로버트 로빈슨(R. Robinson)